D. E. Sattler · Friedrich Hölderlin · Fliegende Briefe 73-144

Euch!

D. E. Sattler
Friedrich Hölderlin
144 fliegende Briefe

Luchterhand

CIP-Kurztitelaufnahme der Deutschen Bibliothek

Sattler, Dietrich E.:
Friedrich Hölderlin, 144 [hundertvierundvierzig]
fliegende Briefe / D.E.Sattler. [Hinweise u.
Kritik: Michael Franz u. Michael Knaupp]. –
Darmstadt; Neuwied: Luchterhand
ISBN 3-472-86531-8

Bd. 2. 73-144. – 1981.

13 Abbildungen

Hinweise und Kritik:
Michael Franz und Michael Knaupp
Entzifferung von *luget* (117.): Hilde Berger

Lektorat: Klaus Siblewski

Herstellung: Druck- und Verlags-
Gesellschaft mbH, Darmstadt
Satz: D.E.Sattler, Bremen
ISBN 3-472-86531-8

Zweiter Band
73–144

Tausendfach kommet der Gott.

Brod und Wein VI

NACHTGEIST

Das Ziel, das absolute Wissen, oder der sich als Geist wissende Geist hat zu seinem Wege die Erinnerung der Geister, wie sie an ihnen selbst sind und die Organisation ihres Reiches vollbringen. Ihre Aufbewahrung nach der Seite ihres freien, in der Form der Zufälligkeit erscheinenden Daseins ist die Geschichte, nach der Seite ihrer begriffenen Organisation aber die Wissenschaft des erscheinenden Wissens; beide zusammen, die begriffene Geschichte, bilden die Erinnerung und die Schädelstätte des absoluten Geistes, die Wirklichkeit, Wahrheit und Gewißheit seines Throns, ohne den er das leblose Einsame wäre; nur – aus dem Kelche dieses Geisterreiches schäumt ihm seine Unendlichkeit.

G. W. F. Hegel, *Phänomenologie des Geistes*; letzter Satz.

Konzept. 307/73

und freigelassen 3

Zwischenraum für zwei Zeilen.

Der ungehaltene, ist Geschwäz, 8

Bis diese Stunde. 10

Das, was ich will. 12

Des Feindes Gott. 14

Entwurf.

$_1$offen 4

Durch ein Zeichen im o wird das Wort an Versbeginn gestellt.

1 $_2$[Offen] **die Fenster des Himmels** 4

2 **Und freigelassen der Nachtgeist** 6

Der ungehaltene , ist Geschwäz, 8

3 **himmelstürmende der hat unser Land** 7,9

$_1$**Beschwäzet, mit Sprachen viel,** undichtrischen**, und** 11

$_2$unendlichen 9

$_3$unfriedlichen 7

$_4$unbündigen 5

4 $_5$**unbändigen** 3

5 **Den Schutt gewälzet** 13

6 **Bis diese Stunde.** 15

$_1$**Doch kommt das, wa**ch 16

7 $_2$**s ich will,** 16

8 **Wenn** 17

Konstituierter Text

Offen die Fenster des Himmels
Und freigelassen der Nachtgeist
Der himmelstürmende, der hat unser Land
Beschwäzet, mit Sprachen viel, unbändigen, und
Den Schutt gewälzet
Bis diese Stunde.
Doch kommt das, was ich will,
Wenn

Der Gesang entzündet sich buchstäblich im äußersten Gegensatz der Erkenntnisformen; einer (weil das Wort dafür so herabgewürdigt wurde, daß es unsagbar ist) bescheidenen, welcher der Himmel als Inbegriff einer höheren noch etwas bedeutet, und einer maßlosen, welche sich groß und klug genug dünkt, die Welt ohne Rest zu begreifen: am Widerstreit von Offenbarung und Vernunft.

Eben weil wir Einzelne sind, ist es besser aufs Ganze zu sehen[1]. Darum stellt sich der Dichter gegen einen Geist, der in diesem Augenblick seinen Gegensatz los ist und darum auch alle Vor- und Rücksicht beiseite läßt, der nun, weil ihn nichts mehr hält und bindet, im Zustand der Uneingeschränktheit, seine wahre Gestalt zeigt.

Betrügerisch, wie seine Sprachen, ist auch sein Name, den Hölderlin gegen die übermächtige Tendenz seines Zeitalters, umkehrt: der Geist der Aufklärung, dessen Spätgeburt wir sind, heißt hier schon *Nachtgeist*. Noch ehe das Unheil real heraufzog, das uns den Horizont verfinstert, wird schon hier sein Treiben für nichtig erklärt. Nichts bringt er hervor, als seine eigene Vernichtung; er wälzt nur den *Schutt*.

Das Bild ist deutlich genug. Gegen Ende des *Hyperion* war schon vom *gestörten Geist* die Rede[2]. Ebenso unmißverständ-

---

1 Vgl. *Grabschrift für einen Dichter* XVII.

2 II, 116f.: *Es ist auch herzzerreißend, wenn man eure Dichter, eure Künstler sieht, und alle, die den Genius noch achten, die das Schöne lieben und pflegen. Die Guten! Sie leben in der Welt, wie Fremdlinge im eigenen Hauße, sie sind so recht, wie der Dulder Ulyß, da er in Bettlergestalt an seiner Thüre saß, indeß die unverschämten Freier im Saale lärmten und fragten, wer hat uns den Landläufer gebracht?/ Voll Lieb' und Geist und Hoffnung wachsen seine Musenjünglinge dem deutschen Volk heran, du siehst sie sieben Jahre später, und sie wandeln, wie die Schatten, still und kalt, sind, wie ein Boden, den der Feind mit Salz besäete, daß er nimmer einen Grashalm treibt; und wenn sie sprechen, wehe dem! der sie versteht, der in der stürmenden Titanenkraft, wie in ihren Proteuskünsten den Verzweiflungskampf nur sieht, den ihr gestörter schöner Geist mit den Barbaren kämpft, mit denen er zu thun hat.*

lich die aufeinandergetürmten Eigenschaften, die dessen Reden als *Geschwäz* charakterisieren. Und doch verleugnet es seine Herkunft nicht: das Gesicht vom endzeitlichen Streit[3] und die zornige Rede des Jesaja[4], nun aber in Wirklichkeit erfahren und wiedererkannt.

---

3 Apoc. XIX,19f.
4 LVII, 20

MOSES

da soll er alles

Hinausführen

Außer dem Langen

An eine reine Stätte

Da man die Asche

Hinschüttet, und solls

Verbrennen auf dem Holz mit Feuer.

307/70*

Handle so, daß die Maxime deines Willens jederzeit zugleich als Prinzip einer allgemeinen Gesetzgebung gelten könne.

Immanuel Kant, *Kritik der praktischen Vernunft*

Kant ist der Moses unserer Nation, der sie aus der ägyptischen Erschlaffung in die freie einsame Wüste seiner Speculation führt, und der das energische Gesez vom heiligen Berge bringt. Freilich tanzen sie noch immer um ihre güldenen Kälber und hungern nach ihren Fleischtöpfen und er müßte wohl im eigentlichen Sinne in irgend eine Einsame mit ihnen auswandern, wenn sie vom Bauchdienst und den todten, herz- und sinnlos gewordenen Gebräuchen und Meinungen lassen sollten, unter denen ihre bessere lebendige Natur unaufhörbar, wie eine tief eingekerkerte seufzt.

Hölderlin an den Bruder, 1. Januar 1799

---

* Abb. des Titelmottos bei *Neun editorische Übungen* II.

Hölderlin zitiert den Leviticus, eine Stelle aus den rituellen Gesetzen, denen der Verfasser des Hebräerbriefs nur den *Schatten der künftigen Güter, nicht ihr Wesen selbst*[1] zuerkennt. Das Segment gehört zu jenen späten, kurzgefaßten Niederschriften, in denen noch das Geringste zum Zeichen wird.

Wie sonst in den Gesängen, sind die Zeilenanfänge großgeschrieben; also nicht Material, wie einer denken mag, sondern wie alles, in einer geistigeren Kategorie, Gesang. Überdies ist das Zitat nicht genau; es weicht an drei Stellen von der Vorlage ab, wobei der vorher eindeutig scheinende Text von Mal zu Mal doppelsinniger, offener wird[2]. Statt des zurückweisenden Artikels, der sich auf den Körper des geopferten Farrens[3] bezieht, steht das räumlich wie zeitlich deutbare Verhältniswort *da*. Durch diese winzige Textveränderung ist der alte Zusammenhang aufgelöst und ein neuer möglich geworden. Statt *aus* setzt der Dichter *Außer* und entzieht damit dem Satz die eindeutig räumliche Bestimmung. Noch merkwürdiger, fast wie ein Schreibfehler, mutet die dritte Abweichung an. Hölderlin schreibt deutlich *Außer dem Langen* für *aus dem Lager* und bestätigt, damit an der Richtigkeit dieser Lesart kein Zweifel entsteht, das irritierende *n* vor dem *g* durch einen Punkt[4].

Erst nachdem dieser Wortlaut gesichert ist, erschließt sich der Sinn. Es ist nicht beiläufig und bedeutungslos, wenn der Dichter es wagt, den Wortlaut des mosaischen Gesetzes zu verändern und ein neues Gesetz einzusetzen.

Auch die Stelle, auf die seine Wahl fällt, ist alles andre als zufällig, denn schon im Hebräerbrief ist die Umformung und

---

1 Hebr. X,1

2 Lev. IV, 12: *das soll er alles hinausführen aus dem Lager an eine reine Stätte, da man die Asche hin schüttet, und soll's verbrennen auf dem Holz mit Feuer.* Momme Mommsen hat 1968 (HJb 15, 53 ff.) auf diese Quelle hingewiesen.

3 v. 10: *Aber das Fell des Farrens [junger Stier] mit allem Fleisch samt Kopf und Schenkeln und das Eingweide und den Mist*

4 Friedrich Beißner liest: *den Langen.*

geistige Deutung jener rituell-materiellen Anweisungen vorgebildet. Der Apostel vergleicht die Schlachtopfer des alten, aufgehobenen Gesetzes mit der Entsühnung vor den Toren Jerusalems und nennt das Ziel des Auszugs[5].

Ebensosehr nützt ein Blick auf die verstreuten Notate der Handschrift[6]. Von *Geschichte* ist die Rede und, was dasselbe ist, von Gebirgen, die zum *Bußort* führen[7]. Von dorther erhält auch das verselbständigte Attribut *Langen* seine konkret doppelsinnige Bedeutung[8]. Und auch derjenige, dem jetzt die Reinigung des Landes obliegt, wird über und unter dem Text mit seinen Namen gerufen.

---

5 XIII, 12-14

6 307/70; vgl. *Neun editorische Übungen* II.

7 Vgl. *Gebirge*, *Bußort*, *Abendessen*.

8 S. u.a. *Der Einzige*, v. 121 (*Neun editorische Übungen* IV); *Das Nächste Beste*, v. 54 (*Der Rosse Leib*).

75

MENSCHLICH, D. H.

Weder aus sich selbst allein, noch einzig aus den Gegenständen, die ihn umgeben, kann der Mensch erfahren, daß mehr als Maschinengang, daß ein Geist, ein Gott ist in der Welt, aber wohl in einer lebendigeren, über die Nothdurft erhabenen Beziehung, in der er stehet mit dem was ihn umgiebt.

Und jeder hätte demnach seinen eigenen Gott, in so ferne jeder seine eigene Sphäre hat, in der er wirkt und die er erfährt, und nur in so ferne mehrere Menschen eine gemeinschaftliche Sphäre haben, in der sie menschlich, d.h. über die Nothdurft erhaben wirken und leiden, nur in so ferne haben sie eine gemeinschaftliche Gottheit; und wenn es eine Sphäre giebt, in der zugleich alle Menschen leben, und mit der sie in mehr als nothdürftiger Beziehung sich fühlen, dann, aber auch nur in so ferne, haben sie alle eine gemeinschaftliche Gottheit.

Fragment philosophischer Briefe, A_1: l. 1-21

Ich bitte dich, geh nach Athen hinein, noch Einmal, und siehe die Menschen auch an, die dort herumgehn unter den Trümmern, die rohen Albaner und die andern guten kindischen Griechen, die mit einem lustigen Tanze und einem heiligen Mährchen sich trösten über die schmähliche Gewalt, die über ihnen lastet – kannst Du sagen, ich schäme mich dieses Stoffs? Ich meyne, er wäre doch noch bildsam. Kannst Du dein Herz abwenden von dem Bedürftigen? Sie sind nicht schlimm, sie haben Dir nichts zu laidegethan.!

Was kann ich für sie thun, rief ich.

Gieb ihnen, was Du in Dir hast, erwiederte Diotima, gieb –

Kein Wort, kein Wort mehr, grosse Seele rief ich! Du beugst mich sonst, es ist ja sonst, als hättest du mit Gewalt mich dazu gebracht –

Sie werden nicht glüklicher seyn, aber edler, nein! sie werden auch glüklicher seyn. Sie müssen heraus, sie müssen hervorgehn, wie die jungen Berge aus der Meersfluth, wenn ihr unterirrdisches Feuer sie treibt.

Zwar steh' ich allein und trete ruhmlos unter sie. Doch Einer, der ein Mensch ist, kann er nicht mehr, denn Hunderte, die nur Theile sind des Menschen?

Heilige Natur! du bist dieselbe in und ausser mir. Es muss so schwer nicht seyn, was ausser mir ist, zu vereinen mit dem Göttlichen in mir. Gelingt der Biene doch ihr kleines Reich, warum sollte denn ich nicht pflanzen können und baun, was noth ist?

Was? der arabische Kaufmann säete seinen Koran aus, und es wuchs ein Volk von Schülern, wie ein unendlicher Wald, ihm auf, und der Aker sollte nicht auch gedeihn, wo die alte Wahrheit wiederkehrt in neu lebendiger Jugend?

Es werde von Grund aus anders! Aus der Wurzel der Menschheit sprosse die neue Welt! eine neue

Menschlich, d. h.

Gottheit waltet über ihnen, eine neue Zukunft kläre vor ihnen sich auf.

In der Werkstatt, in den Häusern, in den Versammlungen, in den Tempeln, überall werd' es anders!

. . .

Du wirst Erzieher unsers Volks

Hyperion I, 157ff.

75

Das *Fragment philosophischer Briefe*, bisher in korruptem Zustand und unter dem irreführenden Titel *Über Religion*[1], ist allem Anschein nach im Winter 1796/97, nach Abschluß des ersten *Hyperion*-Bandes[2] und wahrscheinlich noch vor Hegels Ankunft in Frankfurt entstanden[3]. Doch auch die neue Überschrift täuscht über den durchaus pragmatischen Charakter des Entwurfs: beabsichtigt ist offensichtlich die phänomenologische und nicht spekulative Grundlegung einer neuen, menschlicheren Gesellschaft.

Von Briefen, deren Gegenstand das *Ideal einer Volkserziehung* sein sollte, war schon im Januar 1795, Hegel gegenüber, die Rede gewesen. Der gleiche Gedanke findet sich noch im gleichen Jahr in Schellings *Systemprogramm*[4] wieder; doch er wird, und das ist für Hölderlins neuen Ansatz von Bedeutung, auch ebenso schnell wieder fallengelassen. Schon in den Ende 1795 geschriebenen *Briefen über Dogmatismus und Kriticismus*[5] hatte Schelling die allgemeine, lebensverändernde Funk-

1 Vgl. *Elf Bemerkungen zum Stuttgarter Foliobuch* IV, Anm. 3,4.

2 Vgl. *Zehn biographische Details* I (S. 91).

3 Vgl. *Elf Bemerkungen zum Stuttgarter Foliobuch* IV, Anm. 5.

4 Vgl. *Das älteste Systemprogramm*).

5 Hölderlin schreibt am 22. Dezember 1795 an den Herausgeber des *Philosophischen Journals*, Immmanuel Niethammer in Jena: *Schelling ist, wie Du wissen wirst, ein wenig abtrünnig geworden, von seinen ersten Überzeugungen. Er gab mir diese Woche viele Empfehlungen an Dich auf.* Am 24. Februar 1796, wiederum an Niethammer, heißt es: *Schelling, den ich vor meiner Abreise sah, ist froh, in deinem Journal mitzuarbeiten und durch Dich in die gelehrte Welt eingeführt zu werden. Wir sprachen nicht immer accordirend miteinander, aber wir waren uns einig, daß neue Ideen am deutlichsten in der Briefform dargestellt werden können. Er ist mit seinen neuen Überzeugungen, wie Du wissen wirst, einen besseren Weg gegangen, ehe er auf dem schlechteren ans Ziel gekommen war.* Die ersten drei Arbeiten Schellings, *Über die Möglichkeit einer Form der Philosophie überhaupt* (1794) und *Vom Ich als Princip der Philosophie* (März 1795) waren als Abhandlung, die *Neue Deduktion des Naturrechts* (vmtl. Sommer 1795) in Paragraphen abgefaßt. Mit den nach Hölderlins erstem Besuch Juli/August 1795 begonnenen *Philosophischen Briefen über Dogmatismus und Kriticismus* kam der Zwanzig-

tion der Philosophie bestritten, ihre Wahrheiten zum Geheimwissen einiger weniger erklärt[6] und damit eine der Tübinger Losungen umstandslos aufgegeben[7].

Was seine ersten Schriften noch mitreißend verkündeten, daß die neue Philosophie die alten Gegensätze vereinigen, die Menschen befreien und zu sich selbst bringen müsse, ist auch die Intention des *Systemprogramms* (vermutlich Mitte 1796), das mit der Erwartung einer vernünftigen Religion schließt: *Ein höherer Geist vom Himmel gesandt, muß diese neue Religion unter uns stiften, sie wird das lezte, größte Werk der Menschheit seyn*[8]. In der letzten Fassung des *Empedokles* erscheint *Manes*, ein Aegypter auf dem Ätna, und fragt den Mann, der

---

jährige, eine Wundererscheinung am deutschen Gelehrtenhimmel, dem zwischen Hölderlin und Niethammer verabredeten Projekt *Philosophischer Briefe* zuvor.

6 Ausgew. W. Bd. 1, Darmstadt 1967; S. 221:
Nimmer wird künftighin der Weise zu Mysterien seine Zuflucht nehmen, um seine Grundsätze vor profanen Augen zu verbergen. Es ist Verbrechen an der Menschheit, Grundsätze zu verbergen, die allgemein mittheilbar sind. Aber die Natur selbst hat dieser Mittheilbarkeit Grenzen gesetzt; sie hat – für die Würdigen eine Philosophie aufbewahrt, die durch sich selbst zur esoterischen wird, weil sie nicht gelernt, nicht nachgebetet, nicht nachgeheuchelt, nicht auch von geheimen Feinden und Ausspähern nachgesprochen werden kann – ein Symbol für den Bund freier Geister, an dem sich alle erkennen, das sie nicht zu verbergen brauchen, und das doch, nur ihnen verständlich, für die andern ein ewiges Räthsel seyn wird.

7 Hölderlin, 10. Juli 1794 an Hegel: *Ich bin gewis, daß Du indessen zuweilen meiner gedachtest, seit wir mit der Loosung – Reich Gottes von einander schieden. An dieser Loosung würden wir uns nach jeder Metamorphose, wie ich glaube, wiedererkennen.* Schelling stellt das gemeinsame Symbolum Εν και παν (vgl. *Nordost*, Anm. 2) ins Zentrum seiner zweiten Schrift *Vom Ich als Princip der Philosophie* (ebd. S. 73): *Im Ich hat die Philosophie ihr* Εν και παν *gefunden, nach dem sie bisher als dem höchsten Preise des Siegs gerungen hat. Auf meinem Ich ruht alles Daseyn: mein Ich ist alles, in ihm und zu ihm ist alles, was ist: ich nehme mein Ich hinweg und alles, was ist, ist nichts.* Es ist nicht müßig, den Titel dieses idealistischen Manifests ins Lateinische zu übersetzen: Ab Ego principium; vgl. *Grabschrift für einen Dichter* XVII.

8 S. Anm. 4.

alle Gegensätze seiner Zeit in sich vereint und gerade deswegen, weil diese subjektive Versöhnung ihrer objektiven Unausgesöhntheit widerspricht, den Zorn der widerstreitenden Tentenzen auf sich lenkt[9]:

Bist du der Mann? derselbe? bist du diß?

Man vermeint, Hegels Stimme zu hören. Wie dem auch sei – mit einem Mal wird, von einer anderen Seite, verständlicher, warum Hölderlins Entwurf einer neuen Welt abbrechen und verstummen mußte.

---

9 Grund zur letzten Fassung des *Empedokles*; 54/14:4-23;32-34:
...darum muß das Einigende untergehen, weil [es] *zu sichtbar und sinnlich erschien, und diß kann es nur dadurch daß in irgend einem bestimmtesten Puncte und Falle sich ausdrükt. Sie müssen das Einige das zwischen ihnen und dem Manne ist, sehen, wie können sie das? dadurch, daß er ihnen bis ins Äußerste gehorcht? aber worinn? in einem Puncte, wo sie über die Vereinigung der Extreme, in denen sie leben im zweifelhaftesten sind. Bestehen nun dies Extreme aber im Zwiste von Kunst und Natur, so muß er die Natur gerade darinn, wo sie der Kunst am unerreichbarsten ist, vor ihren Augen mit der Kunst versöhnen.*
*Von hier aus entspinnt sich die Fabel. Er thut es mit Liebe und Widerwillen, denn die Furcht positiv zu werden, muß seine größte natürlicher weise, seyn, aus dem Gefühle, daß er, je wirklicher er das Innige ausdrükt, desto sicherer untergeht.** [Er] *legt seine Probe ab, nun glauben sie alles vollendet. Er erkennt sie daran. Die Täuschung, in der er lebte, als wäre er Eines mit ihnen, hört nun auf. Er zieht sich zurük, und sie erkalten gegen ihn. Sein Gegner benüzt diß, bebewirkt...*
* Der Gedanke dieses Einschubs – von *denn die Furcht* bis *desto sicherer untergeht* am unteren Rand – erscheint genau reziprok in dem Tübinger Entwurf *Was ist Gott?* (vgl. *Zehn biographische Details* VIII, Anm. 4: v. 4,5.

MEISTER DES FORSTS

Gott rein und mit Unterscheidung

Bewahren, das ist uns vertrauet,

Damit nicht, weil an diesem

Viel hängt, über der Büßung über einem Fehler

Des Zeichens

Gottes Gericht entstehet.

Ach! kennet ihr den nicht mehr

Den Meister des Forsts, und den Jüngling in der Wüste, der von Honig

Und Heuschreken sich nährt. Still Geist ists traun

[*Homburger Folioheft* 89: 17-30]

Meister des Forsts] Vgl. die *Fürsten des Forsts* (*Der Archipelagus* v. 167, Anmerkung zu dem Pindar-Fragment *Das Belebende*), womit die Freien, die Alten einer anfänglichen Zeit, die ersten Begründer menschlicher Siedlungen gemeint sind.
Jüngling] Johannes der Täufer, hier als Vorläufer Christi mit einem *Meister des Forsts* gleichgesetzt. Matth. 3,4: *Seine Speise aber war Heuschrecken und wilder Honig* (Marc. 1,6).

[StA 2.2, S. 890]

Er aber, Johannes, hatte ein Kleid von Kamelhaaren und einen ledernen Gürtel um seine Lenden; seine Speise aber war Heuschrecken und wilder Honig*.
Als er nun viele Pharisäer und Sadduzäer** sah zu seiner Taufe kommen, sprach er zu ihnen: Ihr Otterngezüchte, wer hat denn euch gewiesen, daß ihr dem künftigen Zorn entrinnen werdet. Sehet zu, tut rechtschaffene Frucht der Buße! Denket nur nicht, daß ihr bei euch wollt sagen: Wir haben Abraham zum Vater. Ich sage euch: Gott vermag dem Abraham aus diesen Steinen Kinder zu erwecken. Es ist schon die Axt den Bäumen an die Wurzel gelegt. Darum, welcher Baum nicht gute Frucht bringt, wird abgehauen und ins Feuer geworfen***.

Matth. III, 4,7-10

---

* Die Chiffren *Heuschrecken* und *Honig* bezeichnen die Doppelheit der prophetischen Vision: auch Johannes sieht und verkündet Plagen und Heil.
** Wie eh und je sind die Schriftgelehrten in zwei Parteien zerfallen: des Dogmatismus und Kritizismus – oder der pragmatisch-positiven und kritisch-negativen Theorie. Vgl. *Zehn biographische Details* IX.
*** Vgl. *Wurf des Säemanns,* Innentitel*.

77

MEER

Jezt aber, weil, wie die See

Die Erd ist und die Länder, Männern gleich, die nicht

Vorüber gehen können, einander, untereinander

Sich schelten fast, so sag ich.

Das Nächste Beste

77

Mancher
Trägt Scheue, an die Quelle zu gehn;
Es beginnet nemlich der Reichtum
Im Meere. Sie,
Wie Mahler, bringen zusammen
Das Schöne der Erd' und verschmähn
Den geflügelten Krieg nicht, und
Zu wohnen einsam, jahrlang, unter
Dem entlaubten Mast, wo nicht die Nacht durchglänzen
Die Feiertage der Stadt,
Und Saitenspiel und eingeborener Tanz nicht.

Andenken, v. 38-48

→*Indien*

---

1 Vgl. Ludwig Strauß, *Jacob Zwilling und sein Nachlaß* in *Euphorion* 29 (1928), 368-396 (im Augenblick die einzige Textquelle); 387:
In vielen Skizzen erscheinen die bildlichen Bezeichnungen Ebenmaß *und* Gleichgewicht. *In ihnen ist das architektonische Prinzip des Systems gegeben. Abwägende Gerechtigkeit hat jeweils das Gleichgewicht innerhalb eines Gegensatzpaares zu wahren; so verhütet sie, daß einer der Gegensätze verabsolutiert wird und verbürgt die Erkenntnis der Wahrheit in ihrer Beziehung aufeinander. Ebenmäßiges Fortschreiten der Erkenntnis wird im Gleichnis dargestellt als das Ziehen paralleler Kreise um einen Mittelpunkt, sodaß also immer nach den entgegengesetzten Seiten gleichweit das Erkenntnisfeld sich ausdehnt oder zusammenzieht* (vgl. *Sechs theosophische Punkte* VI, das mittlere der *ontologischen Diagramme*).
Wird die höchste Synthese in These und Antithese zerlegt, werden diese beiden wiederum als Beziehungen je zweier Gegensätze aufeinander erkannt und so weiter in fortschreitender Analyse, geschieht dies unter ständiger genauer Wahrung des Ebenmaßes, ohne in eine Ungleichheit abzuweichen, *so muß sich der* Zusammenhang aller Wahrheiten, *in ein vollständiges und unumstößliches System der Wissenschaften ergeben, das Zwilling in einer Tabelle zu skizzieren unternimmt. Solches Fortschreiten aus der Einheit über die allgemeinsten Gegensätze zu immer bestimmteren Abgrenzungen soll* jederzeit so beschaffen sein wie ein Werdendes Gemälde unter den Händen eines Mahlers, wo zuerst leicht das Licht von den Schatten abgeson-

Der Weg zur Quelle ist dem zum Meer entgegengesetzt. Das Meer ist nicht nur, wie am Beginn des vor *Andenken* entworfenen Gedichts *Das Nächste Beste*, das Element der Gottvergessenheit, sondern auch das Ziel aller Quellen und, wenn es erreicht ist, Medium des Übergangs oder dasjenige, das die Erinnerung auf sich selbst zurückwirft. Deswegen ist hier nichts ausgelassen, was zur Rechtfertigung der abwesenden, mit der Tendenz gegangenen Freunde rechtfertigen könnte. Warum auch nicht? Sie gleichen darin dem Zeitlauf, mit dem sie besinnungslos eins sind.

Im verschollenen Nachlaß Jacob Zwillings, der kurz nach Sinclairs Verhaftung in Homburg eintraf, findet sich eine Notiz, die das werdende Sein mit der Vervollkommnung eines Gemäldes vergleicht[1] [←]. Derselbe geschichtsphilosophische Gedanke findet sich auch in der *Friedensfeier*[2]. Am stillsten jedoch jener mit tintenleerer Feder in eine Seite des Homburger Foliohefts eingeritzte Satz:

Und der Himmel wird wie eines Mahlers Haus
Wenn seine Gemählde sind aufgestellet[3].

Sie dagegen (die Philosophen) treibt die Habgier ins Meer der Begriffe. Daß er sie dennoch mit Malern vergleicht, darin liegt unendlicher Gleichmut[4]. Die schöne Metapher ästhetisiert das Schlimme nicht, sie rechtfertigt es geradezu. Was im Entwurf *Das Nächste Beste* noch fast *um heiligen Geist* brachte, erscheint jetzt ohne Widerspruch, so wie es ist.

---

dert wird, und nach und nach erst Gegenstände erhoben und zuletzt erst, das Gemälde ausgezeignet wird. *Aus der Ermangelung des* richtigen Ebenmaßes *gehen alle Irrtümer hervor, und* genialische Wahrheiten, *die nicht in seiner Ordnung erwuchsen, bleiben* dem Zweifel unterworfen.

2 v. 93,94 (vgl. auch *Saktuch*, Innentitel): *Und das Zeitbild, das der große Geist entfaltet,/Ein Zeichen liegts vor uns*

3 Vgl. *Gemählde*, Titel.

4 *Die Titanen* (bisher *An die Madonna*): *Gleichmuth ist aber gegeben/ Den Liebsten Gottes.*

Das Dichterische, so jedem zugänglich, ist Gewissenhaftigkeit in allem; Moral nur der schale Ersatz. Es kennt und meidet, es warnt, aber verwirft nichts. Selbst- und Streitsucht, die Fruchtlosigkeit, das ganze Gelehrtenwesen gewinnt eine eigene Schönheit. Fühlen sie sich als Ausgesonderte, entfernen sie sich von den Einfachen und ihren Feiern, vom Leben selbst und auch der Kunst, dann wohnen sie eben *einsam*; auch das eine Form der Wahrheit[6]. Müssen sie sich um ihre Wahrheiten streiten, wie andere um den Reichtum, *verschmähn* sie eben *Den geflügelten Krieg nicht*[7]. Durchpflügen sie das Meer der Abstraktion, wohnen sie *unter/Dem entlaubten Mast*, den der nächste Sturm an den Strand spült[8]. Systeme sind wie Schiffe: eines Tages gehen sie unter. Was heißt es schon, wenn der Wind ihre Segel bläht. Dazu ist er Dichter, daß ihn das nicht blendet.

Metaphorisch und wirklich steht er am Rand, an jener *hohen Aussicht* bei der Kirche von Talmont, wo die Schiffe hinausziehen und hinten am Horizont verschwinden, während die Toten dort oben still auf ihren Plätzen liegen:

Allwo das Meer auch einer beschauen kann,
Doch keiner seyn will[9].

---

6 Homburger Folioheft 89:2: *Hier sind wir in der Einsamkeit*

7 Das ‚falsche' Beiwort durchbricht die gewöhnliche Sinnschicht. Nicht Seekrieg oder Freibeuterei, sondern der Federkrieg. *Luftgeister, mit den metaphysischen Flügeln*, die ihn aus Jena *geleiteten*, hatten ihn erst in Frankfurt verlassen (Brief an Hegel vom 20. November 1796).

8 S. Adrian van de Velde, *Der Strand von Scheveningen.*

9 *Wenn aus der Ferne*..., v. 41,42; s. *Theilhaber*; hierzu auch *Komet.*

78

LESE

Trauben, braune

o leset

Ihr Blüthen von Deutschland, o mein Herz wird

Untrügbarer Krystal an dem

Das Licht sich prüfet wenn Deutschland und gehet

Beim Hochzeitreigen und Wanderstraus.

Germania

78

Auf falbem Laube ruhet
Die Traube, des Weines Hoffnung, also ruhet auf der Wange
Der Schatten von dem goldenen Schmuk, der hängt
Am Ohre der Jungfrau.

Und ledig soll ich bleiben
Leicht fanget aber sich
In der Kette, die
Es abgerissen, das Kälblein.

Cäcilia

Fleißig

Es liebet aber der Sämann
Zu sehen eine,
Des Tages schlafend über
Dem Strikstrumpf.

Nicht will wohllauten
Der deutsche Mund
Aber lieblich
Am stechenden Bart rauschen
Die Küsse.

307/90

Im Homburger Folioheft, einem vermutlich erst nach der Rückkehr aus Frankreich angelegten Konvolut[1], das nach drei Elegien einen Zyklus hesperischer Gesänge aufnehmen sollte[2], scheinen die letzten Eintragungen absichtlich gemischt und verstreut[3]. Das so Isolierte versagt sich dem leeren Lesen. Als gälte es eine Probe, setzt sich die gescheiterte Hoffnung in der Figuration ihres Gegenteils: mit der Einsammlung alles Verstreuten, des höchsten aller denkbaren Gedanken, begänne jene erhoffte, geglaubte *Umkehr aller Vorstellungsarten und Formen*[4], der Hölderlin, in den Katastrophen seiner Vorzeitigkeit die Treue hielt, ohne die der Gesang ein nichtiges Spiel wäre und von der noch immer nicht viel zu sehen ist.

Das Rebengleichnis gilt nicht nur für Menschen, sondern auch für die mit bräunlicher Tinte auf zerfallendes Papier geschriebenen Wörter. Solange die *apriorität des Individuellen über das Ganze* noch andauert[5], bleiben sie so getrennt. Sie ruhen auf den falben Blättern, wie der *Schatten* des Rings *auf der Wange*[6].

---

1 Die Reinschrift der Elegie *Heimkunft*, die das Heft eröffnet, geht in einigen Details über den Wortlaut des im Herbst 1802 in Hubers Vierteljahrschrift *Flora* erschienenen Textes hinaus (vgl. HKA 6,310).

2 Auf die Elegien *Heimkunft, Brod und Wein* und *Stutgard* folgen die Überschriften und Entwürfe zu *Der Einzige, Patmos, Die Titanen, Heimath, Die Entscheidung, Kolomb* und *Luther*.

3 Vgl. Einleitung zu *Neun editorische Übungen* III.

4 Vgl. *Vier vaterländische Thesen* II.

5 Vgl. *Neun editorische Übungen* V/VI, Anm. zu III*A*,T.

6 Ein Bild, das auch im Werk Hölderlins nicht seinesgleichen findet: der Dichter als *Sämann* (vgl. *Wurf des Säemanns*); das alte Deutschland (vgl. *Cäcilia*) *Des Tages schlafend/Uber dem Strikstrumpf*. Der zarte Hinweis auf den *Schatten* des Rings ist zugleich der kühnste, denn auch das mosaische Gesetz hatte den Schatten und nicht das Wesen der Güter (vgl. *Moses*, Anm. 1 und *Neun editorische Übungen* V/VI, Anm. zu II*E*, 35).

79

KOMET

Möcht' ich ein Komet seyn? Ich glaube. Denn sie haben die Schnelligkeit der Vögel; sie blühen an Feuer, und sind wie Kinder an Reinheit. Größeres zu wünschen, kann nicht des Menschen Natur sich vermessen.

Phaëton-Segment II

79

Glänzender flog der Komet, und beynah der sendenden Sonne
Unaufhaltbar, so schnell
Schwang der liebende sich. Er liebt die Erde. Wie freut er,
Als er endlich näher ihr schwebt,
Da sich des Wiedersehns! Zu der Erde schallt ihm die Stimme
Aus den jungen Hainen hinab,
Aus den Thalen der Hügel, der Berge nicht; und die Winde
Heißt er mit leiserem Fittige wehn:
Alle Stürme sind ihm verstummt, und am ehernen Ufer
Schweigt das geebnete Meer.

F.G. Klopstock, *An die nachkommenden Freunde*, v. 31-40

1

Über die *exzentrische Bahn*, von der Hölderlin in den Vorreden der früheren *Hyperion*-Fassungen spricht[1], sind neuerdings wieder sonderbare Meinungen im Umlauf. Das Denkbild bezieht sich auf die Bahn des wiederkehrenden Kometen, der seit alters und auch bei Hölderlin den beziehungsvollen Namen *Irrstern* trägt[2]. Sich auf all die verqueren Deutungen einzulassen, wäre so fruchtlos wie sie selbst; zumal sein Glanz, wenn überhaupt und dann nur in seltenen Augenblicken, bei Nacht am Tag ist[3].

---

1 *Fragment von Hyperion* (*Neue Thalia* IV, S. 181; Herbst 1795): *Die exzentrische Bahn, die der Mensch, im Allgemeinen und Einzelnen, von einem Punkte (der mehr oder weniger reinen Einfalt) zum andern (der mehr oder weniger vollendeten Bildung) durchläuft, scheint sich, nach ihren wesentlichen Richtungen, immer gleich zu seyn* (vgl. *Vier vaterländische Thesen* II, Anm. 1).

2 Von Adamas, den es ins Innere Asiens, oder von Stäudlin, den es in die *exzentrische Sphäre der Todten* riß (*Anmerkungen zum Oedipus*; vgl. *Zehn biographische Details* I), heißt es im *Hyperion* I, 25:
Aber sage nur niemand, daß uns das Schiksaal trenne! Wir sind's, wir! wir haben unsre Lust daran, uns in die Nacht des Unbekannten, in die kalte Fremde irgend einer andern Welt zu stürzen, und, wär' es möglich, wir verließen der Sonne Gebiet und stürmten über des Irrsterns Gränzen hinaus.
Hyperion I, 72:
O ihr Genossen meiner Zeit! fragt eure Aerzte nicht und nicht die Priester, wenn ihr innerlich vergeht!
Ihr habt den Glauben an alles Grosse verloren; so müsst, so müsst ihr hin, wenn dieser Glaube nicht wiederkehrt, wie ein Komet aus fremden Himmeln.

3 Ironischerweise darf auch die Sonne oder das ihr gleiche Selbstbewußtsein *Irrstern* heißen; *Chiron*, v. 13-15:

und als ein
Herrscher, mit Sporen, und bei dir selber

Örtlich, Irrstern des Tages, erscheinest du

2

Wenn sich Klopstocks Ode *Der Genügsame* auf das *Thalia*-Fragment des *Hyperion* bezieht[4], gäbe es immerhin auch eine Beziehung zur parakletischen Bahn des Kometen in der gleichfalls 1796 entstandenen Ode *An die nachkommenden Freunde*, deren letzte Zeile Hölderlin am Schluß des Gesangs *Griechenland* paraphrasiert:

Tief aber liegt
Das ebene Weltmeer, glühend.[5]

Die Chiffre weist auf das endzeitliche Bild der Sänger, die mit ihren Harfen an etwas stehen – *wie ein gläsernes Meer, mit Feuer gemengt*[6].

4 Vgl. *Neun editorische Übungen* V/VI, Anm. zu II*D*, 24.
5 Vgl. ebd. IX.
6 Apoc. XV, 2

3

An den aus Bremen gebürtigen aber in Frankfurt lebenden Verleger Wilmans, denselben, der 1804 die Sophokles-Übersetzungen und die *Nachtgesänge*[7] herausbrachte, schreibt Hölderlin im Dezember 1804: *Übrigens sind Liebeslieder immer müder Flug, denn so weit sind wir noch immer, troz der Verschiedenheit der Stoffe; ein anders ist das hohe und reine Frohloken vaterländischer Gesänge.*

Das Prophetische der Messiaden und einiger Oden ist Ausnahme.

---

7 Vgl. *Chiron*, Anm. 4.

4

Wenn einer

Für irrdisches prophetisches Wort erklärt[8]

Doch damit ist das geistvoll-tiefsinnige Rätsel, das Wilhelm Waiblinger in seinem Roman *Phaëton* überliefert hat, schon beinah aufgelöst.

8 Vgl. *Neun editorische Übungen* I.

KOLOMB

Wenn in einer Colombana z.B. der Anfangs so glückliche Entdecker der neuen Welt Held einer Epopee würde; großer Gegenstand! Eine moralisch-physische neue Welt liegt dem Dichter vor Augen, die er im Gegensatz des ältern Hemisphärs uns vorführte. Lange Jahrhunderte deckte der Schutzgeist jenes jüngeren Welttheils ihn dem Auge seiner älteren Schwester; aber das Schicksal gebeut; die Zeit der Entdeckung rückt heran; übereilt durch die Habsucht der Völker, unaufhaltbar. Umsonst wendet der Schutzgeist jener kindhaften Nationen jenseits des Meers Alles an, bis die Cultur und Politik Europas, das sie nach dem Schluß des Verhängnißes cultiviren soll, selbst reiner und menschlicher werde, die Entdeckung zu verspäten; der von Kreuzügen, Wißenschaften, Lastern und Armuth aufgeregte Entdeckungseifer zündet fort; er trift in Kolom.

J. G. Herder, *Adrastea X* (1803)

80

Doch da hinaus, damit
Vom Plaze
Wir kommen, also rief
Gewaltig richtend
Die Gesellen die Stimme des Meergotts,
Die reine, daran
Heroen erkennen, ob sie recht
Gerathen oder nicht –

Kolomb, erster Entwurf

Er hört seine eigene Stimme, noch lauter als sonst. In der Krise des Zweifels das einzige, was noch voranbringt. Sie sind an der äußersten Grenze der alten Hemisphäre angelangt, am letztmöglichen Wendepunkt. Segeln sie weiter, ist es zur Umkehr zu spät.

Das Meerwunder an dieser zweifelhaftesten Stelle ist mehr als die Wiederholung mythologischer oder dramaturgischer Muster[1]. In den späteren Erweiterungen stürzt das Neue wie *Bäche* herein[2]. Als Vorwissen des Anderen erscheint es, allen anderen unverständlich, in der Gestalt des Wahnsinns.

Das Schiff wird zur Welt. Während die Mannschaft anfängt, nach *Manna und Himmelsbrod* zu schreien[3], reden sie auf dem Oberdeck durcheinander; in unbeschreiblichem Wirrwar und einer Sprache, die keine mehr ist[4]; falsche *Mönch*[5]; ein welt-

---

1 So in der *Aeneis* und in zahllosen Allegorien.

2 370/79: 19-35 rechts; 370/81: 1:
Stürzet herein, ihr Bäche
Von Lieb und Gottes Gnad und Glük im seinen,
Kräfte zu begreiffen, o ihr Bilder
Der Jugend, als in Genua, damals,
Der Erdkrais, griechisch, kindlich gestalte
Mit Gewalt unter meinen Augen
Einschläfernd, kurzgefaßtem Mohngeist gleich mir
Erschien

Das bist du ganz in deiner Schönheit apocalyptica.

3 370/79: 4-6; erster Entwurf:
Ein Murren war es, ungedultig
spätere Erweiterung:
, denn während /
daß sie schrien, Manna und Himmelsbrod
Das Zitat, Exod. XVI, klärt zweifelsfrei, welchen Auszug und Übergang der Gesang vorbildet.

4 370/79: 1-3:
Zu Schiff aber steigen
ils crient rapport, et fermés maison,
tu es un saisrien
370/79: 21-24:
entiere personne content de son
ame difficultes connoissance

licher *Pfarherr*, im *blauen Wamms* der Aufklärung[6]; schließlich auch *der Schiffer* – Träume, nichts weiter[7].

Kolumbus aber beiseit
Hypostasirung des vorigen orbis
Naiveté der Wissenscha
In diesem Augenblick ruft einer: Land!

---

rapport tire
307/81:3:
moments tirees hautes sommeils der Schiffer
(vgl. Anm. 7 und *Zwölf chymische Zettel* IX)

5 Die archaisierende Pluralform *Mönch* enthält zugleich die Kritik am Klosterleben, durch das der weltverneinende Gedanke der Eremitage nicht nur verfälscht, sondern ins Gegenteil umgebogen ist. Im zeitlich und räumlich nahen Segment *der Vatikan* (307/89) erscheint das Motiv nochmals:
Hier sind wir in der Einsamkeit
Und drunten gehet der Bruder, ein Esel auch dem braunen Schleier nach, allbejahend
Von wegen des Spotts

6 Offensichtlich Herder, an dessen *Adrastea* die späteren Erweiterungen mehrfach erinnern (vgl. Anm. 7 und *Einleitung* zur FHA, Frankfurt 1975, S. 106); hier als Phänotyp des protestantischen Geisteszustands.

7 Vgl. Anm. 4, drittes Zitat.
J. G. Herder, *Emanuel Swedenborg, der größte Geisterseher des achtzehnten Jahrhunderts* in *Adrastea* VI, Leipzig 1802: *Eindrücke der Kindheit also belebten sich, als er in seinen sonderbaren Zustand geriet* (...) *Von Jugend auf denken wir in Bildern; Worte bringen Gestalten vor unser Auge* (...) *Glücklich, wenn sich früh und immer wahre Gestalten eindrückten, nicht falsche Denkbilder* (...) *Wie sprach Swedenborg also mit seinen Engeln? Wie man mit seinen Gedanken spricht; Engel und Geister waren seine Gebilde* (...) *als Visionen waren sie vor oder in ihm; dieser Zustand war Krankheit* (...) *Und ein verständiger Mann, der vor allen andern sein Traumvermögen in Tätigkeit gesetzt hat, auch wachend muß er viel austräumen.*

81

KLUGHEITSJAHRHUNDERT

Und nimmer gefällt es dir

Wenn rükwärtsblikend

Ein Älteres spottet des Jüngern.

. . .

aber es gilt

Ein finster Geschlecht, das weder einen Halbgott

Gern hört, oder wenn ein Himmlisches

In Woogen erscheint, gestaltlos, oder das Angesicht

Des reinen ehrt, des nahen

Allgegenwärtigen Gottes.

Doch wenn unheilige schon

in Menge

und frech

Entwurf zu *Die Titanen*

81

Predigten aus dem Fenster

gehet ihr aus eurem Klugheitsjahrhundert
Heraus, um zusammen zu seyn.

307/57*

---

* S. *Neun editorische Übungen* III

Die Klugheit ist längst gemeingefährlich geworden.

Sie herrscht unumschränkt.

Sie duldet keine Kritik.

Sie unterdrückt jeden Widerstand, den sanften mit weniger, den härteren mit mehr Gewalt.

Ihre Wissenschaft ist nur noch Scholastik.

Ihre Behörden sind Inquisition.

Während sie die Vorkehrungen zur plötzlichen Vernichtung oder langsamen Vergiftung aller trifft, wenn nicht der gegenwärtigen Generationen, dann der zukünftigen, hat sie noch die Stirn, diese sinnlosen, verzweifelten Maßnahmen für politisch, wirtschaftlich oder sozial auszugeben.

So ist der Zustand. Es gibt keinen anderen Weg als den Auszug durch diese Wand: sofort und gewaltlos[1].

1 Vgl. *Feindseeligkeitsrecht*.

82

JAUNERLOCH

Der Jargon, in seiner objektiven Unmöglichkeit, reagiert auf die heraufdämmernde von Sprache selbst.

Th. W. Adorno

Notiz zum *Jargon der Eigentlichkeit*

82

(Jar) Jaunerloch gebildeter Herren zu reden.

(Jar) Jaunerloch gebi

307/70*

* S. *Neun editorische Übungen* II.

Gemeint sind immer die andern. Müßig zu fragen, auf wen diese Glosse zielt. Getroffen ist, wen sie erreicht. Insofern gilt sie jedem und allgemein. Dabei entzieht sie sich spöttisch dem so merkwürdig bezeichneten Phänomen. Zweimal versucht Hölderlin den vornehmeren Jargon. Doch er bleibt bei jenem herumzigeunernden Wort, das, nirgendwo heimisch, überall ungeduldet, in den Hohlwegen oder auf Schutthalden wachsen könnte. Die dubiose Wendung ins sprachliche Niemandsland, noch nicht einmal ins Volkstümliche, wie's manchen Herren beliebt, die verkürzte Satzform, das Abbrechen mitten im Wort (quasiseriell begründet mit dem Erscheinen des fünften Vokals), ist, um Adorno nachzuäffen[1], jeder gesellschaftsfähigen Kritik voraus, noch dort, wo sich diese als Metakritik gebärdet und dabei doch nur dem Reglement gutbürgerlicher Rhetorik verpflichtet bleibt.

1 *Negative Dialektik*, Frankfurt 1970, S. 379: *Daß die Idee der Wahrheit dem szientifischen Ideal Hohn spricht, hätte Kant schwerlich bestritten. Aber das Mißverhältnis offenbart sich keineswegs erst im Hinblick auf den mundus intelligibilis sondern in jeder vom ungegängelten Bewußtsein vollzogenen Erkenntnis. Insofern ist der Kantische Block ein Schein, der am Geist lästert, was in den Hymnen des späten Hölderlin philosophisch der Philosophie voraus ist.*

83

IRRHAUS

Ich wollte Ihnen einmal wieder in meiner ganzen Bedürftigkeit erscheinen.

Cassel 1796

83

Für manche Äußerungen Hölderlins konnte Schiller kein Verständnis haben. Das polemische Gedicht *An die klugen Rathgeber*, das er im Sommer 1796 für seinen Musenalmanach erhielt, galt ihm. Es blieb ungedruckt, obwohl Hölderlin im folgenden Jahr eine zweite Version nachlieferte – *gemildert und gefeilt*[1] – mit dem entschuldigenden Zusatz im Titel: *Der Jüngling an die klugen Rathgeber*.

Immerhin hatte Schiller den Versuch unternommen, jene erste Fassung für den Druck vorzubereiten, d.h. die schlimmsten Verstöße gegen den guten Geschmack zu streichen oder umzudichten.

Dieser Prozedur fielen 16 von 56 Versen zum Opfer und 16 weitere wurden verändert oder zur Änderung angemerkt.

Schließlich muß dem Redakteur oder Zensor aufgegangen sein, daß der unerhörte Ton beabsichtigt, daß der Affront kalkuliert war, daß sich der zornige Einspruch geradewegs gegen die eigene, gerade waltende Maxime richtet, das Leidenschaftliche sei immer und überall auf den guten Ton herabzu-

---

1 Brief an Schiller vom August 1797: *Ihrer Erlaubniß gemäß, schik' ich Ihnen das Gedicht an die klugen Rathgeber.* [Am 20. Juni, bei Übersendung der Elegie *Der Wanderer* und des hexametrischen Hymnus *An den Aether*, hatte Hölderlin angefragt: *Wenn Sie es erlauben, schik ich Ihnen noch eines oder zwei der Gedichte, die voriges Jahr zu spät kamen, umgearbeitet nach.*] *Ich hab' es gemildert und gefeilt, so gut ich konnte. Ich habe einen bestimmteren Ton hineinzubringen gesucht, so viel es der Charakter des Gedichts leiden wollte. Ich lege Ihnen noch ein Lied bei. Es ist das umgearbeitete und abgekürzte Lied an Diotima, das sie schon besizen. Ich nähre die Hoffnung, daß es in dieser Gestalt wohl eine Stelle in Ihrem Allmanache finden dürfte.* Auch dieses Gedicht, dessen Länge Schiller getadelt hatte, erscheint nicht, obwohl Hölderlin seiner Umarbeitung die zwölfzeilige Strophenform von Schillers im *Musenalmanach 1797* erschienener *Klage der Ceres* zugrunde legt. Schiller hatte, kurz nach Auslieferung dieses Almanachs, von einer *Fluth von Strophen* gesprochen, die *oft den glücklichsten Gedanken* erdrücke. Ironischerweise übertrifft seine hundertzweiunddreißigzeilige Klage den beanstandeten Umfang des *Diotima*-Lieds, dessen erste Druckfassung zwar um zwei Strophen länger, dafür jedoch immer noch um zwölf Zeilen kürzer war.

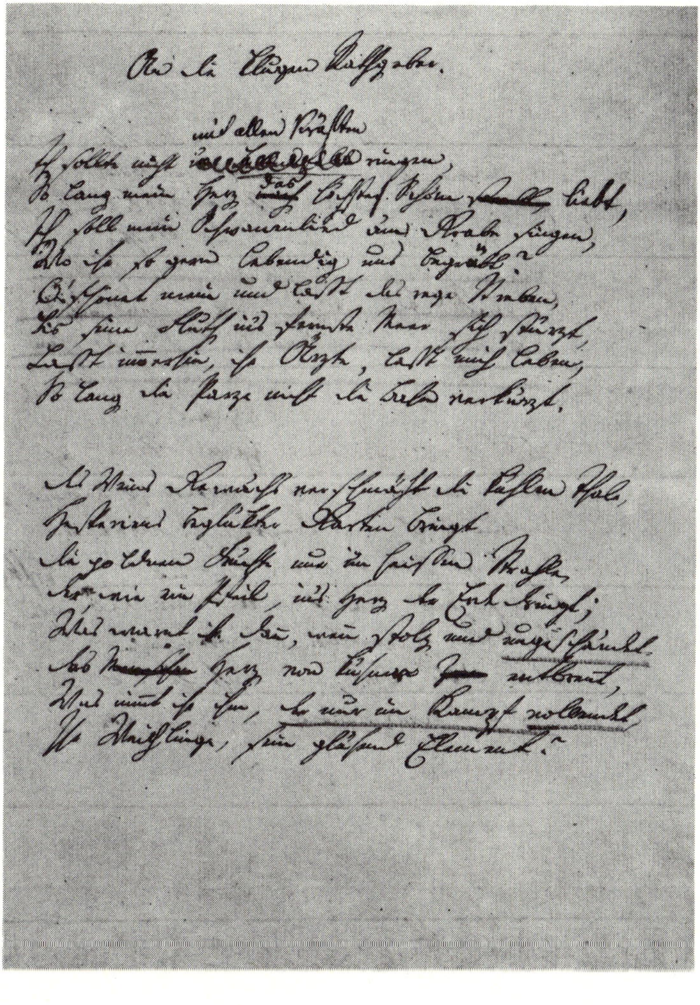

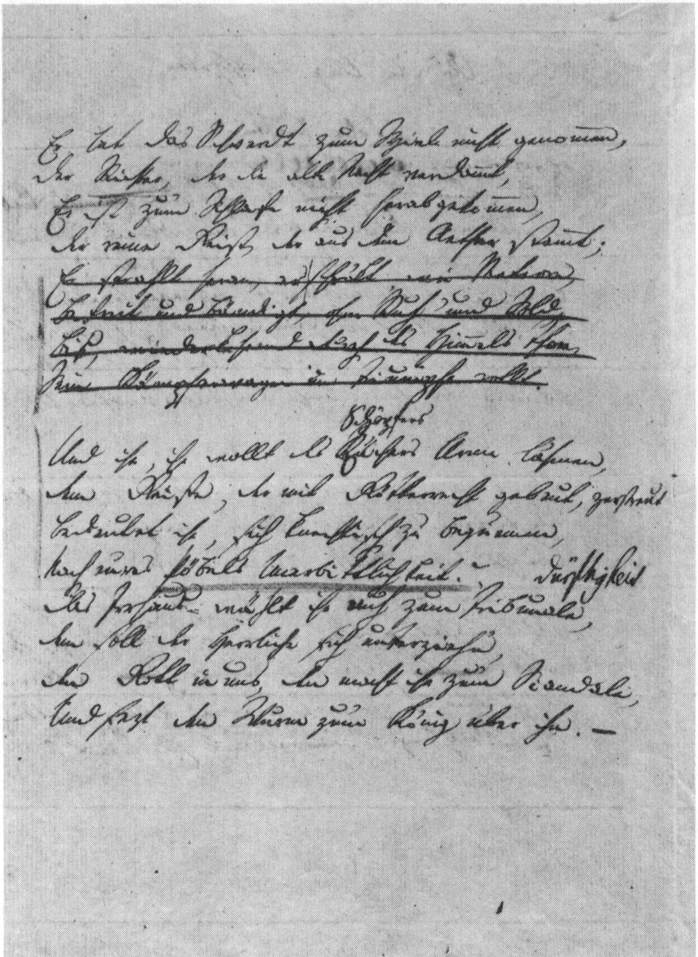

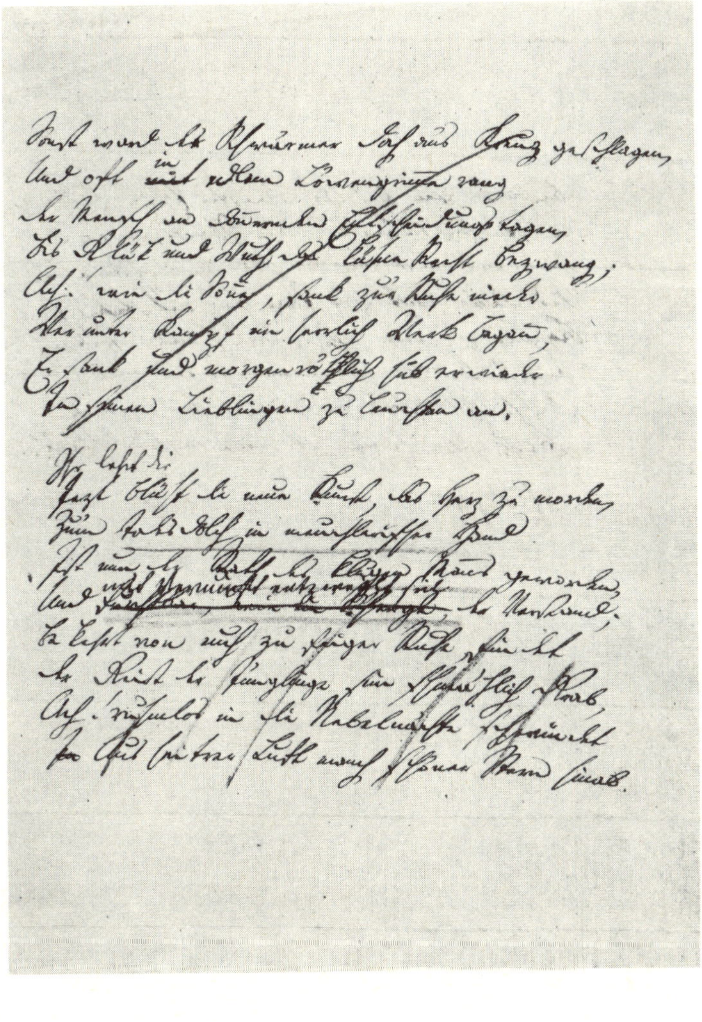

83

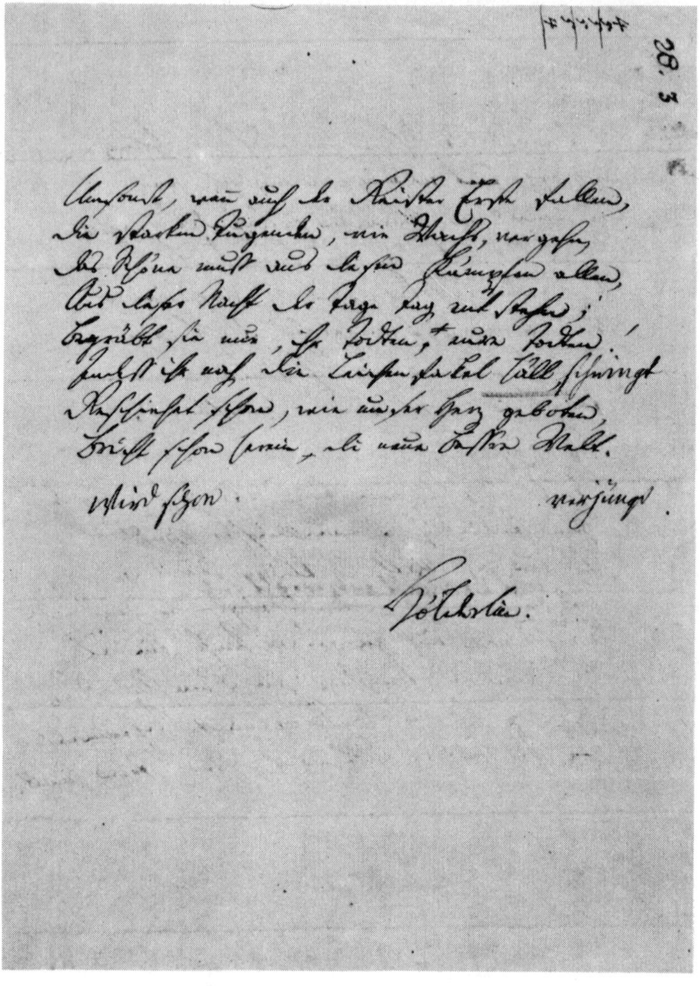

stimmen. Unüberhörbar der Vorwurf: *Wurm*, der Sekretär des Präsidenten, habe, wenn es nach Schillers Gesinnungswandel ginge, von nun an *Ferdinand* zu überwachen[2].

Der unerträgliche Ratschlag[3] war Mitte April 1796, unter dem Titel *Über den moralischen Nutzen ästhetischer Sitten*, in den *Horen* erschienen[4]. Weil der Mensch nicht vor dem Tribunal einer absolut gedachten moralischen Weltordnung bestehen könne, müsse er sich wenigstens den gesellschaftlichen Konventionen unterwerfen. Und weil er niemals seiner vollständigen Unterwerfung sicher sein dürfe, sei es angebracht, daß er, in Erwartung des nächsten Anfalls, selbst die Messer aus seiner Nähe entfernte und sich freiwillig *den Banden* darböte, damit er, wieder bei Sinnen, keine Verletzung der *Legalität* zu bereuen hätte[5].

---

2 Vgl. *Kabale und Liebe*, Personenverzeichnis.

3 Ähnlich dem Rat des Lysias, statt des Liebenden sei der Nichtliebende zu erhören, denn der sei bei Sinnen, jener nicht – eine Versündigung, die Sokrates mit verhülltem Haupt wiederholt und dann feierlich widerruft. *Phaidros*, Steph. 230eff.

4 3. Stück 1796, S.73-91; an Schiller ausgeliefert am 11. April. Daraus ergibt sich der Terminus post quem für die Entstehung von *An die klugen Rathgeber*.

5 *Wenn nun von der menschlichen Natur, solange sie menschliche Natur bleibt, nie und nimmer zu erwarten ist, daß sie ohne Unterbrechung und Rückfall gleichförmig und beharrlich als reine Vernunft handle und nie gegen die sittliche Ordnung anstoße; wenn wir bei aller Überzeugung sowohl von der Notwendigkeit als von der Möglichkeit reiner Tugend uns gestehen müssen, wie sehr zufällig ihre wirkliche Ausübung ist, und wie wenig wir auf die Unüberwindlichkeit unserer besseren Grundsätze bauen dürfen; wenn wir uns bei diesem Bewußtsein unserer Unzuverlässigkeit erinnern, daß das Gebäude der Natur durch jeden unserer moralischen Fehltritte leidet – wenn wir uns alles dieses ins Gedächtnis rufen, so würde es die frevelhafteste Verwegenheit sein, das Beste der Welt auf dieses Ohngefähr unserer Tugend ankommen zu lassen. Vielmehr erwächset hieraus eine Verbindlichkeit für uns, wenigstens der physischen Weltordnung durch den Inhalt unserer Handlungen Genüge zu leisten, wenn wir es auch der moralischen durch die Form derselben nicht recht machen sollten – wenigstens als vollkommene Instrumente dem Naturzwecke zu entrichten, was wir als unvollkommene Perso-*

83

An die klugen Rathgeber.

Ich sollte nicht im Lebensfelde ringen,
So lang mein Herz nach höchster Schöne strebt,
Ich soll mein Schwanenlied am Grabe singen,
Wo ihr so gern lebendig uns begräbt?
O! schonet mein und laßt das rege Streben,
Bis seine Fluth in's fernste Meer sich stürzt,
Laßt immerhin, ihr Ärzte, laßt mich leben,
So lang die Parze nicht die Bahn verkürzt.

Des Weins Gewächs verschmäht die kühlen Thale,
Hesperiens beglükter Garten bringt
Die goldnen Früchte nur im heißen Strahle,

---

nen der Vernunft schuldig bleiben, um nicht vor beiden Tribunalen zugleich mit Schande zu bestehen. Wenn wir deswegen, weil sie ohne moralischen Wert ist, für die Legalität unsers Betragens keine Anstalten treffen wollen, so könnte sich die Weltordnung darüber auflösen und, ehe wir mit unsern Grundsätzen fertig würden, alle Bande der Gesellschaft zerrissen sein. Je zufälliger aber unsre Moralität ist, desto notwendiger ist es, Vorkehrungen für die Legalität zu treffen, und eine leichtsinnige oder stolze Versäumnis dieser letztern kann uns moralisch zugerechnet werden. Ebenso, wie der Wahnsinnige, der seinen nahenden Paroxysmus ahnet, alle Messer entfernt und sich freiwillig den Banden darbietet, um für die Verbrechen seines zerstörten Gehirnes nicht im gesunden Zustand verantwortlich zu sein – ebenso sind auch wir verpflichtet, uns durch Religion und durch ästhetische Gesetze zu binden, damit unsre Leidenschaft in den Perioden ihrer Herrschaft nicht die physische Ordnung verletze.
Ich habe hier nicht ohne Absicht Religion und Geschmack in eine Klasse gesetzt, weil beide das Verdienst gemein haben, dem Effekt, wenngleich nicht dem innern Werth nach, zu einem Surrogat der wahren Tugend zu dienen und die Legalität da zu sichern, wo Moralität nicht zu hoffen ist.

Der, wie ein Pfeil, in's Herz der Erde dringt;
Was warnt ihr dann, wenn stolz und ungeschändet
Des Menschen Herz von kühnem Zorn entbrennt,
Was nimmt ihr ihm, der nur im Kampf vollendet,
Ihr Weichlinge, sein glühend Element?

Er hat das Schwerdt zum Spiele nicht genommen,
Der Richter, der die alte Nacht verdammt,
Er ist zum Schlafe nicht herabgekommen,
Der reine Geist, der aus dem Aether stammt;
Er strahlt heran, er schrökt, wie Meteore,
Befreit und bändigt, ohne Ruh' und Sold,
Bis, wiederkehrend durch des Himmels Thore,
Sein Kämpferwagen im Triumphe rollt.

Und ihr, ihr wollt des Rächers Arme lähmen,
Dem Geiste, der mit Götterrecht gebeut,
Bedeutet ihr, sich knechtisch zu bequemen,
Nach eures Pöbels Unerbittlichkeit?
Das Irrhaus wählt ihr euch zum Tribunale,
Dem soll der Herrliche sich unterzieh'n,
Den Gott in uns, den macht ihr zum Scandale,
Und sezt den Wurm zum König über ihn. –

Sonst ward der Schwärmer doch an's Kreuz geschlagen,
Und oft in edlem Löwengrimme rang
Der Mensch an donnernden Entscheidungstagen,
Bis Glük und Wuth das kühne Recht bezwang;

Ach! wie die Sonne, sank zur Ruhe nieder
Wer unter Kampf ein herrlich Werk begann,
Er sank und morgenröthlich hub er wieder
In seinen Lieblingen zu leuchten an.

Jezt blüht die neue Kunst, das Herz zu morden,
Zu'm Todesdolch in meuchlerischer Hand
Ist nun der Rath des klugen Manns geworden,
Und furchtbar, wie ein Scherge, der Verstand;
Bekehrt von euch zu feiger Ruhe, findet
Der Geist der Jünglinge sein schmählich Grab,
Ach! ruhmlos in die Nebelnächte schwindet
Aus heitrer Luft manch schöner Stern hinab.

Umsonst, wenn auch der Geister Erste fallen,
Die starken Tugenden, wie Wachs, vergehn,
Das Schöne muß aus diesen Kämpfen allen,
Aus dieser Nacht der Tage Tag entstehn;
Begräbt sie nur, ihr Todten, eure Todten!
Indeß ihr noch die Leichenfakel hält,
Geschiehet schon, wie unser Herz geboten,
Bricht schon herein die neue beßre Welt.

INDIEN

I		323/1
	$_1$**Nach Indien sind** die Fr	1
49	$_2$| |	1
	$_2$**Die** Freunde **gezogen.**	3
50	$_2$**Männer**	2

Andenken; Stichwort zur letzten Strophe.

84

Nun aber sind zu Indiern
Die Männer gegangen,

Andenken, v. 59,50

→ *Idealische Auflösung*

Aus unterschiedlichen Gründen fällt es ihm schwer, sie noch Freunde zu nennen, und sind die *Männer* verschieden, ist auch ihr Ziel nicht dasselbe.

Für die gestorbenen Dichter[1] weist das *zu Indiern/... gegangen* auf ein Denkbild, das seit Herders Mitteilungen in den *Zerstreuten Blättern*[2] untrennbar mit den indischen Dichtungen und Mythen verknüpft war – das der Palingenesie – mit dem Gedanken der Wanderung und Wiederkehr der Seelen, von der auch Klopstock in seiner Ode *An die nachkommenden Freunde* gesprochen hatte[3].

Im IV. Stück von Herders *Adrastea*, den *Gesprächen über die Bekehrung der Indier durch unsre europäischen Christen* (der Haupttitel lautet schlicht *Propaganda*[4]) ergibt sich ein anderer Bezug. Mit seltener Schärfe wendet sich die Schrift gegen die Unterwerfung und Ausplünderung der *Indier* durch europäische Kolonisten und Missionare und ihre verlogenen Parolen – *Menschenerrettung* und *Völkervereinigung*. Das kompromittiert zugleich den dogmatischen Eifer, mit dem seine philosophischen Freunde die Ausbreitung ihrer Vernunftssysteme betrieben.

Nebenbei aber auch die Phrasen der girondistischen Eroberungspolitik, des soeben gegründeten Kaiserreichs, in welches der hochfliegende und köpfeabschlagende Jakobinismus eingemündet war. Die geographische Signatur wird unverkennbar politisch, sobald das vermiedene Wort Gironde ins Bewußtsein tritt[5]. *Zu Indiern,* das heißt auch ironisch: Abkehr vom Republikanismus, der eigentlich abendländischen Staatsform, und Rückkehr zu den Despotien Asiens. Das geht auch

1 Vgl. *Freunde, Bellarmin* und *Bäume.*

2 Seine Bekanntschaft mit den *Zerstreuten Blättern* ist in einem Brief an Neuffer vom Juli 1795 bezeugt. Hölderlin zitiert einen Abschnitt aus *Tithon und Aurora* (in der IV. Sammlung von 1792).

3 Vgl. *Komet*, Innentitel.

4 Erschienen 1802; zu Hölderlins *Adrastea*-Lektüre vgl. *Kolomb.*

5 Vgl. *Neun editorische Übungen* V/VI, Anm. zu III*A*, 1.

gegen Sinclair und seinen Freund[6]. *Dordogne* und *Garonne*, die eine an *Traubenbergen*[7], die andere nur *prächtig*[8], werden plötzlich zu Schicksalslinien der gescheiterten Revolution.

6 Vgl. *Zehn biographische Details* VII.

7 Entsprechend den *Montagnards*, der jakobinischen Bergpartei.

8 Bis zuletzt ein Lieblingswort des Dichters; spöttisch entstellt zu *prachatig* (aus anderer Quelle *prachtasiatisch*[!] (StA 7.3,282); hier für die girondistische Partei, genannt nach den großbürgerlichen Deputierten aus Bordeaux.

85

IM SAUSSEN DES ROHRS

Eins Tages diente

Patmos, thiergleich, dem Seher, denn dem

War es ein Übel, dem menschenliebenden, der im Saußen des Rohrs,

war in der Jugend

Gegangen mit

Dem Sohne des Höchsten, unzertrennlich, denn

Nicht gar allein seyn mochte, des Geistes wegen

Der Sohn des Höchsten, doch sahe der Jünger

Wohl wer er wäre,

Damals da, beim Geheimnisse des Weinstoks, sie

Zusammensaßen, zu der Stunde des Gastmahls

Patmos

Πριν μεν ἑρπε σχοινοτενεια τ' αοιδα
    διθυραμβων
και το σαν κιβδηλον ανθρωποισιν απο στοματων·
[Pindar-Fragment, *Stephaniana* 1556, S. 348]

BST DES HERAKLE ODER KERBEROS
DEN THEBANERN

Sonst entschlich wie binsengezogen das dithy-
rambische Lied
Und darum mit unreinem S dem sterblichen Mund.
Aufgesto Tore
neuen Reigen wißt
Wie Bromios Fes
Unter dem Szep r des Zeus die Uraniden
In ihren Wohnungen feiern. Bei der heiligen nämlich beginnt
Der großen Mutter das Paukengedröhn,
Dort das Klapperngerassel, im Widerschein der
Fackeln aus harziger Fichte.
Dort der Najaden weithallendes Stöhnen,
Das verzückte Geschrei und in den Nacken geworfen
Der Taumel.
Dort ruht nicht des allgewaltigen Blitzes
Feuer Enyalios
Lanze; Pallas der tapferen Harnisch
Schallt vom Zischen unzähliger Schlangen.

Eilend aber geht Artemis die einsame,
zäumt an in bacchischer
Lust der Löwen Geschlecht das unge
Denn den erfreut, wenn der Reigen noch die
Tiere bezwingt. Doch mich erkor
Zum Rufer heiliger Worte
Die Muse, das reigenschöne Hellas zu wecken
Und Segen herabzubitten der wagendröhnenden Thebe,
Wo die sehnende Harmonia zur Ga
Kadmos der ho verständ
samen. Zeus hör bar sie,
Und berühmt bei den Mensch
Dionys dessen
Mutte
[1919 erweiterter Text der *Oxyrhynchus Papyri*]

Mit dem Fragment Πριν μεν beginnt der zweite Teil der von Hölderlin benutzten *Stephaniana* von 1560. Dionysios Halikarnassos, Strabo und andere zitierten den Anfang des dithyrambischen Gesangs wegen einer sprachlichen Schwierigkeit: Pindar legt dem alten Dithyrambos die mehrdeutige Eigenschaft σχοινοτενεια bei, ein sonst nie mehr vorkommendes Kompositum aus Binse und seilgezogen, was soviel wie pedantisch[1], langatmig oder einfach unkünstlerisch bedeuten kann. Noch befremdender die Betrachtung, die er an eine Eigenheit des böotischen Dialekts knüpft[2]: το σαν κιβδηλον (mit unreinem S). Damit antizipiert der griechische Sänger die linguistische Analyse des Nebengeräuschs, das noch die artikulierteste Information begleitet.

Pindar spricht hier von der Erneuerung des Gesangs. Dennoch hat Hölderlin das Fragment nicht, wie neun andere[3], übersetzt und kommentiert. Dafür erscheinen im Entwurf *Sonst nemlich Vater Zevs*...[4] nicht nur die rhetorische Strukturen der damals bekannten Textsegmente, sondern auch inhaltliche Parallelen zu der erst in diesem Jahrhundert aufgefundenen Fortsetzung zum Zug des Herakles in die Unterwelt, von der auch jetzt nur das bacchantische Götterfest des Eingangs erhalten ist.

Doch die tiefste Spur hinterließ das unübersetzte Fragment in der Überarbeitung der sechsten Strophe von *Patmos*. Dort ist die Beschreibung des Orts, an welchem Johannes seine *geheime Offenbarung* niederschrieb, auf eine einzige Angabe reduziert[5]: *der im Saußen des Rohrs*. Die Insel, heißt es, diente *thiergleich, dem Seher, denn dem*/[6] *War es ein Übel.*

---

1 Vgl. *Chiron*.

2 Zum Beispiel σμικρος statt μικρος; vgl. das Titelmotto zu *Elf Bemerkungen zum Stuttgarter Foliobuch*.

3 Vgl. *Untreue der Weisheit*, Innentitel.

4 Vgl. *Zwölf chymische Zettel* X, Anm. 3.

5 Vgl. *Neun editorische Übungen* I und *Zwölf chymische Zettel* VI.

6 Eine *W*-Versalie über *war* disponiert die neue Zeilenbrechung.

Gemeint ist die Sprache des Exils, die ihm zur Mitteilung dienen muß; zugleich aber auch eine Sprachkritik per se, vor allem des Geschriebenen: die Differenz zwischen dem reinen Gesicht und seiner sprachlichen Wiedergabe, das irritierende Nebengeräusch, das der Schreibende vernimmt, sobald er die Flut der Bilder festzuhalten versucht. Als säße er im Schilf, hört er das *Saußen des Geists*[7] im Normalen, so laut, daß er schreien müßte, um es zu übertönen, oder im Rauschen selbst, in Rätseln sprechen.

7 Vgl. *Othem.*

86

IMMERGEKETTET

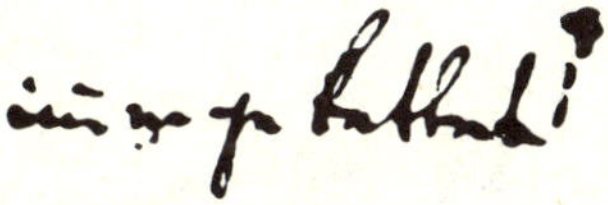

337/2:2

XX. Figur des *Chymischen Lustgärtleins* (vgl. die Vorbemerkung zu *Zwölf chymische Zettel*, Anm. 1. Die Tafel gehört zu Michael Majers Schrift *Symbola aurae mensae duodecim nationum*, Frankfurt 1617. Der Text lautet:

Avicenna, *ein Araber.*

Avicenna *wird bey den Altn*
Für einen grossen Fürstn ghalten:
Wegn der hertzlichn Kunst der Artzney /
So jhm war wissend mancherley.
Die Geheimnuß der Meisterschafft
Hat er der Welt an tag gebracht:
Hat viel Sprüch vnd Wortzeichen fein
Vermenget mit den Schrifften sein.
Ein Garten krot vereinig du
Dem fliegendn Adler / so wirstu
In vnser Kunst (mit grosser krafft.)
Sehen die rechte Meisterschafft.

Das Rätsel im Entwurf *Der Adler* zielt wohl auch auf diese Tafel:
Denn wo die Augen zugedekt,
Und gebunden die Füße sind,
Da wirst du es finden.

(vgl. *Zwölf chymische Zettel* I). Hinzuweisen auch auf die letzte Tafel der *Symbola aurae mensae*: dort ist *Michael Sendivogius, ein Polack* dargestellt. Seine goldene Regel lautet: Saturnus *Die Erde selbst befeuchten muß: Wenn sie / O liebe Sonn vnd Mon / Tragn soll dein Edle Blumen schon* (vgl. *Neun editorische Übungen* V/VI, Anm. zu III*B*, 1).

Immerdar
Bleibt diß, daß immergekettet alltag ganz ist
Die Welt.[1]

1 *Der Einzige*, v. 87-89 (vgl. *Neun editorische Übungen* IV)

87

IDEALISCHE AUFLÖSUNG

Das neue Leben ist jezt wirklich, das sich auflösen sollte, und aufgelöst hat, möglich, ideal alt, die Auflösung nothwendig und trägt ihren eigenthümlichen Karakter zwischen Seyn und Nichtseyn. Im Zustande zwischen Seyn und Nichtseyn wird aber überall das Mögliche real, und das wirkliche ideal, und diß ist in der freien Kunstnachahmung ein furchtbarer aber göttlicher Traum. Die Auflösung also als nothwendige, auf dem Gesichtspuncte der idealischen Erinnerung, wird als solche idealisches Object des neuentwikelten Lebens, ein Rükblik auf den Weg, der zurükgelegt werden mußte, vom Anfang der Auflösung bis dahin, wo aus dem neuen Leben eine Erinnerung des Aufgelösten, und daraus, als Erklärung und Vereinigung der Lüke und des Kontrasts, der zwischen dem neuen und dem Vergangenen stattfindet, die Erinnerung der Auflösung erfolgen kann. Diese idealische Auflösung ist furchtlos. Anfangs- und Endpunkt ist schon gesezt, gefunden, gesichert, deswegen ist diese Auflösung auch sicherer, unaufhaltsamer, kühner

---

Das untergehende Vaterland . . ., l. 99-132

87

Dort an der luftigen Spiz'
An Traubenbergen, wo herab
Die Dordogne kommt,
Und zusammen mit der prächt'gen
Garonne meerbreit
Ausgehet der Stom. Es nehmet aber
Und giebt Gedächtniß die See,
Und die Lieb' auch heftet fleißige Augen,

Andenken, v. 51-58

→ *Dichter*

An der Jahrhundertwende entwickelt Hölderlin seine Dialektik des Übergangs[1]. Im Untergang der alten steigt schon die neue Welt herauf. Die Stelle des Umschlags, an welcher das vorher Reale Erinnerung und das vorher Mögliche zum ersten Mal in die Realität tritt, ist deshalb nicht an der Grenze der alten Welt zu finden, nicht dort, wo sie wirklich endet, nicht, wo das Meer an den Strand schlägt, sondern schon viel früher, im Inneren des Landes.

Dieser geometrische Ort ist die Stelle des Dichters. Der Gedanke hat seine anschauliche Signatur gefunden. Hier, bevor sie wirklich untergeht, tritt das Ende der alten Herrschaft ins Denken. Die Kategorien von neu und alt vertauschen sich. Was noch gegenwärtig scheint, nimmt schon die Form der Vergangenheit an, und was erst heraufzieht, schon die der Gegenwart. Das Land ist noch nicht zu Ende, aber das Meer liegt schon vor Augen.

Dort an der luftigen Spiz', wo Garonne und Dordogne zusammenfließen, wo er einen Augenblick lang verweilte[2], ist zu lernen, was *idealische Auflösung* bedeutet: das Land verengt sich und endet in der Mündung. Wenn das Meer ins Land dringt, fluten die Ströme zurück; Mündung und Quelle wechseln im Gedächtnis.

---

1 Bisher unvollständig unter dem Titel *Das Werden im Vergehen*. So lautet Hölderlins Satz über das *Seyn* in seiner erweiterten Gestalt: *Das untergehende Vaterland, Natur und Menschen insofern sie in einer besondern Wechselwirkung stehen, eine besondere idealgewordene Welt, und Verbindung der Dinge ausmachen, und sich insofern auflösen damit aus ihr und aus dem überbleibenden Geschlechte und den überbleibenden Kräften der Natur, die das andere reale Prinzip sind, eine neue Welt, eine neue, aber auch besondere Wechselwirkung sich bilde, so wie jener Untergang aus einer reinen aber besondern Welt hervorgieng. Denn die Welt aller Welten, welche immer ist und deren Seyn als das Alles in Allen angesehen werden muß, stellt sich nur in aller Zeit – oder im Moment des Untergangs, oder genetischer im werden des Moments und Anfang von Zeit und Welt dar* ... (Rekonstruktion; vgl. HKA 14,174).

2 Vgl. *Tagundnachtgleiche*.

88

HUNDE DER NACHT

So lang währt' es. Aber es ruhn die Aug(e)en der Erde,
Sanfter träumet und schläft in Armen der Erde
der Titan,
Die allwissenden auch schlafen die Hunde der Nacht.
Selbst der neidische, selbst Cerberus
trinket und schläft.

Brod und Wein V/VI, v. 159, 160/161, 162

HKA Bd. 6, S. 233

88

Bald aber wird, wie ein Hund umgehn
In der Hizze meine Stimme auf den Gassen der Garten
In den wohnen Menschen
In Frankreich.

apriorität des Individuellen, v. 7-10

Empedokles
Ich kenne dich im finstern Wort, und du,
Du Alleswissender, erkennst mich auch.

Manes
O sage, wer du bist! und wer bin ich?

Schelling bemerkt gleich zu Beginn seiner Schrift *Vom Ich*, daß in dieser *von Spinoza sehr häufig nicht „wie von einem toten Hunde" (um Lessings Ausdruck zu gebrauchen) geredet werde*, daß ihm dessen längst widerlegtes und irriges System *durch seine kühne Consequenz unendlich achtungswürdiger sey*, als die gegenwärtigen. Spinoza hat die Ehre, von einem Zwanzigjährigen nicht als toter, sondern als ein immer noch herumgeisternder Hund gewürdigt zu werden.

Das Bild war eine Falle. Gibt es tote, dann auch lebendige Hunde und alle sind in der ausgeborgten Metapher gefangen. Zweifellos sind sie gemeint, wenn Hölderlin am Schluß von *Brod und Wein* das dunkle Mythologem vom *Cerberus* durch den unmißverständlichen Ausdruck ersetzt: *Die allwissenden auch schlafen die Hunde der Nacht*[1]. Jetzt wird verständlich, warum jener Text in den Ausgaben fehlt: *Der Gelehrten halb*[2]. Hölderlins Gesang wird erst wahr werden; der Satz *Bald aber wird, wie ein Hund, umgehn/In der Hizze*... ist es schon.

Der *Krystal* ist für *Blüthen* und nicht für Hunde. Wer dennoch mit denen umgeht, muß wissen, was er sich antut.

Allwissend? Das schmeichelt denen noch. Doch es ist genauso ironisch[3], wie die *Gassen* in Städten, die längst alles andre als Gärten sind[4]. Jesaja hatte recht und wird noch auf allgemeinverständlichere Art recht behalten: *sie wissen alle nichts, stumme Hunde sind sie*[5].

Was verbirgt die Ironie?

Wo *Blüthen* sind, muß auch *Garten* sein[6].

---

1 Vgl. *Zwölf chymische Zettel* II, Tafel zu Anm. 14.

2 Vgl. *Neun editorische Übungen* V/VI, *Apriorität*, v. 3.

3 Dagegen war das Attribut *neidische* zu *Cerberus* (der den Ein- und Ausgang versperrt) geradeheraus.

4 Vgl. *Wüste*.

5 LVI, 9

6 XLII, 3: *Er wird nicht schreien noch rufen und seine Stimme wird man nicht hören auf den Gassen. Das zerstoßene Rohr wird er nicht zerbrechen.*

89

HÜFTE

Elia:

Wie lange hinket ihr auf beide Seiten?

---

1. Kön. XVIII, 21

89

Indessen aber
An meinem Schatten richt' ich und Spiegel die Zinne
Meinen Fürsten
Die Hüfte unter dem Stern | und kehr' in Hahnenschrei
Den Augenblik des Triumphs.

apriorität des Individuellen, v. 12-16

Der berühmte Ödipus ist nicht gut zu Fuß. Auch der Teufel und Hephaistos hinken. Jason tritt einschuhig vor den Tyrannen und fordert sein Erbe zurück. Jakob, der sich die Erstgeburt erschlich, verlangt die nachträgliche Legitimation des Segens. Der Mann, der ihm seinen Namen verschweigt, mit dem er eine ganze Nacht bis zum Anbruch der Morgenröte rang, verrenkt ihm die Hüfte und nennt ihn Israel[1]: eines künftigen Tages würde er geheilt sein; nicht nur er selbst, nicht nur das Volk, dessen Stammvater er ist, sondern die ganze leidende Menschheit.

Hier entsteht die messianische Idee.

Doch erst Hölderlin rührt an den philosophischen Gehalt der mythischen Metapher. Die spirituelle Heilung muß so real sein, wie das real bezeichnete Leiden.

Einseitigkeit heißt das Übel[2].

---

1 Gen. XXXII, 25-30

2 Vgl. *Neun editorische Übungen* V/VI, Anm. zu III*B*,16 und *Grabschrift für einen Dichter* XXVIII.

90

HIN

hinh inhi nhin hinh inhi nhin hinh.

hinhinh inhinhi nhinhin hinhinh inhinhi hinh.

Das lyrische dem Schein nach idealische Gedicht ist in seiner Bedeutung naiv. Es ist eine fortgehende Metapher eines Gefühls.

Das epische dem Schein nach naive Gedicht ist in seiner Bedeutung heroisch. Es ist die Metapher großer Bestrebungen.

Das tragische, dem Schein nach heroische Gedicht, ist in seiner Bedeutung idealisch. Es ist die Metapher einer intellectuellen Anschauung.

HKA 14, 369

Löst sich nicht die idealische Katastrophe, dadurch, daß der natürliche Anfangston zum Gegensaz wird, ins heroische auf?

Löst sich nicht die natürliche Katastrophe, dadurch, daß der heroische Anfangston zum Gegensaze wird, ins idealische auf?

*Löst sich nicht die heroische Katastrophe, dadurch, daß der idealische Anfangston zum Gegensaze wird, ins natürliche auf?**

Wohl für das epische Gedicht. Das tragische Gedicht gehet um einen Ton weiter, das lyrische gebraucht diesen Ton als Gegensaz und kehrt auf diese Art, bei jedem Styl, in seinen Anfangston zurük oder: das epische Gedicht hört mit seinem anfänglichen Gegensaz, das tragische mit dem Tone seiner Katastrophe, das lyrische mit sich selbst auf.

HKA 14, 340

* *natürlich* hier noch für *naiv.*

Hin

Für Bruno Liebrucks.

§.1

Die Grundelemente der Hölderlinschen Poetik, ihrer ontologisch-mathematischen Konsequenz nach einer Poetik überhaupt, sind die drei Töne:

naiv = *n*
idealisch = *i*
heroisch = *h*

§.2

Diese Töne wechseln in zwei gegenläufigen Permutationsreihen:

h i n   *n i h*
n h i   *i h n*
i n h   *h n i*

§.3

Den drei Tönen entsprechen die drei Dichtarten:

heroisch = *tragisch*
idealisch = *lyrisch*
naiv = *episch*

§.4

Wie die Töne einen poetischen Charakter, bezeichnen die Dichtarten nicht nur die hergebrachten Gattungen, sondern eine allgemeine und genau bestimmte poetologische Struktur.

§.5

Die drei Töne entsprechen ontologischen Prinzipien[1].

§.6

Sie sind in keiner Erscheinung für sich, sondern immer ineinander.

§.7

Die Kunst des Dichters besteht darin, die jeweils *hervorstechendste Seite* zu akzentuieren und das Ganze der Erschei-

1 Vgl. *Elf Bemerkungen zum Stuttgarter Foliobuch* V, Anm. 3 und *Sechs theosophische Punkte zu Böhme* VI.
Als Beispiel ein Ausschnitt aus dem Entwurf *Das lyrische dem Schein nach idealische Gedicht* (HKA 14,371f.). Erläutert wird hier das *tragische, in seinem äußeren Scheine, heroische Gedicht*:
Und hier, im Übermaaß des Geistes in der Einigkeit, und seinem Streben nach Materialität, im Streben des Theilbaren, Unendlichern, Aorgischern, in welchem alles organische enthalten seyn muß, weil alles bestimmter, und nothwendiger vorhandene, ein Unbestimmteres, unnothwendiger Vorhandenes nothwendig macht, in diesem Streben des theilbaren Unendlichern nach Trennung, welches sich im Zustande der höchsten Einigkeit, alles organischen, den in diesen enthaltenen Theilen mittheilt, in dieser nothwendigen Willkür des Zevs liegt eigentlich der ideale Anfang der wirklichen Trennung.
Von diesem gehet sie fort bis dahin, wo die Theile in ihrer äußersten Spannung sind, wo diese am stärksten widerstreben. Von diesem Widerstreit gehet sie wieder in sich selbst zurük, nemlich dahin, wo die Theile, wenigstens die ursprünglich innigsten, in ihrer Besonderheit, als diese Theile, in dieser Stelle des Ganzen sich aufheben, und eine neue Einigkeit entsteht. Der Übergang von der ersten zur zweiten ist wohl eben jene höchste Spannung des Widerstreits. Und der Ausgang bis zu ihm unterscheidet sich vom Rükgang, daß der erste idealer, der zweite realer ist, daß im ersten das Motiv ideal bestimmend, reflectirt, mehr aus dem Ganzen, als individuell ist, im zweiten aus Leidenschaft und den Individuen hervorgegangen ist.

nung von allen Seiten darzustellen. Das erste geschieht mit der Wahl der charakteristischsten Ausdrucksformen, das zweite im Wechsel derselben.

§. 8

Die Töne verhalten sich komplementär zueinander:

$$\frac{\textit{Heroisch}}{\textit{idealisch}} \qquad \frac{\textit{Idealisch}}{\textit{naiv}} \qquad \frac{\textit{Naiv}}{\textit{heroisch}}$$

§. 9

Aus der gesetzmäßigen und unveränderlichen Gegensätzlichkeit der Töne ergibt sich der Gegensinn alles dichterisch Gesagten. Alles Gesagte gilt für sich und zugleich als Metapher für das, was nicht ausdrücklich gesagt ist.

§. 10

Dementsprechend sind auch die Dichtarten Metapher dessen, was ihrem äußeren Schein komplementär ist:

$$\frac{\textit{Episch (naiv)}}{\textit{heroisch}} \qquad \frac{\textit{Lyrisch (idealisch)}}{\textit{naiv}} \qquad \frac{\textit{Tragisch (heroisch)}}{\textit{idealisch}}$$

§. 11

Das kombinatorische Prinzip der Dichtarten, die in sich, gemäß den drei Tönen und ihres gemischten Zugleichseins, wiederum moduliert[2] und in der Form des Wechsels modifiziert

2 Hölderlin nennt z.B. *Ödipus* eine tragisch, *Antigonä* eine lyrisch be-

sein können, ist in poetologischen Tafeln und diskursiven Entwürfen niedergelegt. Gilt diese Poetik überhaupt, ist es unerheblich, ob sie Geltung erlangte oder nicht, ob ihr Prinzip erkannt oder nicht erkannt, ob es befolgt oder nicht befolgt wurde.

§.12

Im Erscheinen des vorigen Gegensinns besteht die Mechanik des Wechsels; d.h. die Töne schreiten in Gegensätzen fort. Für dieses Fortschreiten gilt die Permutationsformel:

hin

§.13

Für den komplementären Sinn gilt die Permutationsformel:

ihn

Sie schreitet nicht in Gegensätzen, sondern durch die Abfolge nebeneinanderliegender Töne fort (nicht diatonisch, sondern chromatisch).

§.14

Die innere Reihe kann, wie die Umkehr des Kontrapunkts, nach außen treten (so in den ersten beiden und in der letzten Triade des Gesangs *Der Rhein*[3]).

---

handelte Tragödie. Das epische Beispiel ist ausgelassen; einzusetzen vielleicht *Ödipus auf Kolonos* oder *Ajax* (vgl. HKA 14,372 u. 341).

3 Am Anfang des Entwurfs:
Das Gesez dieses Gesanges ist, daß die zwei ersten Parthien der Form durch Progreß u. Regreß entgegengesezt, aber dem Stoff nach gleich, die 2 folgenden der Form nach gleich, dem Stoff nach entgegengesezt sind, die lezte aber mit durchgängiger Metapher alles ausgleicht.

§.15

Das poetische Verfahren erzeugt sowohl gegeneinander abgesetzte Klangflächen als auch gleitende Übergänge

§.16

Der äußeren Freiheit des Gesangs entspricht seine innere Gesetzlichkeit.

§.17

Das poetologische Gesetz gilt von den dichterischen Formen bis ins kleinste Detail und es bewirkt den Wechsel der Partien ebenso, wie den der Gedanken, Vergleiche und Bilder; wie es scheint, bis in die Wörter und Buchstaben[4].

Der Gesang hat 15 Strophen; mit den *Parthien* sind die Strophentriaden gemeint. Der *Stoff* der ersten beiden ist die Signatur des Rheinlaufs (vgl. *Seitwärts*); auch in der dritten ist noch vom Rhein die Rede, doch in der vierten vom Schicksal Rousseaus und erst in der fünften Triade erscheint, worauf alles zielt. Was über die Form gesagt ist, erhellt die von Walter Hof erstmals vorgeschlagene Analyse des Tonwechsel (*Hölderlins Stil* (...), 1954, S. 200ff.):

n	i	h	h	n
h	h	i	i	i
i	n	n	n	h
Der Rhein	Der Rhein	Der Rhein	Rousseau	Parusie

4 Vgl. *Der Winkel von Hahrdt* (*Sieben unwiderruflich geworfene Steine*, Innentitel.

91

GRÜN

Froher lebendiger

Glänzt im Haine das Grün, und goldner funkeln die Blumen,

Weiß, wie die Heerde, die in den Strom der Schäfer geworfen,

An Diotima

91

Sie spüren nemlich die Heimath,
Wenn grad aus falbem Stein
Die Wasser silbern rieseln
Und heilig Grün sich zeigt
Auf feuchter Wiese der Charente

Das Nächste Beste, v. 23-27

Über dem Stege beginnen Schaafe

Den Zug, der fast in dämmernde Wälder geht.
Die Wiesen aber, welche mit lautrem Grün
Bedekt sind, sind wie jene Haide,
Welche gewöhnlicher Weise nah ist

Dem dunkeln Walde. Da, auf den Wiesen auch
Verweilen diese Schaafe.

Tübingen, um 1824

Wie das Grün bewirkt der Gesang Etwas durch sein bloßes Dabeisein. Auch Fahnen altern[1]. Kehren wir ihre Farben um: Weiß Grün Blau.

Die Trikolore des Frühlings.

1 Die Zeit ist vorbei, als Schwarz-Rot-Gold noch etwas anderes bedeutete als Tod, Blut und Geld.

92

GRABSCHRIFT
FÜR EINEN DICHTER

T.

Irrstern

Les bornes du possible dans les choses morales sont moins édroites, que nous ne pensons. Ce sont nos fiblesses, nos vices, nos préjugés, qui les rétrécissent. Les ames basses ne croient point aux grands hommes; de vils esclaves sourient d'un aïr moqueur à ce mot de liberté.

J. J. Rousseau, *Du contract social, III, 12*

I

Dichter sind Opposition. Sie bringen, was der Zeit fehlt.

II

Das Zeitgenössische macht sie mundtot.

III

In Gedanken stehen sie am Rand oder schon außerhalb. Sie sehen, was im Diensthaus vor sich geht und treiben zum Aufbruch.

IV

Auszug!

V

Gibt es Befreier, sind sie es. Den brennenden Busch im Gedächtnis, ein Land vor Augen, das sie niemals sahen, bereit zur Wüste, wie jener stotternde Mann, der dennoch Pharao erschreckte: den allgemeinen Wahn, der sich am Schatten orientiert, den er abends wirft.

VI

Was sich als Allgemeines ausgibt, ist kollektive Gemeinheit und diese selbst immer mittelmäßig. Den Mittelmäßigen selbst schwindelt vor dem Abgrund bürgerlichen Verrats, der sie über die Machtlosen erhob, die Ausgenutzten und Entmündigten, für die sie in ihren Büros die Verantwortung tragen. Die finstere Totalität, mit der sich das Gemeine zum Allgemeinen aufwirft, sich selbst zum Ziel und jederzeit ins Recht setzt, duldet keine kategorischen Verschiebungen, keine Dichter, keine Zeichen[1].

1 Motto der *Hymne an die Menschheit* (HKA 2, 153; KTA, 103), dt.: *Die Quellen des Möglichen in der moralischen Welt sind reicher als wir denken; es sind unsere Schwächen, unsere Laster und Vorurteile die sie einschränken. Niedrige Seelen glauben nicht an große Menschen; gemeine Sklaven lächeln spöttisch bei dem Wort Freiheit.*

VII

Sie vergiften unsere Kinder. Sie lassen unsre Kinder eines langsamen Todes sterben.

VIII

Wir wissen längst, daß es einen anderen Mord gibt; der aus den Worten kommt und dem wirlichen vorausgeht[2].

IX

Das Wort für sie ist bekannt, von ihnen selbst erfunden, für einige von ihnen verwendet, so verengt, so furchtbar zugespitzt, daß es schwerfällt, sie als das zu erkennen, was sie samt und sonders sind: Schreibtischtäter.

X

Aegypten ist eine Metapher.

XI

Literaten sind, was sie eh und je waren: Intriganten im Büro zeitgenössischer Literatur.

XII

Die Opposition, in der sie sich gefallen, ist keine; dergestalt en vogue, daß einen wundert, wie wenige sich vor soviel Opportunität ekeln.

XIII

Zynisch, das heißt hündisch, schamlos, frech. Literarisch ist das die Form, in der sich die Niedertracht, im Akt ihrer Bloßstellung, wiederholen darf.

---

2 *Anmerkungen zur Antigonä*: ...*daß das* [griechische] *Wort mittelbarer factisch wird, indem es den sinnlicheren Körper ergreift; nach unserer Zeit und Vorstellungsart, unmittelbarer, indem es den geistigeren Körper ergreift.*

XIV

Die Widerspiegelungstheorie wäre falsch, wenn sie den Spiegel anwiese, auch das noch zu spiegeln, was hinter ihm ist. So aber ist sie in ihrer Falschheit richtig: als Anweisung, die Kehrseite zu verschweigen.

XV

Unter allen Schreibern Aegyptens sind diejenigen die allerschlimmsten, die sich Dichtern am ähnlichsten stellen und so die Täuschung verbreiten, das was sie bieten, sei schon genug.

XVI

Sind sie nicht zynisch, sind sie parteiisch. Beides, um die Sache beim Namen zu nennen, Formen der Gottlosigkeit: die eine als verzweifelte Umschreibung der Negativität, die andre als positiver Gottersatz.

XVII

Es ist nur ein Streit in der Welt, was nemlich mehr sei, das Ganze oder das Einzelne? Und der Streit wiederlegt sich in jedem Versuche und Beispiele durch die That, indem der, welcher aus dem Ganzen wahrhaft handelt, von selber zum Frieden geweihter und alles Einzelne zu achten darum aufgelegter ist, weil ihm sein Menschensinn, gerade sein Eigenstes, doch immer weniger in reine Allgemeinheit, als in Egoismus oder wie Du's nennen willst, fallen läßt./ A Deo principium.[3]

XVIII

Die Wette gegen das Ganze ignoriert nicht nur die offenbaren Wunder, ihr Kalkül ist auch durch und durch unvernünftig. Aus Angst vor Verlust verweigert sie den geringsten Einsatz und setzt, obwohl unendlicher Gewinn auf dem Spiel steht, es sei nichts damit.

---

3 Im März 1801, an den Bruder; vgl. *Menschlich, d.h.*, Anm. 7.

XIX

Scheinentscheidungen sind immer falsch.

XX

Weil er parteiisch für die Vernunft war, hat er die Dialektik verdorben: Hegel war Aegypter.

XXI

Wer Partei ist, hat den Teil fürs Ganze gesetzt.

XXII

Du lebst.

XXIII

Faschismus ist die Bezeichnung für eine bestimmte Gestalt der Partei. Hier brach hysterisch aus, was alle verbergen. Die pharisäischen Zeigefinger zeigen das Entsetzliche; das wäre gut, wenn sie dabei nicht von der Tatsache ablenkten, daß jede Parteigenossenschaft latent faschistisch ist. Wer seinen Schatten nicht erträgt, rottet sich mit anderen zusammen und jagt fortan in Ortsgruppen und Rudeln.

XXIV

Wir müssen mit Heraklit gegen Heraklit andenken. Krieg ist nicht nur Vater, sondern auch Zerstörer aller Dinge[4]. Der Gedanke des unterschiedenen Ganzen ist Frieden[5]. Hier ist ein permanenter Bürgerkrieg Gesetz und die dazugehörige Gesinnung Lernziel.

XXV

Die Nichtigkeit der Zynischen rechtfertigt nur das Dasein der Parteiischen. So sind sie beide Bauchredner der Verhält-

4 Diels-Kranz, *Vorsokratiker*, Frg. 53
5 Vgl. *Das älteste Systemprogramm*, Anm. 26.

nisse, der schon toten oder noch lebenden Kriegs- und Friedensverbrecher mit ihrem organisierten Anhang.

XXVI

Parteiisch für den Frieden.

XXVII

Parteigeist ist das Syndrom männlicher Alleinherrschaft. Man kann den Janus drehen, so viel man will: es bleibt Krieg. Er ist nicht zum Schweigen zu bringen. Das Glück beginnt, wo sie den Doppelkopf abschalten oder achtlos vorbeigehn, wenn er agitierend oder sonstwie lärmend an den Ecken steht.

XXVIII

Einseitigkeit heißt das Übel.

XXIX

Von den inferioren Funktionären der Macht oder Gegenmacht unterscheiden sich die Literaten nur durch ihre immer wieder staunenmachende Geschicklichkeit im Bemänteln. Sie allein verstehen sich darauf, so zu gehen, daß keiner bemerkt, wie sehr sie hinken.

XXX

Schade um das Tabu; aber Dichter sind bei einer anderen Arbeit. Seit es sie gibt, renken sie an Jakobs verrenkter Hüfte.

XXXI

Die Zynischen dagegen, den Kinderschuhen der Parteilichkeit entwachsen, streifen knurrend und winselnd durch die Stadt. Wessen Feind, wie unnütz den Menschen, das einzugestehen, sind sie zu feige. Nicht richtig hochmütig, nicht richtig verzweifelt, nicht richtig sodomisch, nicht richtig aegyptisch, nicht Fleisch, nicht Fisch; sie sind, was keiner vermutet, nur richtig bigott.

XXXII

Literatur ist Scheinheiligkeit.

XXXIII

Neben dem ökonomischen der Ausnutzung, dem politischen der Ermächtigung ist das literarische Phänomen der Entmündigung die dritte und entwürdigendste Kategorie der Rechtlosigkeit, in der die Masse ihr Leben fristet. Es gibt kein treffenderes, unmenschlicheres Wort für die überredete, betrogene und zerschlagene Gemeinschaft.

XXXIV

Wie lange dauert das schon?

Seit nemlich böser Geist ṣich
Bemächtiget des glüklichen Altertums, unendlich
Langher währt Eines, gesangfeind, klanglos, das
In Maasen vergeht, des Sinnes gewaltsames.[6]

XXXV

In den Siedlungen der Vorzeit fehlen die Spuren menschlicher Verwüstung. Keiner war stark genug, um andere unter sich zu bringen. Die Herrschaft begann mit den Doppelzüngigen und ihrer schlangenglatten Kunst, und sie endet auch mit den Rednern.

XXXVI

Was immer Menschen gemeinschaftlich an Menschen verbrachen, es wurde von Wortgewandten gefordert und von Gelehrten rechtfertigt.

XXXVII

Gibt es drei Kategorien der Entrechtung, so auch drei Formen des Mehrwerts: Geld, Macht und Geltung. Alle drei hän-

6 *Der Einzige*, v. 119-122; vgl. *Neun editorische Übungen* IV.

gen zusammen und beruhen auf der Abschöpfung der Differenz zwischen wenigen übermäßig erhobenen und vielen etwas erniedrigten Individuen. Die wirklich schon paranoisch zu nennende Fixierung aufs Kapital vernebelt nicht nur die phänomenologische Verkettung, sondern fast wohlweislich auch die Mechanik der Revolution und die neue Klasse ihrer Nutznießer. Nach der feudalen Zwangsordnung, an deren Beginn die Völker bestürzt und verwirrt von einem Ende des Erdteils zum anderen zogen, einer Herrschaft, die primär auf Gewalt und erst sekundär auf intellektuellen Legitimationen beruhte, hat jetzt die Intellektualherrschaft begonnen. Die Gewalt wird sekundär, d.h. sie umhüllt sich mit Lüge, wie sich vorher der Gewissenszwang mit Folterkammern umgab. Dafür wurden die unendlich feiner ausgebildeten Entmündigungsorgane zu Instrumenten der Machtergreifung und Sicherung der Macht.

XXXVIII

Vor Troja verprügelte der redekundige Odysseus einen noch zungenfertigeren Aufwiegler mit seinem Zepter. Inzwischen hat Thersites die Macht übernommen. Er liefert die ökonomisch-politischen Analysen, er organisiert solidarisches Handeln, er erfindet die Feindbilder und setzt die Kriegsziele fest. Vom Intellektuellen ist die Rede, er heiße Dr. Goebbels oder anders.

IXL

Ein abgefeimter Stil ist selbstverständlich kein Wahrheitsbeweis, sondern im Gegenteil die vollkommen ausgebildete Fähigkeit, zu lügen. Zwischen den Verfassern von Erlassen und den Verfassern von Ergüssen besteht ein Unterschied nur hinsichtlich des Zweckes. Wo der Zweck klar umrissen, beispielsweise als angeblich gemeinnütziger am Tage liegt, wo man ihn nach Lage der Dinge verfolgen kann, ohne erröten zu müssen, da kann er ohne Umschweife dekretiert werden. Schwieriger, wo ein gemeinnütziger oder gar ein künstlerischer Zweck vorgeschoben werden muß um zu einem weit oder nah gesteckten Ziel zu gelangen; dann allerdings ist ein abgefeimter Stil sehr vonnöten.

XL

Die literarische Lüge liegt demnach weniger im schlecht erfundenen oder falsch beschriebenen Sujet, sondern mehr in der Verlogenheit des gebildeten Subjekts am Schreibtisch. Die Verlogenheit jedoch besteht hier wie überall in der sich selbst zumeist unbekannten Differenz zwischen dem wirklichen und dem vorgeschobenen Zweck.

XLI

Kultur schmiert den Betrieb und umgekehrt.

XLII

Die gebrochenen, unsäglich feinfühligen Zeilen im Feuilleton einer großen Tageszeitung – je glänzender die Hofhaltung, desto klüger darf auch der Narr sein. Seit es kulturelle Einrichtungen gibt, weiß man zu gut, was ein dezenter Widerspruch wert ist, schätzt man den progressiven Kitsch, der das realpolitische Ineinander von Spekulation und Korruption um jene kritische Note bereichert, die nun einmal, wie der Seidentäbris und das venezianische Glas, zum gediegenen Arrangement gehört.

XLIII

Überhaupt ist diese affektierte Müdigkeit, der Geschmack an untergehenden Schiffen und ihrer verschwiegenen Pointe, der Hang zur Kleinigkeit die Anakreontik von gestern; unter umgekehrten Vorzeichen dasselbe, was neulich im Park mit den Kopflosen Blindekuh spielte.

XLIV

Von Poetologie selbstredend keine Spur; allen anderslautenden Behauptungen zum Trotz. Sie betreiben die Kunst wie ein Karten- oder Würfelspiel und es muß an ihrem guten Glück liegen, daß jede Karte sticht und jeder Wurf ein Pasch ist.

XLV

Die meisten haben den Zuruf, zu schweigen, überhört; nur einige nicht. Deren ganze Anstrengung besteht seitdem darin, sich selbst von der Notwendigkeit weiterzuschreiben, die übrigen von der Notwendigkeit zu überzeugen, das zu lesen.

XLVI

Die Literatur scheint nur darum so unentbehrlich, weil sie sich, in dem spöttischeren Sinn des Wortes, bei uns eingebürgert hat. *Ab initio non fuit sic.*[7]

XLVII

Nebenbei: nachdem die Aufklärung sich selbst zum Dogma, also längst obskur wurde, ist es an der Zeit und inzwischen ein Akt höherer Aufklärung, an das zuvor mißbrauchte, und deswegen so sehr mit Recht und Abscheu in die Ecke geschleudertes Buch zu erinnern.

XLVII

Dir gilt das nicht.

XLVIII

Krieg, nein, kein Gehör den Schwindlern!

7 Zu den Schriftgelehrten: *Von Anbeginn ists nicht also gewesen* (gefunden bei J. G. Hamann im zweiten hierophantischen Brief).

93

GÖTTER IM GASTHAUS

Singen wollt ich leichten Gesang, doch nimmer gelingt mirs

Denn [es] *machet mein Glük nimmer die Rede mir* [leicht].

Epigramm zu *Der Gang aufs Land*

93

Der Gang aufs Land.
An Landauer.

Komm! ins Offene, Freund! zwar glänzt ein Weniges heute
Nur herunter und eng schließet der Himmel uns ein.
Weder die Berge sind noch aufgegangen des Waldes
Gipfel nach Wunsch und leer ruht vom Gesange die Luft.
Trüb ists heut, es schlummern die Gäng' und die Gassen und fast will
Mir scheinen, es sei, als in der bleiernen Zeit.
Dennoch gelinget der Wunsch, Rechtglaubige zweifeln an Einer
Stunde nicht und der Lust bleibet geweihet der Tag.
Denn nicht wenig erfreut, was wir vom Himmel gewonnen,
Wenn ers weigert und doch gönnet den Kindern zulezt.
Nur daß solcher Reden und auch der Schritt und der Mühe
Werth der Gewinn und ganz wahr das Ergözliche sei.
Darum hoff ich sogar, es werde, wenn das Gewünschte
Wir beginnen und erst unsere Zunge gelöst,
Und gefunden das Wort, und aufgegangen das Herz ist,
Und von trunkener Stirn' höher Besinnen entspringt,
Mit der unsern zugleich des Himmels Blüthe beginnen,
Und dem offenen Blik offen der leuchtende seyn.

Denn nicht Mächtiges ists, zum Leben aber gehört es,
Was wir wollen und scheint schiklich und freudig zugleich.
Aber kommen doch auch der seegenbringenden Schwalben
Immer einige noch, ehe der Sommer ins Land.
Nemlich droben zu weihn bei guter Rede den Boden,

Wo den Gästen das Haus baut der verständige Wirth;
Daß sie kosten und schaun das Schönste, die Fülle des Landes,
Daß, wie das Herz es wünscht, offen, dem Geist gemäß
Mahl und Tanz und Gesang und Stutgards Freude gekrönt sei,
Deßhalb wollen wir heut wünschend den Hügel hinauf.
Mög' ein Besseres noch das menschenfreundliche Mailicht
Drüber sprechen, von selbst bildsamen Gästen erklärt,
Oder, wie sonst, wenns andern gefällt, denn alt ist die Sitte,
Und es schauen so oft lächelnd die Götter auf uns,
Möge der Zimmermann vom Gipfel des Daches den Spruch thun,
Wir, so gut es gelang, haben das Unsre gethan.

Aber schön ist der Ort, wenn in Feiertagen des Frühlings
Aufgegangen das Thal, wenn mit dem Nekar herab,
Weiden grünend und Wald und all die grünenden Bäume
Zahllos, blühend weiß, wallen in wiegender Luft,
Aber mit Wölkchen bedekt an Bergen herunter der Weinstok
Dämmert und wächst und erwarmt unter dem sonnigen Duft.
Schöner freilich muß es werden, wenn
Liebende in den

entgegentönt

friedlich die Arme des Nekars

[15] die Insel
indessen oben

und der volle Saal

da, da
sie sinds, sie haben die Masken
Abgeworfen
jezt, jezt, jezt
ruft
daß es helle werde,
weder hören noch sehen
Ein Strom
daß nicht zu Wasser die Freude
Werde, kommt, ihr himmlischen Gratien
und der Nahmenstag der hohen,
der himmlischen Kinder sei dieser!

Kommen will ich

Aber fraget mich eins, was sollen Götter im Gasthaus?

Dem antwortet sie sind, wie liebende, feierlich seelig,
Wohnen bräutlich sie erst nur in den Tempeln allein
Aber so lang ein Kleineres noch nach jenen genannt ist,
Werden sie nimmer und nimmer die Himmlischen uns
Denn entweder es herrscht ihr höchstes blinde gehorcht dann
Anderes
Oder sie leben in Streit, der bleibt nicht oder es schwindet
Wie beim trunkenen Mahl, alles
Diß auch verbeut sich selbst, auch Götter bindet ein Schiksaal
Denn die Lebenden all bindet des Lebens Gesez.

Götter im Gasthaus

Für Gerhard Wolf.

Die Gratien, derentwegen sich Hölderlin nach Griechenland begab[1], Thalia, Aglaia und Euphrosyne[2], heißen jetzt einfach *Mahl und Tanz und Gesang.* Seither ist es falsch, die Götter zu weit entfernt zu denken: *wir sind es, wir!*[3]

Ober- oder unterweltliche, je nachdem.

1 *Die Wanderung*, v. 99-103:
euch einzuladen,
Bin ich zu euch, ihr Gratien Griechenlands,
Ihr Himmelstöchter, gegangen,
Daß, wenn die Reise zu weit nicht ist,
Zu uns ihr kommt, ihr Holden!

2 *Θαλια* (Fülle), *Αγλαια* (Glanz), *Ευφροσυνη* (Frohsinn).

3 *Brod und Wein*, v. 152
Glaube, wer es geprüft!

GESCHREI

Da hört ich unbekannt von denen ein Geschrei,
Mit üblem Wüthen schrien sie wild,
Und zerrten mit den Klauen sich einander,
In Mord, das merkt' ich, denn nicht unverständlich war
Der Flügel Saußen. Schnell befürchtet' ich
Und kostete die Flamm', auf allentzündeten
Altären. Aber aus den Opfern leuchtet'
Hephästos nicht. Hingegen aus der Asche
Der nasse Geruch verzehrte die Hüften,
Und raucht' und wälzte sich, und hoher Zorn ward
Umhergesäet, und die benezten Hüften,
Sahn offen aus dem Fett, das sie bedekte.
Die hab' ich vorn dem Knaben hier erfahren,
Der zeichenlosen Orgien tödtliche Erklärung.
Denn dieser ist mir Führer, andern ich.
Und diß. Nach deinem Sinn erkrankt' die Stadt.
Denn die Altäre sind und Feuerstellen
Voll von dem Fras der Vögel und des Hunds,
Vom unschiklich gefallnen Sohn des Oedipus.
Und nicht mehr nehmen an beim Opfer das Gebet
Von uns die Götter, noch der Hüften Flamme;
Noch rauscht der Vögel wohlbedeutendes
Geschrei her, denn es hat von todtem Menschenblut
Das Fett gegessen. Das bedenke nun, o Kind!

Antigonä, v. 1038-1061

Und alle waren außer sich selbst. Geschrei
Entstand und Jauchzen. Drauf in die Flamme warf
Sich Mann und Weib

Stimme des Volks, v. 57-59

Recht Gewissen bedeutend
Der Wolken und der Seen des Gestirns
Rauscht in Schottland wie an dem See
Lombardas dann ein Bach vorüber. Knaben spielen
Perlfrischen Lebens gewohnt so um Gestalten
Der Meister oder der Leichen oder es rauscht so um der Thürme Kronen
Sanfter Schwalben Geschrei.

Homburger Folioheft 68

Drum wie die Staaren
Mit Freudengeschrei

Homburger Folioheft 73

Jezt komme, Feuer!
Begierig sind wir
Und wenn die Prüfung ist
An die Brutfedern gegangen
Mag einer spüren das Waldgeschrei.

Der Ister III *A*, v. 1-5

434

Als der blinde Seher vor den neuen Machthaber tritt, weiß er vom ungewohnten Geschrei der Vögel, vom Geräusch ihrer Flügel und Klauen zu berichten. Er schließt daraus auf schreckliche Ereignisse und irrt sich nicht. Auch Hölderlin spricht davon, metaphorisch: statt wirklicher Vögel meint er Menschen überhaupt, Begeisterte oder Geister. So vom Geschrei *sanfter Schwalben*, das um die Turmkronen *rauscht* oder *schwebt*[1], vom *Freudengeschrei* der *Staaren*, die in den Wiesen der Charente auffliegen[2], doch am rätselhaftesten vom *Waldgeschrei* jenseits des Feuers[3]. Wie in Theben herrscht die Tendenz, dies Aufgeregte auf sich beruhen zu lassen. Gerade dagegen wehrt sich das Wort, dessen Klang die trügerische Stille zerreißt und den Lärm übertönt – über das sich nichts Ruhiges sagen läßt.

Es umschwebt den Kirchturm, während von drinnen jenes Gemurmel heraufschallt, das auch *Geschrei* heißt, weil es den Himmel mit seinem eigennützigen Wünschen belästigt[4]. In der Krise zerbricht die Kritik den harmlosen Anschein, hinter dem sie sich verborgen hielt. Der tragische Gegensinn durchbricht die Idylle und das Verhältnis von Macht und Ohnmacht wird sichtbar. Eines, das sich umkehrt, je nachdem, welche Kategorie gelten soll: die der Sachen oder der Gedanken.

---

1 Hölderlin vergleicht die Gesänge mehrfach mit *Schwalben*; der hexametrische Gesang *Dem Allbekannten* beginnt:
Frei wie die Schwalben, ist der Gesang, sie fliegen und wandern
Fröhlich von Land zu Land, und ferne suchet den Sommer
Sich das heilge Geschlecht, denn heilig war es den Vätern

2 Zum innenliegenden Sinn vgl. *Zwölf chymische Zettel* XI, Anm. 8.

3 Vgl. Jes. X, besonders v. 14, 17-19 und *Meister des Forsts*, Innentitel.

4 *Der Archipelagus*, v. 97-101:
wohl schauen und ringen
Vom Gebirg, wo das Wild ihr Geschrei hört, fliehende Greise
Nach den Wohnungen dort zurük und den rauchenden Tempeln,
Aber es wekt der Söhne Gebet die heilige Asche
Nun nicht mehr, im Thal ist der Tod
Kolomb, 370/79:
mit Prophezeiungen und/großem Geschrei, des Gebets mit Gunst.
Vgl. auch *Brod und Wein* VI, v. 113, 114 (*Neun editorische Übungen* VII).

Das befremdende Insistieren auf Geschrei will, daß endlich einmal das Herrliche oder Grauenvolle bedacht wird, über das es sich vorzeitig erhebt. Aber das ist nur in der Kategorie des jetzt Ohnmächtigen möglich.

In seinem finsteren Bericht schildert der erblindete Ohrenzeuge am Opfertisch dasselbe, wie jener taube Maler in seinen *Desastres de la Guerra* und der wahnsinnige Dichter: die unaussprechliche Torheit und Grausamkeit der Menschen, auf die *Geschrei* die einzige Antwort ist (wenn auf das *Jauchzen* keiner mehr hört, obwohl es auch dafür nie zu spät ist)[5].

5 Z. B: *Ich will kein Jacobiner seyn. Vive le Roi!* (*Zehn biographische Detalis* VII).

95

GEMÄHLDE

Und der Himmel wird wie eines Mahlers Haus

Wenn seine Gemählde sind aufgestellet.

307/40 (mit tintenleerer Feder eingeritzt)

95

An den Aether

Der du mich auferzogst und überall noch geleitest
Element der lebendigen Welt, unsterblicher Aether
Sieh! es ruht, wie ein Kind, in deinem Schoose die Erde,
Süßbelebend hauchst du sie an, mit schmeichelnden zarten
Melodieen umsäuselst du sie, mit Stralen der Sonne
Tränkest du sie, mit Reegen und Thau aus goldener Wolke.
Und es gedeiht vor dir ihr tausendfältiges Leben,
Leicht und üppig breiten vor dir, wie die knospenden Rosen
Ihre verschloßnen Kräfte sich aus, und ringen und streben
Unaufhörlich hinauf nach dir in freudigem Wachstum.
Himmlischer! sucht nicht dich mit ihren Augen die Pflanze
Strekt nach dir die schüchternen Arme der knospende Strauch nicht
Daß er dich finde zerbricht der gefangene Saame die Hülse,
Daß er, belebt von dir, in deiner Wooge sich bade,
Schüttelt der Wald den Schnee, wie ein überlästig Gewand ab.
Auch die Fische kommen herauf und hüpfen verlangend
Über die glänzende Fläche des Stroms, als begehrten auch diese
Aus der Wiege zu dir; auch den edeln Thieren der Erde
Wird zum Fluge der Schritt wenn oft das gewaltige Sehnen
Die geheime Liebe zu dir sie ergreift sie hinaufzieht –
Es verachtet den Boden das Roß, wie gebogener Stahl strebt
In die Höhe sein Hals, mit der Hufe berührt es den Sand kaum.
Und des Aethers Lieblinge, sie, die glüklichen Vögel
Wohnen und spielen vergnügt in der blauen Halle des Vaters.
Raums genug ist für alle. Der Pfad ist keinem bezeichnet.
Und es regen sich frei im Hauße die Großen und Kleinen.
Über dem Haupte froloken sie mir und es sehnt sich auch mein Herz
Wunderbar zu ihnen hinauf! wie die freundliche Heimath
Winkt es von oben herab – und auf die Gipfel der Alpen
Möcht ich wandern und rufen von da dem flüchtigen Adler
Daß er, wie einst in die Arme des Zeus den seeligen Knaben
Von dem dürftigen Stern in des Aethers Halle mich trage.
Zwar, es umwölben uns hoch und leicht die heiligen alten

Wälder der Erd, und klein ists nicht, in ihnen zu wohnen.
Dennoch wohnen wir arm. Die Helden der Nacht die Gestirne
Die zufrieden und frei des Aethers Gärten durchwandeln
Wohnen herrlich allein. Auch gehört uns der
Ozean, aber was ist der Ocean gegen den Aether?
Wandelnde Städte trägt, weither des Oceans Wooge
Auf dem Rüken und bringt ein Indien uns zum Genusse
Aber der Aether hält die heilgen Gefäße, die Wolken
Wo er die Blize bewahrt, und gießt in Flammen und Wassern
Göttlich Leben ins Herz der Welt aus der gährenden Urne.
Reich mit Inseln geschmükt ist das Meer; die Inseln des Aethers
Sind die Sonn' und der Mond. O glüklich wer an die goldnen
Küsten das weltumwandelnde Schiff zu treiben vermöchte. –

Aber indeß ich hinauf in die dämmernde Ferne mich sehnte
Wo du die fremden Ufer umfängst mit der bläulichen Wooge
Kamst du säuselnd herab von des Fruchtbaums blühenden Wipfeln
Vater Aether und tränktest mich mit verjüngendem Othem
Und der Othem erwarmt in mir und ward zum Gesange.
Blumendüfte bringt die Erd, und Stralen die Sonne,
Aber die Lerche des Morgens und ich, wir brachten ein Lied dir.

Entwurf II

...erinnert einen an die Gemählde wo sich die Thiere alle um Adam im Paradiese versammeln.

Goethe am 28. Juni 1797 an Schiller

95

In der Kasseler Galerie hängt ein Bild, das sich von den anderen durch seine Helligkeit und Wahrheit unterscheidet: *Der Strand von Scheveningen* des zweiundzwanzigjährigen Adrian van de Velde. Wenn der Kunstkenner Wilhelm Heinse ihn nicht vor die idealen Landschaften Claude Lorrains zog[1], hat Hölderlin hier, vor diesem tiefsinnig zufälligen Strandstück erstmals das Meer gesehen.

Aber was ist der Ocean gegen den Aether?
Angesichts dieses Himmels ist die unschuldig rhetorische Frage berechtigt. Mit seinem nach hinten aufgehellten Blau, der geheimen Dramaturgie seiner Wolken nimmt er die weitaus größte Fläche ein. Die Verhältnisse sind in ihrem genauesten Gleichgewicht: Sand und Meer teilen sich in den schmalen Streifen ihrer Wirklichkeit[2].

---

1 *Die vier Tageszeiten*, jetzt in der Eremitage Leningrad.
2 Am 12. März 1804 schreibt Hölderlin an Leo von Seckendorf:
Mein Theurer!
Ich habe Dich neulich besuchen wollen; konnte aber Dein Haus nicht finden. Ich besorge also den Auftrag, der mir diesen Besuch nothwendig machte, schriftlich und schike Dir eine Ankündigung von pittoresken Ansichten des Rheins; es ist Dir möglich, Theil daran zu nehmen und dafür Theilnehmer zu finden. Der Fürst hat sich schon dafür interessirt. Ich bin begierig, wie sie ausfallen werden; ob sie rein und einfach aus der Natur gehoben sind, so daß an beiden Seiten nichts Ungehöriges und Unkarakteristisches mit hineingenommen ist und die Erde sich in gutem Gleichgewicht gegen den Himmel verhält, so daß auch das Licht, welches dieses Gleichgewicht in seinem besonderen Verhältniß bezeichnet, nicht schief und reizend täuschend seyn muß. Es kommt wohl sehr viel auf den Winkel innerhalb des Kunstwerks und auf das Quadrat außerhalb desselben an (vgl. *Bäume*, Anm. 4). Die kryptische Äußerung weist deutlich auf Franz von Baaders 1798 (nach Lektüre von Schellings *Weltsseele*) entstandene Schrift *Das Pythagoreische Quadrat oder die vier Weltgegenden.* Baader erläutert, daß die Dreiheit, *der große Hebel der Natur* (...), ohne *Äußeres*, ihn von innen *Durchdringendes, im 0 seiner Action und Wirklichkeit* bleiben müsse – *Mit diesem Aushauch von oben fährt Leben und Bewegung in die todte Bildsäule des Prometheus, und der Puls der Natur, das Wechselspiel ihres Dualismus schlägt,* –

Ein Mann steht, in Betrachtung versunken, am Meer. Alle anderen sind, auf ihre Weise, beschäftigt oder zerstreut. Ein Reiter sprengt ins Bild und eine einsame Person entfernt sich vom Standpunkt des Malers. Über den Strand verteilt sind ferner: ein prächtiges und ein weniger prächtiges Paar, letzteres mit Hund. Eine einfache Familie in den Pfützen, welche die Flut zurückgelassen hat. Ein alter Mann, auf den Stab gestützt. Ein Reisewagen, eine vierspännige Kalesche. Wanderer, die der Reiter einholt. Ein Fischer im Wasser, andere um den Korb, der die Beute enthält. Schiffe, Dächer, eine Kirche, deren Turmspitze in die tiefer hängenden Wolken sticht. Darunter, kühn angeschnitten im leeren Raum ein angeschwemmter Mast.

Die Gemäldegallerie und einige Statuen im Museum machten mir wahrhaft schöne Tage, schreibt Hölderlin an seinen Bruder[3]. Wenig später, Mitte August 1796, bricht die kleine Gesellschaft um Susette Gontard nach Driburg auf, wo sie den Rest des Sommers zubringt. Währenddessen schlagen die Kaiserlichen unter Erzherzog Karl Jourdans Armee bei Amberg. Die republikanischen Heere verlassen Süddeutschland und die Flüchtlinge kehren Ende September nach Frankfurt zurück. Der erste Teil des *Hyperion* wird neu und wie im Traum geschrieben.

Alles was da ist und wirkt lebt also nur vom Einhauch, vom Athmen dieses allbelebenden Princips – der Luft. / Dieses Verhältnis jener drei Principien zu einem sie belebenden vierten wird beinahe allgemein verkannt, indem man sie alle vier als zu einer Ordnung nebeneinanderstellt, und sie damit entstellt. In dem bekannten Symbol (△) *ist dieses Verhältnis richtig angedeutet* (Stl.W. 3, 247). Im *Phaëton-Segment* II wendet Hölderlin den inspirierten Gedanken auf das einfache und unschuldige Leben zurück: *Der Tugend Heiterkeit verdient auch gelobt zu werden vom ernsten Geiste, der zwischen den drei Säulen wehet des Gartens. Eine schöne Jungfrau muß das Haupt umkränzen mit Myrthenblumen, weil sie einfach ist ihrem Wesen nach und ihrem Gefühl. Myrthen aber giebt es in Griechenland.*

3 9. August 1796

96

GEBIRGE

Und die Zeiten des Schaffenden sind,
Wie Gebirg,
Das hochaufwoogend von Meer zu Meer
Hinziehet über die Erde,

Es sagen die Wanderer viele davon,
Und das Wild irrt in den Klüften,
Und die Horde schweifet über die Höhen,
In heiligem Schatten aber,
Am grünen Abhang wohnet
Der Hirt und schauet die Gipfel.
So

Der Mutter Erde

96

Um deinen Alpen

von Gott getheilet
Der Welttheil,

zwar sie stehen
Gewapnet,
Und lustzuwandeln, zeitlos

denn es haben
Wie Wagenlauff uns falkenglänzend, oder
Dem Thierskampf gleich, als Muttermaal
Weß Geist Kind
Die Abendländischen sein, die Himmlischen
Und diese Zierde geordnet;

Tinian I

An den Gränzen[1] versinkt das Gebirge, das von Asien her die Erde teilt und an dessen Seiten und Verzweigungen eine Kultur nach der anderen aufwuchs und unterging. Sie sind die Metapher der endlichen Geschichte:

Gegen das Meer zischt der Knall der Jagd[2].

Im Entwurf *Das Nächste Beste* ist ihre Bewegung mit aller Sorgfalt nachgezeichnet:

Abendlich wohlgeschmiedet
Vom Oberlande biegt sich das Gebirg, wo auf hoher Wiese die Wälder sind
Wohl an der bairischen Ebne. Nemlich Gebirg
Geht weit und streket, hinter Amberg sich und
Fränkischen Hügeln. Berühmt ist dieses. Umsonst nicht hat
Seitwärts gebogen Einer von Bergen der Jugend
Das Gebirg, und gerichtet das Gebirg
Heimatlich. Wildniß nemlich sind ihm die Alpen und
Das Gebirg, das theilet die Tale und die Länge lang
Geht über die Erd. Dort aber[3]

Was dort ist oder sein wird, ist nicht gesagt; doch einiges läßt sich erschließen.

Wenn die Gebirge das Zeichen der alten Geschichte sind, dann muß diese an ihrem Ende aufhören. Dieser Utopie oder Verheißung wegen biegen sich die *hercynischen Wälder*[4] vom

1 Entweder von Tacitus entlehnt, der den Teutoburger Wald mit den Worten *ad ultimos Bructerorum* lokalisiert (*Annalen* I, 60) oder aus dem Namen der *Externsteine* abgeleitet.

2 Vgl. *Aegypterin*.

3 Vgl. *Bußort*.

4 Caesar, *De bello Gallico* VI, 25: *Den Hercynischen Wald (. . .) kann ein Fußgänger ohne Gepäck in neun Tagen durchwandern; anders läßt sich nämlich seine Ausdehnung nicht bestimmen, weil die Germanen keine Wegmaße kennen. Er beginnt bei den Helvetiern, Nemeten und Rauracern und zieht sich parallel der Donau bis zu den Dacern und Anarten hin. Von da aus biegt er in mehreren Verzweigungen nach links vom Flusse ab und berührt bei seiner Größe die Länder vieler Völker. Und in diesem Teile Germaniens gibt es niemand, der von sich sagen könnte, er sei ans Ende dieses Waldes gelangt. . .*

Westrand der Alpen und führen, nach links und rechts ausbrechend, der Stelle zu, wo das Neue real zu werden beginnt.

Das Prophetische dieser Äußerungen zu leugnen oder einfach zu übergehen, wäre sicher ebenso falsch, wie umgekehrt ihren Gehalt, als höchste dichterische Fiktion, als Undeutbares schlechthin, auf sich beruhen zu lassen. Die im Bild eingelassene Erkenntnis will erkannt und als Erkenntnis der gegenwärtigen Wirklichkeit in dieser selbst lebendig, das heißt verändernd wirklich werden. Das im Zeichen der Gebirge als unaufhaltsam Angekündigte soll nicht in einer Wolke dunkler Ahnungen heraufziehen. Darum sind die Chiffren zu entschlüsseln, nicht als geisteswissenschaftlicher Selbstzweck, sondern in jenem radikal pragmatischen, zeitverändernden Sinn.

Was gemeint ist, tritt an jener hochironischen Stelle des Entwurfs *Tinian*[5] hervor:

denn es haben
Wie Wagenlauff uns falkenglänzend, oder
Dem Thierskampf gleich, als Muttermaal
Weß Geist Kind
Die Abendländischen sein, die Himmlischen
Uns diese Zierde geordnet

Auf den aktuellen Begriff gebracht meinen *Wagenlauff* und *Thierskampf* nichts anderes als Konkurrenz und Partei. Den anscheinend unausrottbaren Wettbewerb spiegeln die nebeneinander heraufziehenden Gebirgsketten. Die Zerwürfnisse, Propaganda und Krieg sind vorgebildet in ihren räumlichen Trennungen. Genau das aber ist gesellschaftlich sanktioniert und die Rede vom *Muttermaal* bestätigt diese Realität. Doch damit ist nichts über den Ungeist gesagt. Kaum bedarf es noch der drohend mitschwingenden Anspielung auf das *Malzeichen des Tiers*, das Völker und Menschen an Hand und Stirne tragen[6] – die Gefahr ist real genug.

---

5 Vgl. *Zwölf chymische Zettel* XII, Anm. 4.
6 Apoc. XIII, 16

V

MARGINALIEN
ZUR
AUSGABE

Hekatombe für B.

MLA 1977

97

Nimm nun ein Roß

Chiron

I

Kaum anderthalb Jahrzehnte nach Erscheinen des letzten von Friedrich Beißner herausgegebenen Textbandes[1], noch während Adolf Beck den letzten Supplementband der Stuttgarter Ausgabe vorbereitete[2], erschien der Einleitungsband zur Frankfurter Hölderlin-Ausgabe[3]. Die erste Reaktion war geteilt. Vordergründig entzündeten sich die Kontroversen an einer befürchteten einseitigen Politisierung des Dichters[4]; die tiefergehende Verbitterung ging jedoch von dem Umstand aus, daß einer ganzen Philologie die Ausgangsbasis ihrer exegetischen Wegelagerei entzogen wurde – dies obwohl anfängliche Angriffe aus den eigenen Reihen zum Schweigen gebracht und das Modell der Stuttgarter Ausgabe zum Muster großangelegter Editionsunternehmen erklärt worden war. In dieser Konstellation konnte die Bewegung, in der sich die Hölderlin Rezeption immer noch befindet, als Teil jenes undialektischen Stellungskrieges begriffen werden, den die ideologisierten Mächte und ihr intellektueller Anhang gegeneinander führen. Wenn überhaupt etwas, ist das Gegenteil die werkimmanente Tendenz: Bildung eines dialektischen Gewissens, dem besinnungslose Feindschaft unmöglich wird. Seit die Stuttgarter Ausgabe konzipiert wurde[5], ist nicht nur das szien-

---

1 Bd. 4 *Der Tod des Empedokles, Aufsätze*, Stuttgart 1961

2 Bd. 7.4 *Dokumente, Rezensionen und Würdigungen*, Stuttgart 1977

3 Mit einem Vorwort von Michel Leiner, D.E. Sattler und KD Wolff; Frankfurt 1975

4 Detlev Lüders in Jb. des Fr. Dtsch. Hochst., Tübingen 1976, S. 210: *Eine neue 20bändige(!) Gesamtausgabe ist (...) weder unter editorischen noch sonstigen sachlichen Gesichtspunkten erforderlich. Als Gesamtausgabe versetzt sie jedoch den Verlag „Roter Stern", dessen politischer Standort angesichts seines Namens keiner Erläuterung bedarf, in die Lage, nicht nur einen ‚ganz roten' sondern auch einen ‚ganzen roten' Hölderlin in die Welt zu setzen, Hölderlin sichtbarlich in toto, mit all seinen Werken und Briefen, für Revolution und Marxismus in Anspruch zu nehmen.*

5 *Die Stuttgarter Hölderlin-Ausgabe. Ein Arbeitsbericht*, Stgt. 1942

tifische Textbedürfnis kritischer, selbständiger und anspruchsvoller geworden. Vorzugsweise für diese imaginärneuen Leser wurde die Frankfurter Ausgabe geplant. Nur insofern war sie ein Gegenentwurf zur Stuttgarter Ausgabe, ohne deren Existenz sie undenkbar wäre und mit der sie, zusammen mit allen früheren Editionen, eine historisch folgerichtige Kette bildet[6].

6 1826 [Gedichte, 1 Bd.] E. v. Diest, J. Kerner, L. Uhland, G. Schwab
1846 [2 Bde.] Chr. Th. Schwab
1895 [2 Bde.] B. Litzmann
1905-1924 [3-5 Bde.; vier jeweils erweiterte Ausgaben] W. Böhm
1913-1923 [6 Bde.] N. v. Hellingrath, Fr. Seebaß, L. v. Pigenot
1914-1926 [5 Bde.] F. Zinkernagel
1923 [4 Bde.] A. Benzion
1942-1977 [14 Bde.] Fr. Beißner, A. Beck

II

Der vergriffene Einleitungsband war als Probeband konzipiert. Er sollte die Notwendigkeit einer neuen Hölderlinedition begründen und zugleich das projektierte Editionsmodell zur Diskussion stellen. In den ersten vorliegenden Textbänden wurden die Konsequenzen aus den Leseerfahrungen und den Argumenten sachhaltiger Kritik gezogen. So entfiel beispielsweise der als *Konjekturbegründung* kaschierte Interpretationsteil, der sich kaum mit der Konzeption einer allseitig offenen und auf sachliche Überprüfbarkeit der Texte angelegten Editionsmethode vertrug. Kaum ein editorisches Detail, das in der nachfolgenden Überarbeitungsphase nicht revidiert worden wäre. Statt Perfektion aus dem Stand vorzutäuschen, wurde ein prototypischer Entwurf vorgestellt; auf diese Weise bewährten sich noch die Mängel als rechtzeitige Antizipationen des später Inkorrigiblen.

III

Während der Kontroverse um die Textgestalt und die Deutungen der 1955 in London aufgefundenen *Friedensfeier* legten Wolfgang Binder und Alfred Kelletat eine Faksimile-Edition des Gesangs und seiner Vorstufen vor. Eine beigefügte Umschrift erlaubte dem Leser die Überprüfung der bisherigen Editionen, mehr noch – die unvermittelte Lektüre des Originals[1]. Auf der Reproduktion der Handschriften beruht auch das Editionsmodell der neuen historisch-kritischen Ausgabe; ihr steht eine *typographisch differenzierte Umschrift*[2] gegenüber. Der Textbefund des dokumentarischen Editionsteils ist die Grundlage einer prozessanalytischen Abwicklung der vorher nur in ihrer graphischen Anordnung abgebildeten Niederschriften – der *linearen Textdarstellung*[3]. Aus dieser im Zusammenhang lesbaren und in jedem Detail überprüfbaren Textanalyse ergeben sich die als Lesetext ausgedruckten *Textstufen*, deren Autorisationsgrad jeweils gekennzeichnet ist[4]. So-

---

1 *Hölderlin, Friedensfeier, Lichtdrucke der Reinschrift und ihrer Vorstufen* hg. von W. Binder und A. Kelletat, Tübingen 1959

2 Eine Seiten- und Zeilenzählung erlaubt, den Text editionsunabhängig, unmittelbar nach der Handschrift zu zitieren.

3 Das Verfahren ist schon in Hans Zellers Conrad-Ferdinand-Meyer-Ausgabe vorgebildet. Die Abtrennung des dokumentarischen Teils (Faksimile und Umschrift) erlaubt jedoch hier die strikte Trennung von deskriptiven und interpretativen Textinformationen, sodaß auf die den Lesevorgang erschwerenden diakritischen Zeichen dieses Editionstyps weitgehend verzichtet werden kann.

4 Je nach editorischer Herstellung werden die Texte als *unemendiert* (ohne jeden Eingriff), *emendiert* (Verbesserung von Textfehlern (lt. H. Zeller Autorversehen), Druckfehlern, Herstellung der autographen Orthographie bei Drucken usw.), *konstituiert* (editorisch aus Entwürfen oder sonst uneindeutiger Quellenlage abgeleitete Texte), *differenziert* (bei durch Fremdredaktion entstellten Texten) und *rekonstruiert* (bei kombinatorisch erschlossenen Textintentionen) ediert. Außerdem wird, wie etwa in Günter Mieths Hölderlin-Edition (Berlin und Weimar 1970) zwischen autorisierten Textstufen am Ende eines Textprozesses – in großer Drucktype – und nicht endgültigen Textstufen – kleinere Texttype – unterschieden.

mit sind die zumeist handschriftlich überlieferten Texte und Textentwürfe auf vierfache Weise lesbar: im Faksimile der Handschrift, als diplomatische Umschrift, im linearen Zusammenhang aller Varianten und schließlich als variantenfreier Lesetext. Die editorischen Entscheidungen können Schritt für Schritt kritisiert oder nachvollzogen werden. Schwierigkeit und Tiefe jener Texte lassen keine andere Wahl. Die verschiedenen Editionsbereiche beziehen sich gewissermaßen mehrdimensional aufeinander[5]. Hölderlins komplexe Dichtung, deren absichtsvolle Hermetik sich zuletzt dem leeren Genuß entzieht, kann damit einer adäquaten Lektüre plastisch werden. Dabei ist die notwendig technische Außenansicht der editorischen Darstellung als eine Entstellung des Gehalts zu durchbrechen. Dieser Anspruch besteht stillschweigend in der Anwesenheit aller sichtbaren Elemente der poetischen Produktion. Hölderlin postuliert, daß das *Organ des Geistes*, wenn es *vereinigend* sein will, *receptiv seyn muß*[6]. Wenigstens dieser Grundsatz wird – als Editionsform – an die Leser weitergegeben.

---

5 Tetraeder:

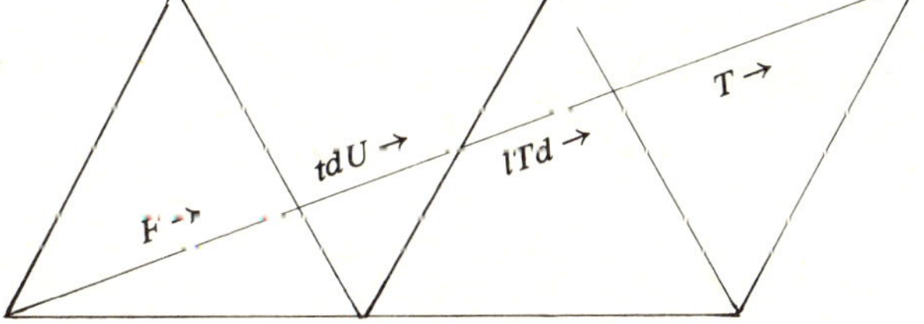

6 *Wenn der Dichter einmal des Geistes mächtig* ..., HKT 14, S. 309

IV

Durch die Konstitution der Textstufen im Zusammenhang der Varianten und die Integration späterer Korrekturschichten in die überarbeitete Textbasis (beides Produktionsphasen, die noch nicht, bzw. nicht mehr den letzten Instanzen der Selbstzensur unterworfen sind) rücken Werkkomplexe ins Gesichtsfeld, die bisher die Zensur der editorischen Textselektion nicht passieren konnten. So ändert Ludwig Neuffer eine 1790 entstandene und auf seinen eigenen Rat hin unveröffentlicht gebliebene Hymne, als er diese nach mehr als 40 Jahren unter seinen Papieren findet[1]. Die Stuttgarter Ausgabe hält sich hier

---

1 Die zehnte Strophe der Hymne *An die Unsterblichkeit* enthielt offenbar das aussschlaggebende Druckhindernis; sie lautet in Neuffers vierzig Jahre verspäteten Publikation (*Zeitung für die elegante Welt* 1832, Nr. 220; HKA 2 S. 47ff., als *differenzierter* Text):

Wenn die Starken den *Despoten* wecken,
Ihn *zu mahnen an* das Menschenrecht,
Aus der Lüste Taumel ihn zu schrecken,
Muth zu predigen dem feilen Knecht!
Wenn in todesvollen Schlachtgewittern,
Wo der Freiheit Heldenfahne *weht,*
Muthig, bis die müden Arme *splittern*,
Ruhmumstrahlter Sparter Phalanx *steht*!

Es hat sich jedoch der Rest einer vorläufigen Reinschrift erhalten, in welcher die von innen ausgehöhlte Strophe einen anderen Wortlaut hat.

Wann die Starken vor Despoten tretten
Sie zu mahnen an der Menschheit Recht
Hinzuschmettern die Tirannenketten
Fluch zu donnern jedem Fürstenknecht,
Wenn in todesvollen Schlachtgewittern
Wo die Vaterlandesfahne weht
Muthig, bis die Heldenarme splittern
Tausenden die kleine Reihe steht.

Daß Neuffer ein von Hölderlin dergestalt abgeänderter Text vorgelegen habe, ist unwahrscheinlich. So wurde aus dem realistischen Plural *vor Despoten* die abstrakte Figur eines *Despoten* überhaupt, dem überdies das uncharakteristische, in der neuen Aera der ‚Bürgerkönige' vollends unglaubwürdige Klischee der Ausschweifung angewie in zahlreichen anderen Fällen an die redigiert gedruckte Version. Ähnlich bei den Spätfassungen. Mit anderen Oden und Elegien hat Hölderlin auch *Brod und Wein* einer tiefgreifenden Umarbeitung unterzogen[2]. Diese Texte wurden und werden bislang – als auflösende *Eingriffe* des Erkrankten in eine *zur ‚Vollendung' gelangten Stufe*[3] – dem Publikum vorenthalten.

---

heftet ist. Die mundartliche Form *tretten* für *treten* (auch noch später belegt) wird durch einen weniger anstößigen Reim ersetzt. Aus Hölderlins Totalforderung *der Menschheit Recht* wird jenes blasse Minimum, auf welches der ideale Anspruch der Revolution bis heute reduziert ist. Aus *jedem Fürstenknecht* macht Neuffer, der eine Karriere als Hofprediger ins Auge gefaßt hatte, den nichtssagenden Pleonasmus *dem feilen Knecht*. Dagegen findet sich die Korrektur *Muth zu predigen* statt *Fluch zu donnern* (ein Vorschlag Neuffers?) schon in Hölderlins Manuskript). An die Stelle der ruhigen und großflächigen Wortstruktur *die Vaterlandesfahne* (mit einer ähnlichen Wortbildung beginnt beispielsweise der *Hyperion*) tritt der in den Freiheitskriegen nationalisierte Topos von *der Freiheit Heldenfahne*, welcher der Fahne das zuerkennt, was eine Zeile tiefer den nunmehr *müden* Armen genommen wird. Schließlich ist die Vision einer künftigen opfervollen Entscheidung, durch plumpe Verdeutlichung der Thermopylen-Allusion, in die Unverbindlichkeit des philhellenischen Schwulstes gerückt.

3 Bernhard Böschenstein, *Hölderlin – ‚work in progress'?* in *Neue Züricher Zeitung* vom 17./18. 12. 1977: *Von größter Tragweite für den vorliegenden Band* [6] *ist nun die Konzeption* (. . . .), *wonach Hölderlins späte, aus der Zeit der letzten Stufe der Sophokles-Übersetzungen stammenden Eingriffe in die Jahre zuvor vollendeten Elegien als deren letztgültiger Stand anzusehen sind. Die Reinschriften von Stuttgart, Brod und Wein und Heimkunft, die in allen Hölderlin-Ausgaben stehen, werden hier nur noch als Zwischenstufen betrachtet und durch den letzten (konstituierten) Text überholt, der die späten Eingriffe lückenlos in die ihnen zugrunde liegenden Reinschriften integriert. Nun ist aber keineswegs ausgemacht, daß Hölderlins spate Zusätze zu einer früheren Reinschrift als Ersetzung der überschriebenen Textpartien gemeint sind. Durchaus könnte es sich um partiell autonome Formeln, Notate, Einzelteile handeln, die sich zwar auf eine ältere Vorlage stützen, nicht aber als Teilverbesserung dieser sprachlich, rhythmisch und klanglich gänzlich verschiedenen, in sich geschlossenen und zur ‚Vollendung' gelangten Stufe verstanden werden dürfen.*

V

Die zwanzigbändige Edition sollte 1985 abgeschlossen sein[1]. Zugleich erscheint, in gleicher Einteilung, eine *Kritische Textausgabe*; ohne den dokumentarischen Teil der *Historisch-kritischen* Ausgabe. Als dritte Stufe wird zuletzt eine allgemein zugängliche Textausgabe folgen, in welcher nun auch der prozessanalytische Editionsteil fehlt. Hölderlin selbst schreibt vor Antritt seiner Hauslehrerstelle in Frankfurt: *Ich weis zu gut, daß die Natur nur stuffenweise sich entwikelt, und daß sie den Grad und den Gehalt der Kräfte unter die Individuen verteilt hat...*[2] Dieser Einsicht gemäß wird dem Leser keine Edition aufgenötigt, die seinen Anspruch und sein Vermögen übersteigt, andererseits bleibt die Irritation des vollständig zugänglichen Werks und die Herausforderung bestehen, dem Wortlaut und seiner Bedeutung bis in die Werkstatt des Dichters nachzufragen.

---

1 1 Einleitung; Biographie; Jugendgedichte, 1784-1789
2 Lieder und Hymnen (HKA 1978; KTA 1979)
3 Jambische und hexametrische Formen (HKA 1977; KTA 1979)
4,5 Oden (in Vorbereitung)
6 Elegien und Epigramme (HKA 1976; KTA 1979)
7,8 Gesänge
9 Gedichte nach 1806; Glossen und Ausrufe (in Vorbereitung)
10,11 Hyperion (in Vorbereitung)
12,13 Empedokles
14 Entwürfe zur Poetik (HKA 1979)
15 Pindar
16 Sophokles
17 Frühe Aufsätze und Übersetzungen; Paralipomena
18,19 Briefwechsel 1783-1795; 1796-1801
20 Briefwechsel nach 1802; Quellenverzeichnis; Register

2 Brief an Ebel vom 2. September 1795; vgl. *Zwei Siegel* (I)

102

FREUNDE

Ich aber bin allein.

Die Titanen

102

Wo aber sind die Freunde?

Andenken, v. 37

→ *Bellarmin*

Er fragt nach allen, aber nennt nur ein Paar: *Bellarmin/Mit dem Gefährten*[1]: die Struktur der Freundschaft schlechthin. Noch nicht einmal der Mythos kennt Freundespaare, bei denen nicht immer einer den anderen überwöge. Dritte im Bunde sind immer ausgeschlossen. Das ist sein Fall im März 1805, als der Gesang *Andenken* entstand[2].

Neuffer und Magenau, längst Pfarrer[3].

Hegel und Schelling Philosophen[4].

Sinclair und Seckendorf soeben verhaftet und des Hochverrats angeklagt[5].

Schmid und Böhlendorff wahnsinnig[6].

---

1 Vgl. *Bellarmin*.

2 Vgl. *Bäume*.

3 Mit Ludwig Neuffer und Rudolf Magenau hatte Hölderlin, nach seinem Eintritt in das Tübinger Stift, einen Dichterbund geschlossen. Die Beziehung mit Magenau endete mit dem Studium, die Freundschaft mit Neuffer erst 1799, als der mit Neuffer liierte Buchhändler Steinkopf von Hölderlins Journalprojekt *Iduna* zurücktrat. Die tieferen Gründe für das Zerwürfnis sind noch nicht aufgeklärt, doch unmittelbar einzusehen ist, daß Neuffer, der sich schon vor Hölderlins Eintritt ins Stift als Dichter gerierte und diese Rolle noch bis ins Alter weiterspielte (er starb 1839 als zweiter Stadtpfarrer von Ulm), neben dem entschiedenen Künstlertum Hölderlins nicht bestehen konnte. Später kam es zu einer Beziehung mit Hölderlins Halbbruder Karl Gok. Bezeichnend ist aber auch, daß der Literat Friedrich Weißer, der Hölderlin mit haßerfüllten Kritiken verfolgte (vgl. *Elf Bemerkungen zum Stuttgarter Foliobuch* XI, Anm. 4), in Neuffers Taschenbüchern publizierte (vgl. *Fünf Marginalien zur Ausgabe* IV).

4 Nach einem kurzen Zusammenwirken der beiden – Hegel hatte sich Anfang 1801 nach Jena begeben und dort mit Schelling ein *Kritisches Journal der Philosophie* herausgegeben – gingen ihre Wege ausauseinander. Schelling folgte 1803 einem Ruf nach Würzburg, Hegel arbeitete in Jena an der *Phänomenologie des Geistes*, die im Frühjahr 1807 erschien. Hölderlins Kritik am selbstbewußten Denken der Philosophen klingt auch im zitierten Brief an Böhlendorff an (vgl. Anm. 6).

5 Vgl. *Zehn biographische Details* VII.

6 Siegfried Schmid, mit dem Hölderlin seit 1797 befreundet war, lebte 1805, ähnlich isoliert, in seiner Heimatstadt Friedberg und wurde gleichfalls 1806, allerdings nur für ein halbes Jahr, in die noch heute bestehende Anstalt Haina eingeliefert (vgl. auch *Elf Bemerkungen zum Stuttgarter Foliobuch* IX). Der Kurländer Casimir Ul-

Heinse, Klopstock und andere gestorben[7].

rich Böhlendorff, der mit Friedrich Muhrbeck, Jakob Zwilling zum Homburger Kreis gehörte (dieser wieder in Verbindung mit anderen *freien Männern* aus der Jenenser Zeit; so mit den Bremern Fritz Horn und Johann Smid), war 1802 von Bremen nach Berlin gegangen und von dort 1803, gescheitert, nach Kurland zurück, wo er bis 1825 unstet, als Wahnsinniger, umherirrte. Hölderlins letzter erhaltener Brief an ihn (vmtl. Ende 1802; einen späteren paraphrasiert Böhlendorff in seiner *Elegie. An –*; vgl. StA 7.1, 253 und dort die Wendung *in der graulichen Nacht* mit der letzten Änderung in der Ode *Heidelberg* (*Zehn editorische Übungen* VIII)) endet mit den Zeilen:
Schreibe doch nur mir bald. Ich brauche Deine reinen Töne. Die Psyche unter Freunden, das Entstehen des Gedankens im Gespräch und Brief ist Künstlern nöthig. Sonst haben wir keinen für uns selbst; sondern er gehöret dem heiligen Bilde, das wir bilden. Lebe recht wohl. Dein H.

7 Vgl. *Bäume.*

103

FEINDSEELIGKEITSRECHT

Der Abschied der Zeit

und es scheiden im Frieden voneinander

103

Predigten aus dem Fenster

gehet ihr aus eurem Feindseeligkeitsrechte
Heraus, um zusammen zu seyn.

307/57*

---

* Vgl. *Klugheitsjahrhundert*, Innentitel

Die ausgekratzten Augen auf Wahlkampfplakaten. Andere kennen oder erinnern sich an Schlimmeres. Immer ist es die Klugheit der Wahlredner, die diese Feindseligkeit aussät. Gibt es Gewalt in diesem Land, ist es ihre Saat.

Dieses Feindseligkeitsrecht ist ein inneres, wenn auch nur eingeredetes Recht, das nur als Kriegsrecht eine äußere Form annimmt. Im äußerlichen Frieden wütet die Feindseligkeit in den Menschen und verwüstet schon innen, was der zwangsläufig folgende Krieg dann auch außen zerstört.

Ihr bürgerliches Recht ersetzt ihnen das Gewissen. Sie haben sich kein steinernes, sondern ein freches, verstocktes und hinterlistiges Papierherz eingesetzt. Ist das Recht erst äußerlich, gilt nichts *Menschliches* mehr. Dann dient es nur noch zu Zwang und Betrug, denn jeder andere ist, weil man sich selber (wenn auch nur in dieser Hinsicht) kennt, von vornherein und immer ein Feind. Betrogen, wer es dennoch wagt und solchen Vertrauen schenkt. Alle Schutzlosigkeit hilft ihm nichts. Sie drehen ihm Stricke[1], solange er ahnungslos ist, dann plündern sie ihn aus und sind sie fertig mit ihm, lassen sie ihn liegen und sind noch im Recht dabei, stolz auf die advokatische Leistung, wie andre auf die logistische, beim organisierten Mord.

---

1 *Bundestreue* (Konzept der Sinclair gewidmeten Ode *Die Dioskuren*):
Verflucht *die Asche des*
der zuerst
Die Kunst erfan[d*] *aus Liebe*[s]*banden*
Saille zu winden.
Seitdem empört,
* Schreibfehler: *erfang*
Vgl. *Der Rhein*, v. 96-101:
Wer war es, der zuerst
Die Liebesbande verderbt
Und Strike von ihnen gemacht hat?
Dann haben des eigenen Rechts
Und gewiß des himmlischen Feuers
Gespottet die Trozigen

Das bürgerliche Recht ist nicht fein genug, um das Gefühl für Gerechtigkeit zu ersetzen und es befriedigt nicht, sondern enttäuscht vielmehr das menschliche Bedürfnis, auch bei anderen Gerechtigkeitsgefühl und Bedürfnis nach Gerechtigkeit voraussetzen zu dürfen. Mit dieser Voraussetzung ist jedoch die Menschlichkeit schon aufgegeben. Das äußere Recht deckt diesen Mangel notdürftig zu und deckt ihn zugleich, als wäre es damit genug und über oder unter ihm sei nichts[2].

Das alles ist es, was der Dichter aus seinem Fenster schreit. Verzweiflung und Hoffnung halten sich darin die Waage. Doch seine Zeitgenossen, die er meinen könnte, stehen entweder hinter den Vorhängen, oder predigen wie er, jeder aus seinem Fenster. Aus Frankreich zurück schreibt er an Böhlendorff: *das philosophische Licht um mein Fenster ist jezt meine Freude*[3]. Darin und in der Art des Zimmers, dessen Fenster erst jetzt zur Gasse hinausgeht, besteht der Unterschied zu denen und ein zweiter, kaum wahrnehmbarer noch darin, ob die Tür, hinter die er sich zurückzog, schon zugesperrt ist oder nicht. Immerhin, der feine Unterschied kommentiert jenen Satz, denn er mußte hinein und allein sein, um das ausrufen zu dürfen. Euer Weg geht in umgekehrter Richtung

o Ihr Blüthen von Deutschland[4]

---

2 Vgl. *Fragment philosophischer Briefe* (HKA 14,41 f.), wobei zu beachten ist, daß Hölderlin hier noch nicht einmal mit der Infamie abrechnet, die im Hinterhalt liegt und das Recht wie Schlingen auslegt, sondern nur mit der leeren Konvention, die diese wilde und falsche Gesetzlichkeit mit dem Schleier des Zivilisierten überzieht):
...und wir haben wirklich aus den feinern unendlichern Beziehungen des Lebens zum Theil eine arrogante Moral zum Theil eine eitle Etiquette oder auch eine schaale Geschmaksregel gemacht, und glauben uns mit unsern eisernen Begriffen aufgeklärter, als die Alten, die jene zarten Verhältnisse als religiose (...) *betrachteten.* (...)
Und diß ist eben die höhere Aufklärung, die uns größtentheils abgeht.

3 Vgl. *Bußort*.

4 S. *Lese*.

104

ERDE

Da rauschten

Lebendiger die Quellen

104

Menschen aber, gesellt, theilen das blühende Gut.
Das Verzehrende.

Brod und Wein VI, v. 70, 71

Erde

Für meine Kinder.

Dies ist kein fliegender, sondern ein offener Brief. Die Situation, in die Sie uns hineingewirtschaftet haben und die viel schlimmere, in die Sie uns ganz ohne Zweifel noch hineinwirtschaften werden, rechtfertigt vielleicht, daß Sie ihn, mit allen anderen, hochmütig beiseitegeschobenen Einreden und Entwürfen, nicht nur lesen, meine Herren!

Sie sind im Begriff, weil Sie sich nicht anders zu helfen wissen, dieses eng gewordene Land zugrunde zu richten; gegen den Einspruch seiner Bürger, die sehr wohl wissen und ahnen, wie ungeheuerlich und unwiderruflich Ihre Maßnahmen sind. Sie fühlen sich dazu ermächtigt, weil sie einen befristeten Freibrief dazu haben, umso mehr, als fast alle Regierungen ringsum so ausweg- und verantwortungslos auf die Krise der Ressourcen reagieren wie Sie. Aber Sie haben, noch immer muß man hinzusetzen, die Möglichkeit, den Ausweg zu finden und damit ein Beispiel zu geben.

Das System, in dem Sie Ihre Rolle mehr oder minder glücklich spielen, setzt voraus, daß, wenn schon nicht die Besten, so doch nicht die Schlechtesten nach oben kommen, dies, obwohl nur allzubekannt ist, daß nicht nur das Fette, sondern auch der Abschaum oben schwimmt. Sie scheinen an Ihrer Befähigung zu schlechthin allem und jedem nicht den geringsten Zweifel zu hegen; das stimmt nachdenklich. Doch nehmen wir an, zu Ihrem Besten, daß es die Bühne ist, auf der Sie öffentlich agieren, die Sie dazu zwingt, etwas darzustellen, was Sie, nach den nicht eben beherzigenswerten Prinzipien Ihrer Karriere, gar nicht oder doch nur höchst selten sein können. Genau dieser Zwang, dem Amt, das sie nun bekleiden, auch ähnlich zu sein, dieser Zwang zwingt Sie, sich stets, und sei es mitten im mitverschuldeten Ruin, als Herren der Lage aufzuführen und keinen Rat anzunehmen, den Sie nicht selber bestellt hätten.

Die Klugheit, durch die Sie das sind was Sie sind, hat einen besonderen Namen; Opportunität, und es ist verräterisch, daß Sie allesamt von etwas ausgehen, daß Sie irgendwelche Zustände als gegeben und unveränderlich betrachten. Schlechtes Denken ist das, meine Herren, geprägt von der besonderen Form ihrer Klugheit. Töricht, dem Wunsch nachzugeben, Sie wollten und könnten das ändern. Deswegen ist es jetzt besser, unmißverständlich, statt klug zu sein; denn es ist dringend die Zeit, Ihnen, von allen Seiten und so klar als nur möglich, begreiflich zu machen, daß es langsam opportun wird, von den Gegebenheiten auszugehen. Sie verstehen immer noch nicht? Es ist höchste Zeit, das zurückzulassen, wovon Sie, Ihrer Opportunitätsformel nach, so unablässig ausgehen.

Vielleicht erinnern Sie sich, daß die Verteilung der Gewalt, der Gedanke der Selbstverwaltung den Despotismus auflöste. Darin allerdings besteht die republikanische Idee, der Sie und wir alle unterstehen. Nur ein Staat, der sie schrittweise verwirklicht, sie bewahrt und gegen jeden Übergriff schützt, ist es noch wert, selbst bewahrt und beschützt zu werden. Sie kennen die Rückschläge und sollten wissen, daß diese Republik noch weiter von ihrem ursprünglichen Gedanken entfernt ist, als uns ihr Grundgesetz glauben macht.

Würden Sie die Versorgungskrise, auf die dieses Land mit anderen zutreibt, nicht nur auf die nächstliegenden, sondern auch auf die tieferliegenden Ursachen hin untersuchen, fänden Sie, daß es Relikte der alten Gewalt sind, die diese Krise mitbewirkten und die jetzt ihre Bewältigung verhindern. Unternehmen mit unzulässiger, inzwischen staatsgefährdender Kompetenz für die allgemeine Versorgung, deren Reorganisation bei der Gründung des Staates versäumt wurde. Ihre Vorgänger haben ein Versorgungskartell zugelassen und Sie werden es jetzt nicht los. Doch damit wurde gegen das republikanische Prinzip, die Verteilung jeglicher Gewalt, verstossen und hier liegt auch die Notwendigkeit und Verpflichtung zum rettenden Eingriff.

Die sich anbahnende Versorgungskrise ist, typisch für den Zivilisationsgrad dieser Gesellschaft, eine Krise der dritten Ressourcen – eine Energiekrise. Kommt sie zum Ausbruch, bricht auch die Versorgung mit Gütern der beiden ersten Ressourcen, die Versorgung mit Nahrungsmitteln und Rohstoffen überall dort zusammen, wo das Land nicht autark ist. Folgerichtig müssen alle Maßnahmen, die kurzfristigen und die langfristig geplanten, auf die Rückgewinnung der Autarkie zielen; selbstredend nicht im Sinn des absolut-totalitären Modells, das Fichte dem preußischen Staat vorschlug[1], sondern Rückgewinnung einer koordinierten Autarkie, die ihrer Form nach nur republikanisch und ihrer Eigenschaft nach nur gemeinschaftliche Selbsthilfe sein kann.

Meine Herren (denn Sie allein sind für alles verantwortlich), der Totalitarismus hat sich auch in unser Land eingeschlichen und Sie haben seine Partei ergriffen – gegen den untrüglichen Instinkt einer Jugend, deren Gutwilligkeit Sie tagtäglich verhöhnen. Sie leugnen das ab? Was ist es denn anderes, wenn Sie zulassen, daß der industrielle Totalitarismus seine strahlenden, unnahbaren Zwingburgen errichtet – Festungen, die nicht nur Sie allein, die noch die Nachwelt bis in undenkliche Zukunft und voller Abscheu bewachen müßte? Was muten Sie uns und unseren Kindern zu!

Die zweite Industrialisierungsphase, deren Leitphänomen die Elektrifizierung ist, vollzog sich unabhängiger vom Staat

1 Vgl. *Vaterland*.

als die erste, deren Eisenbahnen und Postverbindungen, wenigstens in Europa, von monarchischen Staaten installiert wurden. Doch der Schein täuscht; im Grunde waren nur Aktiengesellschaften mit nicht minder rigorosen Geschäftsgrundsätzen an die Stelle der Königreiche und Fürstentümer getreten, wobei in den Wasserkraftwerken, der Allgemeinbesitz, die Flüsse beschlagnahmt und privatwirtschaftlich genutzt wurden. Unerträglich auch, daß sich die Kompetenz einiger Kapitalgesellschaften – über den industriellen Bedarf hinaus – auf die allgemeine Versorgung erstreckt.

Was hier an Formen staatlicher Aufsicht installiert wurde, täuscht Öffentlichkeit nur vor und mehr noch: diese öffentliche Aufsicht trägt deutlicher oder weniger deutlich die Züge der Korruption, denn mit den politischen Ämtern sind, gleichsam automatisch, auch Aufsichts- und Verwaltungsratsposten in solchen und und anderen, ähnlich halböffentlichen Unternehmen verbunden. Dies jedoch korrumpiert das Amt und die Republik. Hier liegt wohl der verständlichste Grund dafür, warum Ihnen, meine Herren, einige Direktoren und Großaktionäre näher stehen als die Bürger, denen Sie, jenem Versorgungsmonopol zuliebe untersagen wollen, für sich selbst zu sorgen, wo es möglich und geboten ist.

Man muß zugestehen, daß die Energiewirtschaft nichts ausgelassen hat, um das monopolistische Versorgungskonzept leistungsfähig zu erhalten. So gesehen waren die hochsubventionierten Investitionen in den Reaktorbau eine logische, wenn auch falsche Entscheidung. Unverständlich dagegen die Kurzsichtigkeit oder Korruptibilität von Wissenschaftlern, die aus besserer Erkenntnis und höherer Verantwortung hätten warnen müssen, als alle Welt noch von friedlicher Nutzung der Kernenergie träumte. Bleibt es dabei, werden sie dermaleinst ebenso schuldig sein, wie jene Kleinbürger, die zu Totenkopfgeneralen aufstiegen.

Es ist jedoch leicht einzusehen, daß die natürlichen Energiequellen weder hierzulande noch irgendwo anders auch nur annähernd erschöpft sind. Sie sind es nur im Rentabilitätskalkül der Kapitalgesellschaften, die mehr nach hoher Megawattleistung und niedrigen Betriebskosten, dafür umso weniger nach Arbeitslosenziffern, allen sonstigen, vom Staat zu tragenden Nebenkosten, am wenigsten nach dem irreparablen Schaden fragen. Davon sollten Sie ausgehen, meine Herren! Vergegenwärtigen Sie sich, um nur ein Beispiel zu geben, das Geflecht von Wasseradern in diesem Land, Ressourcen im wahrsten Sinne des Wortes, die in vorindustrieller Zeit tausende von Mühlrädern trieben.

Dem gescheiterten zentralistischen Versorgungskonzept ist ein diversifiziertes entgegenzusetzen. Dies wäre zugleich eine Abwendung vom innerstaatlichen Totalitarismus und eine gemeinschaftserneuernde Hinwendung zu einer Lebensform, die den Namen Republik wirklich verdient[2]. Nun würde jede erdenkliche, auch noch die kleinste Möglichkeit der Energiegewinnung genutzt; dies nach dem bescheideneren Konzept der Anpassung an natürliche Gegebenheiten, der Mischung und Abwechslung der verschiedenen Energiequellen und ihrem Zusammenhang in einem einzigen gemeinschaftlich gespeisten und genutzten Netz. So kühn das klingt, bedarf es doch nur Ihres Zeichens.

Durch ein verändertes Energierecht sind die zentralistischen Versorgungsbetriebe in den Besitz der Länder und Gemeinden zu überführen, während die Koordination der Bundesregierung obliegt. Unter genau zu regelnden Bedingungen steht es allen Gemeinden und jedem Bürger frei, sich an einer entprivilegierten, diversifizierten Energieumwandlung zu beteiligen. Da-

2 *res publica*: Sache des Volkes, nicht einiger weniger; öffentliche Angelegenheit, nicht Privatsache.

mit jedoch eröffnet sich eine neue, volkswirtschaftlich bedeutsame Erwerbsquelle.

Die belebenden Perspektiven der Diversifikation bei der koordinierten Nutzung aller natürlichen Ressourcen liegen vor Augen: unmittelbar rentable Investitionen und neue Arbeitsplätze beim Aufbau und Betrieb der kleiner und mittlerer Stromanlagen; schließlich die Konsolidierung der krisengefährdeten Industriezweige durch eine kontinuierliche Verlagerung der Produktion von energieverzehrenden auf energieerzeugende Güter.

Sie stehen vor keiner gewöhnlichen Entscheidung und Sie wird Ihnen nicht leichtgemacht. Sie müßten über einen Schatten springen, der nicht Ihr eigener ist und zuerst diejenigen gewinnen, deren Zutrauen sie verloren haben. Legalisieren Sie die Alternativen und nehmen Sie endlich zur Kenntnis, meine Herren, daß die Produktion von langsam zerfallenden Spaltmaterial das fürchterlichste aller jemals erdachten Verbrechen ist, vielleicht das einzig todwürdige, weil es die Menschheit und ihre Erde vergiften und zerstören würde. Ist dieser entscheidende Schritt getan, werden die weiteren, nicht weniger dringenden, leichter fallen und wie von selbst folgen.

XI
BEMERKUNGEN ZUM STUTTGARTER FOLIOBUCH

σμικρος εν σμικροις, μεγας εν μεγαλοις

εσσομαι' τον δ' αμφεποντ' αιει φρασιν

δαιμον' ασκησω κατ' εμαν θεραπευων μαχαναν

Pindar, 3. Pythische Ode

105

[*Klein im Kleinen, Groß im Großen*

Will ich seyn; den umredenden aber immer mit Sinnen

Den Dämon will ich üben nach meinem

Ehrend der (Weise) Geschik.

Hölderlins interlineare Übertragung]

I
Umsichtige Anordnung

Das Stuttgarter Foliobuch, das umfangreichste aller erhaltenen Hölderlin-Konvolute, wurde im Herbst 1799 in Homburg eigens für die letzte Fassung des *Empedokles* angelegt. Nach einem ursprünglich leer gelassenen Blatt entwarf der Dichter den ersten Akt und das vollständige Szenar des Ganzen. Mitten in diesem Plan zur Fortsetzung folgt dann jedoch der geschichtspoetologische Entwurf *Das untergehende Vaterland...*[1] Er ist in schmalen Spalten am Rand der rechten Seiten notiert, sodaß Platz genug für die Niederschrift des Trauerspiel blieb[2]. Ähnliches gilt wahrscheinlich auch für den 100 Seiten weiter hinten, nun aber in umgekehrter Schreibrichtung notierten Entwurf *Wenn der Dichter einmal des Geistes mächtig...*[3], der nach 27 Seiten, ohne wahrnehmbare Änderung der Diktion, nur noch auf dem unteren Viertel von 16 weiteren Seiten zu einem Abschluß gebracht wird. Auch hier ist wohl der zur Vollendung des *Empedokles* benötigte Raum[4]

1 KHA 14, S. 135ff. In der StA 4.1 S. 282ff. unter dem aus Hell. Bd. 3 übernommenen Titel *Das Werden im Vergehen*.

2 Friedrich Beißner nimmt an, daß der dreifache Raum links neben den Textspalten für die *explizierende Formulierung* des Entwurfs freigelassen wurde und folgert daraus eine umgekehrte Chronologie: das Konzept zum Schlußchor des ersten Akts und der Plan zur Fortsetzung des *Empedokles* sei erst nachträglich in den zur Ausarbeitung des theoretischen Textes bestimmten Raum hineingeschrieben worden (4.2, S. 418). Auch ohne Kenntnis der ursprünglichen Anordnung des Konvoluts ist jene Prämisse nicht zu halten, denn der Beginn von *Das untergehende Vaterland...* weicht dem – also vorher geschriebenen – *Empedokles*-Plan an zwei Stellen eindeutig aus (vgl. HKA 14, S. 137).

3 HKA 14, S. 179ff. In der StA unter aus Zink. 2 übernommenen Titel *Über die Verfahrungsweise des poetischen Geistes*.

4 Der erste Akt umfaßt 28 Seiten. Eine arithmetische Hochrechnung ergäbe einen Bedarf von 112 Seiten; unterlegt man beispielsweise *Antigonä* als Modell, würden, nach der gegebenen Exposition, nur

berücksichtigt. Erst mit einer hinter dem geschichtspoetologischen Fragment entworfenen Ode für die Prinzessin Amalie von Anhalt-Dessau[5] ist die umsichtige Anordnung jener ersten drei Texte durchbrochen. Hölderlin hätte demnach den *Empedokles* noch vor seiner Abreise aus Homburg, Anfang Juni 1800, endgültig aufgegeben.

---

noch 88 Seiten benötigt. Werden die partiell beschriebenen Seiten mitgezählt, stehen noch 84 Seiten zur Vollendung des Trauerspiels zur Verfügung, doch läßt sich aus den unterschiedlichen (zum Teil zu Einzelblättern aufgelösten) Lagen ineinandergelegter Doppelblätter ein nicht exakt bestimmbarer Materialverlust erschließen. Ein einziges Blatt mit dem sonst nicht vorkommenden Wasserzeichen des Foliobuchs ist überliefert: der kurz vor dem Antritt der Hauslehrerstelle in Hauptwil, also Anfang Januar 1801 entworfene Brief an Anton von Gonzenbach. Für das Quellenverzeichnis in HKA 20 werden – neben den notwendigen Revisionen des Katalogs der Hölderlin-Handschriften (auf Grund der Vorarbeiten von Irene Koschlig-Wiem bearbeitet von Johanne Autenrieth und Alfred Kelletat, Stuttgart 1961) – Rekonstruktionen und Schautafeln der umfangreicheren Konvolute vorbereitet.

5 Die geborene Prinzessin von Homburg hatte am 29. Juni Geburtstag, reiste jedoch am 20. Mai wieder nach Dessau zurück (vgl. Werner Kirchner, *Die Prinzessin von Anhalt Dessau und Hölderlin*, in HJb. 1958-60, S. 55ff.).

II
Zwei schräg geführte Schnitte

Die jetzige Anordnung des Stuttgarter Foliobuchs vermittelt ein ganz anderes Bild: der überschriftlose Entwurf der *Amalien*-Ode steht am Anfang, der *Empedokles*-Akt mit dem Fragment *Das untergehende Vaterland*... am Schluß des Konvoluts. Offenbar hat Hölderlin selbst diese Umstellung vorgenommen und die alte Lage duch eine denkbar einfache Manipulation gekennzeichnet. Er schlug das inzwischen fast vollgeschriebene Buch einige Blätter vor der ins Auge gefaßten Umbruchstelle auf und trennte, mit zwei schräg geführten Schnitten des Federmessers, einen schmalen, von Blatt zu Blatt abnehmenden Papierkeil aus dem oberen Seitenrand[1], der schließlich, nach 50 Blättern, gänzlich verschwindet[2]. Der Einschnitt in der nun als Deckblatt fungierenden *Amalien*-Ode fügt sich genau an die Lücke im letzten Blatt des geschichtspoetologischen Entwurfs.

1 Der schräg zum Bund hin verlaufende Schnitt bewirkt geringen Textverlust auf den ersten Blättern der späteren Anordnung (in der *Amalien*-Ode und in der Überarbeitung von *Der Wanderer*.

2 Von S. 39-138 der früheren (S. 155-168 und 1-86 der späteren) Anordnung.

III
Niemals ganz zufällige Architektonik

Die beiden Konstellationen des Foliokonvoluts, in denen die Topographie der Niederschrift, das Papier selbst zu sprechen beginnt, zeigen nicht nur, mit den Grenzen einer aufs einzelne gerichteten Lektüre[1], den Mangel der Ausgaben, die über ihrer Systematik die niemals ganz zufällige Architektonik der Handschriften und Drucke vernachlässigen[2], sondern erlauben zugleich eine präzisere Datierung zahlreicher Texte.

1 Vgl. *Neun editorische Übungen* III.
2 Notwendig ist also, wenigstens in allen weiteren Bänden der HKA, eine Dokumentar-Edition der Konvolute im Zusammenhang.

IV

Kurz vor der Ankunft Hegels in Frankfurt

Daß die Arbeit am letzten *Empedokles*-Entwurf frühestens im Herbst 1799 begonnen haben kann, ist durch Nachrichten, die Hölderlin im Juni vom Stand der mittleren Fassung gibt[1], zudem durch die sichere Datierung der für sein Journal bestimmten Arbeiten im Sommer und Spätsommer[2] hinlänglich gesichert. Überdies gingen jener Niederschrift des ersten Akts die ausführlichen Studien *Grund zum Empedokles* voraus. Zur gleichen Zeit nimmt ein zweites Konvolut die Odendichtung des Herbstes und Winters auf. Auch dieses früher umfangreiche-

---

1 In zwei Briefen vom 4. Juni 1799. An Neuffer, über den Inhalt des geplanten Journals: *Die ersten Stüke werden von mir enthalten ein Trauerspiel, den Tod des Empedokles, mit dem ich, bis auf den lezten Akt fertig bin...* An den Bruder: *Zum Schlusse will ich dir noch eine Stelle aus meinem Trauerspiel, dem Tod des Empedokles abschreiben, damit du ungefähr sehen kannst, weß Geistes und Tones die Arbeit ist, an der ich gegenwärtig mit langsamer Liebe und Mühe hänge:* es folgt eine *Empedokles*-Rede aus dem ersten Akt der mittleren Fassung. Nachdem der Buchhändler Steinkopf und Neuffer ein eher hinhaltendes Interesse bekunden, widmet sich Hölderlin zunächst ganz dem Journal-Projekt, von dem er sich eine unabhängige Existenz verspricht.

2 Nach der Anfang Juli 1799 fertiggestellten Idylle *Emilie vor ihrem Brauttag* (für das von Steinkopf verlegte Taschenbuch Neuffers) entsteht der Aufsatzentwurf *Der Gesichtspunct aus dem wir das Altertum anzusehen haben* (HKA 14, S. 83ff.). Er ist von drei Notizen eingerahmt; zwei lassen sich den Briefen zuordnen, in denen Hölderlin Ende Juni und im Juli um Mitarbeiter für sein Journal warb (in der StA 4.1, S. 220 und 223 als Aufsatzfragmente unter den Überschriften *Aus dem Entwurf zu dem Programm der Iduna* und *Bemerkungen über Homer*), die dritte – nur das Wort *Gestern* auf der ersten Seite des Doppelblattes – deutet auf einen vermutlich Ende Juni an Susette Gontard geschriebenen Brief: *Gestern Nachmittag kam Morbek zu mir aufs Zimmer...* Die zusammengehörigen Aufsatzentwürfe *Ein Wort über die Iliade* und *Über die verschiednen Arten, zu dichten* (KHA 14, S. 97ff.) sind auf einer Papiersorte überliefert, die erst seit Spätsommer 1799 verwendet wird. Zum Problem der Datierung durch Analyse der Papiersorten vgl. VIII, Anm. 2.

re Heft[3] war ursprünglich für einen anderen Zweck bestimmt: seine ersten Seiten enthalten das nun als zusammenhängend identifizierte *Fragment philosophischer Briefe*[4], dessen Idee sich bis in die Jenaer Zeit zurückverfolgen läßt, das jedoch, allen Anzeichen nach, Ende 1796, kurz vor der Ankunft Hegels in Frankfurt, begonnen[5] und dann nicht mehr fortgesetzt wurde. Auf den nun zweckentfremdet genutzten Seiten des Manuskripts stehen, neben zahlreichen anderen[6], die datierbaren Oden *Der Prinzessin Auguste von Homburg* und *Gesang*

3 Verloren sind Blätter am Beginn und ein Blatt am Schluß des *Fragments philosophischer Briefe.*

4 Vgl. HKA 14, S. 11ff. In der StA unter der aus Böhm 1, 4. Aufl. 1924 übernommenen Titel *Über Religion.*

5 Die Datierung ergibt sich aus verschiedenen Argumenten, von denen eines auf die früher Beschäftigung mit *Antigonä* hinweist (aus der auch im Text zitiert wird (vgl. HKA 14, S. 39)): der im *Fragment philosophischer Briefe* verwendete Begriff *Vorstellungsarten* kehrt nur im Brief an Ebel vom 10. Januar 1797 wieder – *Ich glaube an eine künftige Revolution der Gesinnungen und Vorstellungsarten...* – und in den 1803 überarbeiteten *Anmerkungen zur Antigonä – Denn vaterländische Umkehr ist die Umkehr aller Vorstellungsarten und Formen.* Hier ist der Brief vom 4. Juni 1799 ernstzunehmen, in welchem Neuffer unter anderem Aufsätze über Sophokles und die *Antigonä* angekündigt werden, aber auch die Bemerkung im Brief an den Verleger Friedrich Wilmans vom 28. September 1803: *Ich bin es zufrieden, daß der erste Band erst in der Jubilatemesse erscheint, um so mehr, da ich hinlänglichen Stoff habe, eine Einleitung zu den Tragödien vorauszuschiken.* – Hinzuweisen ist auch auf Hölderlins Widerspruch gegen eine Stelle aus Fichtes Juni 1796 im *Philosophischen Journal* erschienenen Rezension von Kants *Zum ewigen Frieden*: *Nur inwiefern Menschen in Beziehung aufeinander gedacht werden, kann von Rechten die Rede seyn, und ausser einer solchen Beziehung, die sich aber dem Mechanism des menschlichen Geistes zufolge von selbst und unvermerkt findet, weil die Menschen gar nicht isolirt seyn können, und kein Mensch möglich ist, wenn nicht mehrere bei einander sind, ist ein Recht nichts...*

6 *Der Frieden*, *Mein Eigentum*, *Der Winter* (später *Vulkan*), *Palinodie*, *Dichtermuth*, das Fragment *Wohl geh' ich täglich...* (vgl. VIII, Anm. 1) und der erste Entwurf zu *An die Hofnung*. Während die an Sinclair gerichtete Ode *Bundestreue* noch auf einer leeren Seite des Entwurfs *Grund zum Empedokles* konzipiert wird, findet sich eine zweite Stu-

des Deutschen[7]. Erst im Frühjahr 1800, als dieses Heft beinahe vollgeschrieben war, wurden auch Odenentwürfe[8] in das Stuttgarter Foliobuch eingetragen.

---

fe von *An die Hofnung*, unmittelbar hinter dem al rovescio notierten Aufsatz *Wenn der Dichter einmal des Geistes mächtig...*, schon im Foliokonvolut (vgl. Anm. 8 und V, Anm. 7).

7 Beide Oden wurden am 28. November 1799, dem dreiundzwanzigsten Geburtstag der Prinzessin, wahrscheinlich von Sinclair überreicht.

8 Neben der *Amalien*-Ode und *An die Hofnung* II die ersten Notizen zu der unvollendeten Ode *Frühlingsanfang* und einige andere Pläne auf den Seiten 154-156 der früheren, 102-104 der späteren Anordnung.

V
Verkehrt aneinandergefügt

In der Stuttgarter Ausgabe beschließt der Entwurf *Das untergehende Vaterland...* die Reihe der großen poetologischen Entwürfe; ihm voraus gehen die verkehrt aneinandergefügten Teile des *Fragments philosophischer Briefe*[1]. Der vermutlich um die Jahrhundertwende konzipierte geschichtspoetologische Entwurf muß jetzt hinter dem unvollständig überlieferten Aufsatz *Über die verschiedenen Arten, zu dichten*[2] eingereiht werden. Vermutlich im Frühjahr 1800 folgt der Aufsatzentwurf *Wenn der Dichter einmal des Geistes mächtig...* (auf dessen ersten Seite Hölderlin *drei ontologische Diagramme* zeichnet[3]). Während der Arbeit notiert er zwei Paralipomena:

---

1 Bisher beginnt der Text des Fragments mit dem Anfang des zweiten überlieferten Briefs; der Schluß des vorhergehenden ist in den Text des folgenden eingefügt. Friedrich Beißner bezweifelt außerdem die schon von L.J. Ryan (*Hölderlins Lehre vom Wechsel der Töne*, Stuttgart 1960, S. 98ff.) erwogene Früherdatierung, begründet dann jedoch die späte Einordnung von ,*Über Religion*' mit einem kompositorischen Argument: *In dieser Ausgabe ist der Aufsatz vornehmlich wegen des thematischen Unterschieds gegenüber den im engeren Sinne dichtungstheoretischen Entwürfen mit dem thematisch verwandten ,Das Werden im Vergehen' zusammengestellt worden* (StA 4, S. 416).

2 Ohne nähere Begründung folgen in der StA die *Reflexion* überschriebenen *Sieben Maximen*, die – wie Hölderlins ähnlicher Eintrag im Stammbuch von Daniel Andreas Manskopf nahelegt, schon im Sommer 1798, also noch in Frankfurt, spätestens aber zu Anfang der Homburger Zeit (vgl. HKA 14, S. 51) entstanden sein dürften. Für die frühere Datierung spricht auch das Erscheinen der ersten *Athenäum*-Stücke (Mai und Juli 1798) mit *Blüthenstaub* von Novalis und den *Fragmenten* von Friedrich Schlegel.

3 Vgl. HKA 14, S. 263. Die Signaturen waren bisher nur schematisch in den letzten Ausgaben Wilhelm Böhms abgebildet. Augenscheinlich verdeutlichen sie die drei Prinzipien, von denen der erste gewaltige, vier Seiten der Handschrift überspannende Satz ausgeht: *die gemeinschaftliche Seele, die allem gemein und jedem eigen ist* [n], den *harmonischen Wechsel* [i] und den *Widerstreit* (...) *zwischen der ursprünglichen Forderung des Geistes, die auf Gemeinschaft und eini-*

Die Empfindung spricht im Gedichte idealisch...[4] und *Der Ausdruk, das karakteristische..*[5]; das erste wurde bisher fälschlich in den späteren Entwurf *Das lyrische dem Schein nach idealische Gedicht...*[6] eingefügt; das zweite kürzere, unmittelbar vor dem umseitig beginnenden Haupttext, schiebt sich über den augenscheinlich früheren Odenentwurf *An die Hoffnung* II[7]. Die übrigen Texte und Tafeln zur Poetik wurden erst im Sommer 1800 in Stuttgart und später entworfen.

---

ges Zugleichseyn der Theile geht, und der anderen Forderung, welche ihm gebietet, aus sich herauszugehen [h]. Daß die mittlere, konzentrische Figur den Gedanken des *einigen Zugleichseyns der Theile*; die linke – mit dem hinzutretenden Moment des exzentrischen Kreises und der sich schneidenden Diagonalen (vgl. *idealische Auflösung*) – den *Widerstreit*; die rechte dagegen – die Abwicklung der gleichen Figur – den *harmonischen Wechsel* andeutet (zugleich die ästhetischen Kategorien *naiv*, *heroisch* und *idealisch*) läßt sich, einmal so erkannt, kaum noch bezweifeln. Die Darstellungsweise erinnert an die barocke Praxis, mystische Erkenntnisse, Offenbarungen des innersten Weltzusammenhangs in Kupfertafeln anschaulich zu machen und bezeichnenderweise deckt sich die synthetische Figur des *Widerstreits* fast genau mit dem entsprechenden Detail der vollständigen Schöpfungstafel, die den *Sechs theosophischen Puncten* in der Amsterdamer Böhme-Ausgabe von 1684 (gleichfalls in der Gichtelschen Ausgabe von 1730) vorangestellt ist (vgl. *Sechs theosophische Punkte zu Böhme*).

4 HKA 14, S. 323ff.

5 Ebd. In der StA (im Anschluß an den später entstandenen Entwurf *Das lyrische dem Schein nach idealische Gedicht...*) unter der Überschrift *Über die Parthien des Gedichts.*

6 In der StA unter dem Titel *Über den Unterschied der Dichtarten* (nach Hell. Bd. 3). Zur komplizierten Bewegung dieser abschließenden Niederschrift, die über das erste Paralipomenon hinweggeht und von der Grenze zum folgenden Entwurf nochmals zur Mitte zurückkehrt, vgl. HKA 14, S. 363, 367, 368.

7 Die Datierung dieser Odenstufe wäre zugleich der Terminus post quem für eine genauere Datierung von *Wenn der Dichter einmal des Geistes mächtig...*

VI
Kirschbaum

Die Unsicherheit der letzten Feststellung hängt an einem biographischen Detail – ob Hölderlin anderthalb Monate vor seiner Rückkehr nach Württemberg einen Besuch in Nürtingen gemacht habe[1]. Wie in der Ode *Rükkehr in die Heimath*, ist das Erlebnis des Wiedersehens, nach viereinhalbjähriger Abwesenheit, in einem unausgeführten Konzept festgehalten:

Der Baum.
Da ich ein Kind, zag pflanzt ich dich

Schöne Pflanze! wie sehn wir nun verändert uns
Herrlich stehest u.   und
wie ein Kind vor[2]

An diese Keimworte, auf einer der letzten noch nicht gänzlich vollgeschriebenen Seiten des Homburger Odenkonvoluts[3], schließt sich der Entwurf *Löst sich nicht die idealische Katastrophe*..., aus welchem Hölderlin seine *poetologischen Taf-*

1 Die Ausgabenliste der Mutter enthält den Vermerk (zwischen Einträgen vom 10. Oktober 1799 und 1. Juni 1800): *1800. bey einem Besuch hier gegeben   33*

2 Das gleiche Motiv hatte Hölderlin schon in der im Frühjahr 1796 entworfenen Elegie *Der Wanderer* gewählt: *Noch gedeihet mein Kirschb* (HKA 6, S. 24   (KTA S. 21); StA 1.2, S. 520: *Noch gedeihet mein Kohl,*). Auch in dem daraus entwickelten Distichon wird an die anthropomorph deutbare Lebensdauer des mit dem Wanderer alternden Kirschbaums erinnert (I, v. 87,88):
Lokend röthen sich noch die süßen Früchte des Kirschbaums
Und der pflükenden Hand reichen die Zweige sich selbst.
In der überarbeiteten Fassung von 1801 heißt es dann wieder: *mein Kirschbaum* (VII, v. 75). Im Unterschied zur fiktiven Situation der Elegie ist die des Odenentwurfs zweifellos real.

3 HKA 14, S. 330ff. Die letzten Einträge in diesem Manuskript sind demnach in die Zeit nach dem zweifelhaften Besuch, in den kurzen Nürtinger Aufenthalt oder an den Anfang der Stuttgarter Zeit, also in den Frühsommer 1800 zu setzen.

feln[4] entwickelt. Deren endgültige Form wird auf die zugänglichste Stelle – das hintere Deckblatt des Stuttgarter Foliobuchs alter Anordnung[5] eingetragen. Noch später folgt der Aufsatzentwurf *Das lyrische dem Schein nach idealische Gedicht...* Der häufig gebrauchte Begriff ‚Homburger Theorie' ist demnach zu modifizieren.

4 HKA 14, S. 329 ff. (Hinzugefügt ist noch das Segment *Der tragische Dichter thut wohl...*, dessen auffällig raumgreifender Duktus mit dem der *poetologischen Tafel* III*A* übereinstimmt.) Die beiden erstgenannten Segmente dieses Textes stehen in der StA – unter dem Titel *Wechsel der Töne* – an erster Stelle der eigentlichen Poetikentwürfe; das dritte – *Mischung der Dichtarten* überschriebene – wurde hinter dem Entwurf *Das lyrische dem Schein nach idealische Gedicht* gesetzt. Dagegen ist der in der StA folgende, ohne nähere Zeitbestimmung noch vor *‚Über Religion'* (*Fragment philosophischer Briefe*) und dem Entwurf *‚Das Werden im Vergehen'* (*Das untergehende Vaterland...*) eingereihte Text *Die Bedeutung der Tragödien...* (wie sich aus den übereinstimmenden Merkmalen von Papier, Duktus, Wortwahl und schließlich auch aus dem Inhalt zwingend ergibt) erst nach der Rückkehr aus Frankreich, wahrscheinlich 1803, während der Arbeit an den Sophokles-Anmerkungen, entstanden und nicht etwa 1798 (vgl. HKA 14, S. 379). Insofern sind die zahlreichen Auslegungen dieses Textes schon von ihrem biographischen Ansatz her falsch.

5 S. 168 der früheren Anordnung; die exponierte Lage ist noch am Grad der Verschmutzung, an den Flecken und Spuren aufgesetzter Gläser erkennbar.

VII
Zweifel an jenen Zuordnungen

Zu den ersten, in der Mehrzahl unausgeführten Vorhaben vor und in Stuttgart gehört auch der Plan *Gesang der Musen am Mittag*[1], der unter der Überschrift *Buonaparte*, dann *Dem Allbekannten*[2] begonnen wird. In den hierfür vorgesehenen Raum wird später, frühestens also im Sommer 1800, der abschließende Poetikentwurf *Das lyrische dem Schein nach idealische Gedicht...* gedrängt[3]. Zugleich widerspricht das Schwanken zwischen unausgeführten Plänen und die nochmalige Hinwendung zur poetischen Reflexion der bisherigen Übereinkunft über Fülle und Inhalte der dichterischen Produktion im Stuttgarter Sommer[4]. Als feststehend galt, daß die noch un-

1 *Mittag* als Metapher für Gegenwart: Zeitgedicht.

2 Das Konzept zu dem hexametrischen Entwurf nennt mit *Lodi* und *Arcole* kriegerische Ereignisse des Italienfeldzugs 1796/97 und spielt am Schluß auf Buonapartes Zug nach Ägypten und Syrien an. Gegen eine Datierung in den Sommer 1799 sprechen jedoch die Hölderlin und seine Freunde beunruhigenden Niederlagen und die Auflösung der italienischen Republiken während des orientalischen Abenteuers. Ende Juni 1799 schildert Hölderlin ein Gespräch mit Muhrbeck (vgl. IV, Anm. 2; Brief an Susette Gontard): *„Die Franzosen sind schon wieder in Italien geschlagen“ sagt' er. „Wenns nur gut mit uns steht, sagt' ich ihm, so steht es schon gut in der Welt“* [vgl. Matth. V, 13], *und er fiel mir um den Hals...* Ein Jahr später, Ende Juni 1800, nach dem Sieg Napoleons bei Marengo, schreibt Hölderlin (schon aus Stuttgart) an die Mutter: *Ich hoffe immer noch, daß wir in kurzem Friede haben, und von kriegerischen Unruhen befreit seyn werden.* Gleichzeitig erwähnt er, daß er *ein kleines Gedicht* an die im Frühjahr verwitwete Schwester entworfen habe. Dieses Konzept befindet sich in unmittelbarer Nähe zu *Dem Allbekannten*, auf der folgenden recto-Seite des Stuttgarter Foliobuchs.

3 Vgl. V, Anm. 6.

4 Christoph Theodor Schwab beschreibt Hölderlins Zustand in Stuttgart (im 2. Band seiner Ausgabe von 1846, S. 306): *Seine Gemüthsstimmung schien gefährlich. Schon sein Aeußeres zeugte von der Aenderung, die sein Wesen in den vergangenen Jahren erlitten hatte; als er von Homburg zurückkehrte, glaubte man einen Schatten zu sehen, so sehr hatten die inneren Kämpfe und Leiden den einst blü-*

regelmäßig gegliederte Elegie *Menons Klagen um Diotima* im Herbst 1799 und der *Archipelagus* im Frühling 1800 gedichtet wurden. Dementsprechend nahe lag es, die Konzeption der strophisch gegliederten Elegien *Brod und Wein* und *Stutgard* auf die ersten Monate des Stuttgarter Aufenthalts, die tastendere Diktion von *Dem Allbekannten* noch vor den *Archipelagus*, also auf 1799 oder früher zu datieren. Die nach Umstellung des Foliokonvoluts auch quellenkritisch sicher begründete Umdatierung des Gesangs auf Buonaparte, erst recht die Ausdehnung der poetologischen Reflexion über die Mitte des Jahrs 1800 weckt jedoch Zweifel an jenen Zuordnungen.

---

henden Körper angegriffen. Noch auffallender war die Gereiztheit seines Seelenzustandes; ein zufälliges, unschuldiges Wort, das gar keine Beziehung auf ihn hatte, konnte ihn so sehr aufbringen, daß er die Gesellschaft, in der er sich eben befand, verließ und nie zu derselben wiederkehrte. Adolf Beck kommentiert den damit offenkundigen Widerspruch zur angenommenen Produktivität in dieser Zeit (StA 6.2, S. 1023): *Umso erstaunlicher mutet nach diesem Bericht über die Verfassung des Menschen und die Sammlung und Erhebung des Dichters in dem gesegneten Sommer und Herbst 1800 an. (. . .) Ein streng disziplinierender Wille und ein tiefer, gelassener Glaube an den Sinn des eigenen Dichterberufes verbinden sich darin wohl auf eigenartige Weise mit einem rätselhaften psychischen Wandlungsprozeß, der das allmähliche Nahen der Krankheit ankündigt. Diese aber hat, wie Karl Jaspers in dem Hölderlin-Kapitel seines Buches über Strindberg und van Gogh (2. Aufl. Bremen 1949, S. 134) ausführt, zunächst aufgelockert und gesteigert, was in der ursprünglicheren Persönlichkeit an dichterischer und religiöser Potenz schon da war, „um nach dieser einen, so bei Gesunden gar nicht möglichen Blüte alles zu zerstören“.*

VIII
Die kontradiktorische Bedeutung

Zwar ist das im März 1799 entstandene Fragment *Götter wandelten einst...* als eine Vorstufe des ursprünglich *Elegie* überschriebenen Gedichts *Menons Klagen um Diotima* zu betrachten, doch ebenso auch die am Schluß des Homburger Odenkonvoluts, ihrem Inhalt nach frühestens im Mai 1800 entworfene Ode *Wohl geh' ich täglich...*[1] Vor allem gibt zu denken, daß dieses Gedicht nicht – wie beinah alle aus jener Zeit – später überarbeitet und vollendet wurde. Entscheidend ist jedoch die Papiersorte des *Elegie*-Entwurfs, deren Wasserzeichen nur noch auf einem Brief an die Schwester vom Frühherbst 1800 und auf der ersten noch vorläufigen Reinschrift des *Archipelagus* sowie auf der ersten noch vorläufigen Reinschrift der Ode *Ermunterung* wiederkehrt[2]. Gleichzeitige Briefe be-

1 Der später durch zwei mit eingetunkter Federfahne gezogene Tilgungsstreifen im ersten Wort aufgegebene Fragment steht auf der vorletzten Seite (11/7) des heute unter drei verschiedenen Siglen aufbewahrten, aber sicher rekonstruierbaren Heftes, das mit dem ersten Entwurf zu *An die Hofnung* schließt (vgl. V, Anm. 7). Ein inhaltliches Datierungsargument läßt sich schon aus den ersten Versen herleiten:

Wohl geh' ich täglich andere Pfade, bald
Ins grüne im Walde, zur Quelle bald,
Zum Felsen, wo die Rosen blühen,

Die Blüte der Heckenrosen beginnt im Mai (vgl. Anm. 4).

2 Augenfällig ist auch die duktische Ähnlichkeit der frühesten *Archipelagus*-Segmente mit dem ersten Enwurf von *Ermunterung*, die überdies mit gleichem Wasserzeichen (WZ 33; vgl. Katalog der Hölderlin-Handschriften; s. a. I, Anm. 4) überliefert sind. Dieses Papier wird häufiger verwendet und müßte, bei neuerlicher Sichtung, vermutlich in drei Sorten unterteilt werden. Daß erst die genaue Beschreibung der Papierbeschaffenheit, des Formats, der Abstände und der Anzahl der Bindedrähte (wenigstens für die zur überwiegenden Zahl in deutschen Archiven aufbewahrten Hölderlin-Handschriften) eine präzisere Bestimmung und Zuordnung erlauben würde, ist bei dieser Gelegenheit anzumerken. Gerade dies wird in einer Vorbemerkung zur Liste der Wasserzeichen (HK S. 147) bestritten: *Die*

legen das dichterische Aufleben nach einer langen, quälenden Krise. Noch ein anderes Argument weist in diese Zeit. Im August 1800 erschien die lange angekündigte *Sammlung der Gedichte von Friedrich Schiller*, in der dessen Gedicht *Elegie*[3] (gewissermaßen der Ausgangspunkt der elegischen Dichtung Hölderlins) nun die zutreffendere Überschrift *Der Spaziergang* trägt. Die kontradiktorische Bedeutung des von Hölderlin wiederholten Originaltitels deutet zumindest auf diesen Zusammenhang. Nach allem ist die auf bloßer Vermutung beruhende Datierung von *Menons Klagen um Diotima* in den Herbst 1799 kaum noch haltbar. Wahrscheinlicher ist vielmehr, daß der Dichter dabei auf die beiden erwähnten Entwürfe aus der Homburger Zeit zurückgriff. Dagegen ist die bisher geltende Datierung des *Archipelagus* nur zu modifizieren. Zusammenhanglose Skizzen des ersten Entwurfs sind auf einem Doppelblatt 4° überliefert, das zugleich eines der letzten Homburger Oden-Fragmente enthält:

Warum, o schöne Sonne, genügt mir nicht,
Du Blüthe meiner Blüthen! am Maitag dich
Zu nennen? weiß ich höhers denn?[4]

Wasserzeichen der Hölderlin-Hss auf Papieren aus einer Zeit, in der Papierverwaltungen und Papierhandel schon voll ausgebildet waren, können – anders als bei der Wasserzeichenforschung an Papieren des späten Mittelalters und der frühen Neuzeit – zu einer Datierung der Stücke mittels Vergleich mit anderen Stücken nicht dienen. Es handelt sich vielmehr hier um die Beobachtung von Wasserzeichen, durch die eventuell die unmittelbare Zusammengehörigkeit einzelner Stükke zu erkennen ist. Ein ganz anderes Bild ergibt etwa der Vergleich der Manuskripte mit datierten oder genau datierbaren Briefen. Doch ist die merkwürdige Logik verständlich. der Handschriften-Katalog kam für die Stuttgarter Ausgabe zu spät. Anbetracht der bisher herrschenden Unsicherheit und der Ordnung, die mit einer gründlicheren Analyse geschaffen würde, ist eine Wiederholung auch dieser Arbeit notwendig.

3 Erschienen Anfang Oktober 1795, im 9. Stück der *Horen*.

4 Vgl. KTA 3, S. 152f. Die zitierte Textstufe I beginnt unter dem *Archipelagus*-Segment I*B* und wird von dessen späterer Version *C* über-

Dieser Zeitbestimmung nach wurde der umfangreiche *Archipelagus*-Text tatsächlich noch in Homburg skizziert, doch erst im Herbst 1800 in Stuttgart ausgeführt und vollendet[5].

---

lagert (den Raum über *B* nimmt schon die zweite Textstufe des Oden-Fragments ein. Da beide Odenstufen, ihrem Inhalt nach, im Mai 1800 entworfen wurden, muß das *Archipelagus*-Segment I*B* unbestimmte Zeit früher – etwa zur Zeit des Kranichzugs –, das Segment *C* unbestimmte Zeit später entstanden sein. Tatsächlich fehlen in der vermutlich erst im Herbst entstandenen Reinschrift die in *B* und *C* nur vorbereiteten Verse 41,42. Zugleich läßt sich die Datierung des zu *Menons Klagen um Diotima* führenden Odenentwurfs *Wohl' geh ich täglich*... präzisieren (vgl. Anm. 1). Das zweite, am oberen Seitenrand der *Archipelagus*-Handschrift notierte Odenfragment lautet:

Wohl blik ich, schöne Sonne! zu dir,
Und nenne deinen Nahmen, wohin auch sonst
Am heilgen Maitag sollt ich, als du
Blüthe der Blüthen! zu dir mich wenden?

Aus der Verwandtschaft der Anfangszeilen und aus dem Grad der Ausführung ist zu erschließen, daß mit dem Entwurf *Wohl geh' ich täglich*... (für den erst ein anderer Beginn versucht wird) das früher entstandene *Maitag*-Segment aufgegeben wurde.

5 Die genauere Bestimmung – Herbst 1800 – ergibt sich auch aus der duktischen Übereinstimmung der auf gleichem Papier überlieferten Reinschriften von *Der Archipelagus*, *Elegie* (*Menons Klagen um Diotima*) und *Ermunterung* (vgl. Anm. 2). Demnach hat Hölderlin die drei unterschiedlichen Werkformen, über einen längeren Zeitraum, nebeneinander bearbeitet. Mit der inhaltlich stichhaltigen Datierung nur eines Manuskripts (etwa bei *Elegie*; vgl. Text und Anm. 3) dürften auch die beiden anderen als gesichert gelten. Auf dem sonst nicht vorkommenden Papier jener vorläufigen Reinschriften (vgl. HK, WZ 58) ist als viertes Stück nur noch ein Ende September 1800 an die Schwester gerichteter Brief überliefert. Hölderlin schreibt: *Ich bin durch das böse malade Jahr, das ich überstanden habe, etwas langsamer in meinen Gedanken geworden, und muß oft in einem halbmüßigen Nachsinnen manche gute Stunde zubringen, darf mich dann nicht öfters unterbrechen, als es die Noth erfordert*... Schon vierzehn Tage später kann er bessere Nachricht geben: *Der schöne Herbst bekommt meiner Gesundheit außerordentlich wohl, und ich fühle mich frisch in der Welt, und eine neue Hoffnung, noch eine Weile unter Menschen das Meinige zu thun, lebt allmählig immer stärker in mir auf.* Und nochmals im Oktober: *Darf ich Dir rathen, daß du oft ins Freie gehst, diesen schönen Herbst, und unter dem schönen blauen Himmel Frieden und Gesundheit hohlest?*

IX
Umgekehrte Reihenfolge

Nach allem können die strophisch gegliederten Elegien *Brod und Wein*, *Der Gang aufs Land* und *Stutgard* nicht im Sommer und Herbst 1800 entstanden sein. Für den Entwurf *Der Gang aufs Land* wurde dies schon 1976, bei der ersten vollständigen Edition des Entwurfs festgestellt. Dabei blieb jedoch eine Querverbindung zu *Brod und Wein* unbeachtet: Hölderlin hat den Plan zu jener Elegie auf dem frühesten – noch *Der Weingott/An Heinzen* überschriebenen – Konzept notiert. Noch eine zweite Frage blieb ungestellt. Besteht nicht ein Zusammenhang zwischen der soeben zitierten Überschrift und der etwa zeitgleichen oder auch späteren Umwidmung des im Frühjahr 1801 in der Schweiz entworfenen Gesangs *Der Rhein*, der zuerst an Wilhelm Heinse, dann aber an Isaak von Sinclair gerichtet wurde? Die bisher notwendige Konstruktion, Hölderlin habe dem Verfasser des *Ardinghello* und Gefährten auf der Reise nach Westfalen zuerst die Elegie und dann auch noch den großen Gesang widmen wollen, wirkt undurchdacht. Um so logischer erscheint jetzt die umgekehrte Reihenfolge: der Entwurf zu *Brod und Wein* wurde Heinse gewidmet, nachdem *Der Rhein* für Sinclair – jedenfalls nicht mehr für ihn – bestimmt war. Der elegische Entwurf *Der Gang aufs Land*, den Hölderlin während der Arbeit an *Brod und Wein* ausführen wollte[1], enthält noch einen weiteren, immer falsch interpretierten Hinweis: die Notiz *An Siegfried Schmidt/ Wilkom nach dem Kriege*[2]. Der in Friedberg lebende Freund Sinclairs und Hölderlins hatte im Herbst 1800 seinen Dienst im österreichischen Heer unter Erzherzog Karl quittiert. Die ihm gewidme-

1 Vgl. *Götter im Gasthaus*.
2 Über und unter dieser Notiz stehen noch zwei weitere, chiffrierte Pläne: *Tasso an Leonoren/ Abschied von ihr* (vgl. *Diotima – Feigenbaum*, Anm. 2 unten) und *Kleists Tod* (vgl. HKA 6, S. 279).

te Elegie *Stutgard*[3] wurde deshalb als eine im Herbst 1800 ausgesprochene Einladung an den Heimgekehrten aufgefaßt. Um diese Zeit war der Frieden noch fern, den Hölderlin schon im Juli 1800 erhoffte[4]. Erst der Friedensschluß von Lunéville, vom 9. Februar 1801, bot das Motiv; den Anstoß gaben jedoch die desolaten Briefe Schmids, der sich im Frühjahr und Sommer 1801 vergeblich um eine öffentliche Würdigung seines Schauspiels *Die Heroine*[5] und um eine Professur für Rhetorik an der Universität Gießen bemühte. Sinclair wiederholt nur in seinem nach Bordeaux adressierten Brief[6] und später tatsächlich, was Hölderlin schon im Spätsommer 1801 versuchte – die Freundschaft gegen die hereinbrechende Nacht[7] aufzubieten.

---

3 Später *Herbstfeier*; vgl. XI, Anm. 3.

4 Vgl. VII, Anm. 2: Zitat aus dem Brief an die Mutter.

5 *Die Heroine oder zarter Sinn und Heldenstärke. Ein Schauspiel in fünf Akten.* Die auf Schmids Wunsch, noch in Hauptwil verfaßte Rezension für die *Jenaische Allgemeine Literatur-Zeitung* wurde nicht gedruckt; vermutlich wegen der anspruchsvollen Exkurse, in denen Hölderlin seine unpublizierte Poetik als Maßstab der Kritik erprobte (vgl. HKA 14, S. 373).

6 *Homburg vor der Höhe, den 30ten Jun. 1802. (...) Seit Du mich verlassen hast, hat mich mancherlei Schicksal getroffen. Ich bin ruhiger und kälter geworden, und ich kann dir versprechen, daß Du an der Brust Deines Freundes ausruhen kannst. Du kennst alle meine Fehler, ich hoffe, keiner soll mehr eine Mißhelligkeit zwischen uns hervorbringen. Ich lade Dich also ein, zu mir zu kommen, und bei mir zu bleiben, so lange ich hier bin. Die möglichen Fälle, die meine Lage verändern würden, wollen wir gemeinschaftlich überlegen und beschließen, und wenn das Schicksal gebieten sollte, so werden wir als ein treues Paar seine Bahn gehen. Itzt kann ich 200 fl. jährlich füglich entbehren, die kann ich Dir geben, und freie Wohnung und was dazu gehört. (...) Melde mir Deine Entschließung. Auch will ich zu Dir nach Bordeaux reisen, wenn Du willst, und Dich abholen.*

7 Siegfried Schmid wiederholt in einem Brief vom 6. Juli 1801 eine Bemerkung Hölderlins: *Du sagst treffende Worte über das Thun der Heroën und Künstler, und über die glückliche mißverhältnismäßige Vertheilung der Kräfte.* Schmid wird schon 1804 in das Kloster Haina eingeliefert, erholt sich jedoch und starb erst 1859.

X
Die gesteigerte Produktivität im Sommer und Herbst 1801

Die Parzen erfüllen den Wunsch; doch die Ursache ist real. Anfang August schickte Ludwig Ferdinand Huber, seit 1798 Redakteur bei Cotta, den Kontrakt zur Herausgabe einer Gedichtsammlung *auf Ostern 1802* und bittet um *irgend ein Lieblingsgedicht (...) zu vorläufiger Empfehlung der Sache*[1]. Er erhält wenig später die strophisch gegliederte und erweiterte Fassung von *Der Wanderer*[2], die schon vorlag[3] und die bald

1 Nur als Regest Gustav Schlesiers überliefert; dieser, die vorausgegangenden und noch folgenden Briefe von und an Hölderlin sind hier noch nach StA 6 und 7.1 zitiert. Sie werden in den Bänden 18-20 der HKA und KTA im Zusamenhang und der Chronologie des Briefwechsels als unemendierte Umschriften der Quellen ediert. Damit wird nicht nur die spezifische Beziehung zwischen den Schreibenden sichtbar, sondern auch das bislang unzugängliche und beziehungsreiche Material der Verschreibungen und Abänderungen (vgl. *Zwei Siegel* II, Anm. 1).

2 Wie erstmals *Heimkunft*, gliedert Hölderlin nun auch seine erste Elegie in regelmäßige Strophen zu je neun Distischen.

3 Dem gleichfalls im ersten Entwurf zu *Brod und Wein* notierten Plan *Menons Klagen um Diotima / Seitenstük zum Wanderer* ist zu entnehmen, daß Hölderlin auch eine formale Aktualisierung dieser Elegie erwog. Zu diesem Zeitpunkt war die Mitte April, wahrscheinlich schon während der Überfahrt nach Lindau konzipierte Elegie *Heimkunft* abgeschlossen, denn auf dem Doppelblatt mit dem Schluß des Entwurfs beginnt schon Anfang Mai die Niederschrift von *Der Gang aufs Land*. Anders als jener Plan *Seitenstük zum Wanderer*, der etwas früher als der erste Entwurf zu *Brod und Wein* notiert wurde, ist die Disposition *Der Gang aufs Land / an Landauer* während der Arbeit oder nur wenig später in die Handschrift eingetragen. Wahrscheinlich folgte also die Umgestaltung von *Der Wanderer* unmittelbar auf die auf die erste strophisch gegliederte Elegie *Heimkunft*, dann, Anfang Mai 1801, der erste Entwurf zu *Brod und Wein*, der vom Entwurf *Der Gang aufs Land* unterbrochen wird. Ein Doppelblatt mit Notizen zu diesem tiefsinnigen ‚Gelegenheitsgedicht' enthält auch die vorläufige Reinschrift des im Stuttgarter Foliobuch entworfenen erweiteten Schlusses zu *Der Wanderer*. Die Entwürfe zu den vier hier genannten Elegien wären demnach in nur wenigen Wochen, kurz nach Hölderlins Rückkehr aus der Schweiz entstanden.

darauf in der *Flora* erscheint. Offenbar war das Projekt dieser Ausgabe älter, denn die Vorarbeiten, denen das Stuttgarter Foliobuch nun als Brouillon dient, müssen schon Ende April, nach der Rückkehr aus Hauptwil begonnen haben[4]. In der ursprünglich für die Fortsetzung des *Empedokles* offengehaltenen Textlücke[5] stehen die später überarbeiteten Abschriften der von Schiller redigierten *Horen*-Fassungen von *Der Wanderer* und *Die Eichbäume* (mit dem Vermerk *als Proëmium zu gebrauchen*), eine nach dem heutigen Zustand des Konvoluts nur noch zwei Seiten bereitstellende Disposition des im Vorjahr weiter hinten konzipierten Gesangs *Dem Allbekannten* und schließlich die Reihe der erweiterten Kurzoden aus Neuffers Taschenbüchern für 1799 und 1806.

---

4 In Chr. Th. Schwabs Lebensbeschreibung (nach einer Skizze Karl Goks) heißt es (2, S. 307): *Während er sich in Hauptwil befand, knüpfte der ihm befreundete Huber in Stuttgart Verhandlungen an über die Herausgabe von Hölderlins Gedichten, und diß scheint mir der Grund zu seyn, warum er, im April 1801, in seine Heimath zurückkehrte.* Auch Schmid schreibt am 6. Juli 1801: *Willst Du die Rez. nun Huber schicken; oder mit ihm über die Sache sprechen? Ich weiß nicht, woher mir bekannt ist, daß Du mit ihm in Verhältnissen stündest.*

5 Nach der *Amalien*-Ode, zwischen den Entwürfen *Das untergehende Vaterland...* und *Wenn der Dichter einmal des Geistes mächtig... auf den Seiten 55-77* der früheren Anordnung.

XI
Und immer vergeblich

Im Herbst 1801 schreibt der Dichter die für die Sammlung bestimmten Oden und Elegien, womöglich auch die bis dahin entstandenen Gesänge[1] ins reine. Ob er die von Huber erst im nächsten Jahrgang der *Flora* veröffentlichte und die gegenwärtige Produktion beispielhaft spiegelnde Gruppe von vier verschiedenartigen Gedichten – die Elegie *Heimkunft*, der Gesang *Die Wanderung*, die Oden *Stimme des Volks* und *Dichterberuf* – nochmals vorab lieferte, oder ob diese (wie die noch spätere Publikation des *Archipelagus* nahe legt[2]) aus einer abgegebenen Druckvorlage zur Gedichtsammlung entnommen wurden, ist nicht geklärt. Auf deren Vorhandensein weist immerhin eine abfällige Rezension der *Herbstfeier*[3] in Seckendorfs *Musenalmanach für 1807*, in welcher der mit Neuffer und anderen Stuttgarter Neoklassikern und Spätanakreontikern befreundete Literat Friedrich Weiser einen Begriff aus jenem programmatischen Entwurf zu parodieren scheint, der den Eingang zu dem – trotz Kontrakt – nicht gedruckten Buch bilden sollte: *Herr Hölderlin, der immer aufs neue, und immer vergeblich sich martert, in seinen Gesängen das Unaussprechliche zu verkünden*...[4] Der Schluß des *Proëmium*-Konzepts der *Eichbäume* lautet:

---

1 Diese Fragen werden in dem von Emery E. George, Ann Arbor, vorbereiteten Band HKA 7, *Gesänge* I, im einzelnen erörtert.

2 In *Vierteljährliche Unterhaltungen. Herausgegeben von L.F.Huber. Drittes Stück. 1804. Tübingen, in der Cotta'schen Buchhandlung.*

3 Leo von Seckendorf publizierte in seinem *Musenalmanach für 1807* eine Fassung, deren Abweichungen vom früheren Text teilweise von Hölderlin herrühren müssen. Zu den authentischen Varianten gehört vermutlich auch der neue Titel *Herbstfeier*, dessen Ähnlichkeit mit dem der *Friedensfeier*, die Hölderlin noch im April 1804 als Flugblatt drucken lassen wollte, eine Datierung dieser Fassung in den Frühsommer dieses Jahres erlaubt (vgl. KTA 6, S. 138f.).

4 *Bibliothek der redenden und bildenden Künste 1806, Bd. 6, 1. Stück*

O daß mir nie nicht altere, daß der Freuden,
daß der Gedanken unter den Menschen, der Lebens-
zeichen keins mir unwerth werde, daß ich seiner mich schämte,
denn alle brauchet das Herz, damit es Unaus-
sprechliches nenne.[5]

(vgl. StA 7.4, S. 30f) Justinus Kerner, der Hölderlin zu dieser Zeit im Autenriethschen Clinicum betreute, wundert sich in einem Briefentwurf, daß *Weisser ihn noch in s. Unglük so elendiglich verfolgt und ihm n. seiner Weise den Verstand abspricht, den er doch noch beym Verstand hatte* (vgl. StA 7.2, S.368).

5 Abb. in HKA 6, S. 38; revidierte Textkonstitution der *Proëmium*-Fassung in KTA 3, S.47f. Zum Problem der Textauswahl nimmt auch Schiller (in der *Vorerinnerung* zur zweiten Auflage seiner Gedichte), doch mit ganz anderen Argumenten Stellung: *Vielleicht hätte bei Sammlung dieser Gedichte eine strengere Auswahl getroffen werden sollen. Die wilden Produkte eines jugendlichen Dilletantism, die unsichren Versuche einer anfangenden Kunst und eines mit sich selbst noch nicht einigen Geschmacks finden sich hier mit solchen zusammengestellt, die das Werk einer reiferen Einsicht sind.* (...) *Der Verfasser dieser Gedichte hat sich, so wie alle seine übrigen Kunstgenossen, vor den Augen der Nation und mit derselben gebildet; er wüßte auch keinen, der schon vollendet aufgetreten wäre. Er trägt also kein Bedenken, sich dem Publikum auf einmal in der Gestalt darzustellen, in welcher er nach und nach vor demselben schon erschienen ist, und insofern er sie überwunden hat, mag er auch seine Schwächen nicht bereuen.*

116

EINWÄRTS

Doch wenn

dann sizt im tiefen Schatten,
Wenn über dem Haupt die Ulme säuselt,
Am kühlathmenden Bache der deutsche Dichter
Und singt, wenn er des heiligen nüchternen Wassers
Genug getrunken, fernhin lauschend in die Stille,
Den Seelengesang.
Und noch ist er des Geistes zu voll,
Und die reine Seele

Bis zürnend er

Und es glüht ihm die Wange vor Schaam,
Unheilig jeder Laut des Gesangs.

Deutscher Gesang

Lorbeern
Rauschen um Virgilius und daß
Die Sonne nicht
Unmänlich suchet, das Grab. Moosrosen
Wachsen
Auf den Alpen.

Griechenland *

---

* 325a/2:1-6; vgl. *Neun editorische Übungen* IX.

Je mehr Äußerung, desto stiller
Je stiller, desto mehr Äußerung.

Bemerkung zu *Deutscher Gesang*

498

Einwärts

Für E.R.

1

Wie in wenigen Jahrzehnten das Hölderlins, hat der Schutt von Jahrhunderten das Werk Vergils überlagert. Der Sinn tritt hervor, wenn dieser, hier wie dort, beiseite geräumt ist.

2

Bezeichnenderweise enthält Hölderlins Poetikentwurf den Schlüssel zu einer grundlegend gewandelten Vergil-Lektüre. Schon die Scholastiker verwiesen, wie auch nach der Überlieferung der Dichter selbst[1], auf die Dreiheit der Töne und Dichtarten im Vergilischen Werk (nach der Abkehr vom dekadenten

---

1 In der *Sueton-Vita* wird, mit Hinweis auf den Grammatiker Nisus, der apokryphe, angeblich von dem ersten Herausgeber Varius weggelassene Anfang der *Aeneis* mitgeteilt:

Ille ego, qui quondam gracili modulatus avena
carmina et egressus silvis vicina coegi,
ut quamvis avido parerent arva colono,
gratum opus agricolis, at nunc horrentia Martis
arma virumque cano...

Jener, der einst gespielt auf schlanker Flöte der Hirten
Lieder, den Wäldern entschritten, die nachbarliche gezwungen,
Und sei er noch so gierig, dem Siedler zu dienen, die Flur im
Werk den Bauern zulieb, doch nun die Schrecken des Krieges,
Taten sing ich und den Mann...

Wenn dieser Beginn echt ist und der Beauftragte des Augustus sich ermächtigt fühlte, diesen Eingang zu eliminieren, muß er entweder Entwurf, oder ein nachträglicher Zusatz gewesen sein. Das auffällige und kritisch durchtränkte *Ille ego*, das über die Perioden hinweg zu dem lapidaren *Arma virumque cano, Troiae qui primus ab oris* trägt (dieses dem Introitus der homerischen Epen entsprechend), deutet eher auf einen letzten Zusatz; ebenso das deutliche *at nunc horrentia Martis.* Er verträte gewissermaßen den irritierenden Wunsch des sterbenden Dichters, dessen Erfüllung Augustus verweigert hat: das fast vollendete Werk zu verbrennen. Die syntaktische Stellung des *nunc* wiederholt sich in der Grabinschrift, die der Dichter noch vor seinem Tod verfaßt haben soll; ebenso auch, nun als epigrammatische Formel, der Hinweis auf den triadischen Werkcharakter:

Stil der Neoteriker[2]) jene einzigartige Synthese von Geschlossenheit und Vielfalt verleiht. Der *niedere* Stil der Hirtenlieder, der *mittlere* des Gedichts vom Landbau und schließlich der *hohe* Stil des Heldengesangs[3], entspricht Hölderlins Dreiteilung des poetischen Ausdrucks in *naive*, *idealische* und *heroische* Töne. Dies vorausgesetzt gilt auch Hölderlin Lehre vom Gegensinn[4] für Vergils adäquat entworfenes Werk. Demnach führten die idyllischen *Bucolica* etwas Hintersinniges im Schilde; das *Georgicon* vermittelte, gegen den lehrhaften Schein,

---

Mantua me genuit, Calubri rapuere, tenet nunc
Parthenope; cecini pascua rura duces.

Was mir Mantua gab, Calabrien raubte, Neapel
Hat es jetzt; ich sang Wiesen und Äcker und Krieg.

Das letzte Wort *duces* = Führer, Anführer Heerführer, aber auch mit dem mit dem Nebensinn Züge, Heerzüge, Irrfahrten – entzieht sich nicht nur der metrischen Übersetzung, sondern irritiert auch in der Aufzählung. Die kategorische Dreiteilung tritt hervor, wenn man die Leitworte der drei Dichtungen einsetzt: *otia* (Ecl. I, 6), *labores* (Georg. I, 118) und *arma virumque* = Heldentaten: Muße, Arbeit, Streit.

2 Vgl. *Catalepton* V:

Ite hinc, inanes, ite rhetorum ampullae,
inflata rhorso non Achaico verbo,
et vos, Selique Tarquitique Varroque,
scholasticorum natio madens pingui,
ite hinc, inane cymbalon iuventutis.

Weg jetzt, ihr leeren, weg Rhetorenrezepte,
Beifallheischendes Prahlen mit unachaischem Wortprunk,
Weg mit euch, Selius, Tarquitius und Varro,
Philologengezücht, wohlversorgt und salbadernd,
Weg mit dir auch, du Schellengeklingel der Jugend!

Auf welche Weise jene, denen Vergil die Eklogen hindurch sein *Ite!* zurief (ein Ruf der in Hölderlins Elegien nun umgekehrt als *Komm!* wiedererscheint), noch den faßlichsten Sinn zu verdrehen suchten. zeigt jeder beliebige Kommentar, jede Übersetzung. W. Wimmel sagt zu Catal. V: *Vergils Abwehr, mag sie sich auch kallimachisch geben (...), ist immer nur vorläufig, auf Zeit, vielleicht auf Zeitgewinn bedacht. Er wehrt im Grunde Bejahtes ab* (Wiesbaden 1960,132).

3 Z.B. *Wolfenbütteler Kurzfassung*; Johannes Scottus auf die Frage: Wie schrieb er? *In niederem, mittlerem und erhabenem Charakter.*

4 Vgl. *Hin*, §. 9.

jenes innige Gefühl, das die Hirtengedichte nur vortäuschen, um etwas anderes zu treffen, während die *Aeneis* unter dem Geschehen die augusteische Ideologie transportierte[5].

3

Symptomatisch für diese reflektierte Art des Dichtens ist schon Vergils Behandlung der längst stereotyp gewordenen Musenbitte. So ist die Anrufung der *Arethusa* zu Beginn der letzten Ekloge ein Glanzstück feiner Ironie (die er schon in den spottenden Dirae seiner Anfänge[6] zur Meisterschaft entwickelt hatte)[7]. Im Introitus des *Georgicon* sind alle Schutzgötter des Landes aufgerufen, mit ihnen Octavian, der wirkliche Adressat des Gedichts[8], aber die Musen fehlen. Am An-

---

5

Werk:	ECLOGEN	GEORGICON	AENEIS
Vorbild:	Theokrit	Hesiod	Homer
Form:	tragikomisch	lyrischprosaisch	epischtragisch
Ton:	naiv	idealisch	heroisch
Schein:	idyllisch	pragmatisch	mythisch
Tendenz:	kritisch	politisch	ideologisch
Sinn:	heroisch	naiv	idealisch

Diese Entgegensetzungen lassen sich fortsetzen. Die Eklogen, schon ihrer Kürze nach eher lyrische Gebilde, tragen durchweg tragikomische Züge; sie sind Satyrspiele en miniatur. Das *Georgicon*, als Lehrgedicht eher prosaischen Charakters, ist seiner Anschauung nach lyrisch: die Erde als Himmel der Menschen (vgl. Anm. 8). Die *Aeneis* schließlich, der Form nach episch, ist nicht mit homerischer Gelassenheit den konträren Gegenständen gegenüber behandelt, sondern parteiisch für die Helden, von deren Sieg das Weltreich abhängt, das sein Nationalepos in Auftrag gab. Deswegen treffen die Bestimmungen der Hölderlinschen Poetik, nach welcher die *Ilias* etwa dem äusseren Schein nach *naiv*, in ihrer Bedeutung aber *tragisch* wäre (*Μηνιν* = Unmut lautet das erste Wort), nur nach Maßgabe dieser kategorischen Verschiebungen auf Vergils Werk zu. Im übrigen wiederholt sich diese Erscheinung in Hölderlins Gesängen. Wie Vergil in seinen drei Hauptwerken das epische Medium, den Hexameter durch alle dichterischen Formen und Töne, moduliert Hölderlin das lyrische Medium des Gesangs.

6 Vgl. Anm. 2.

7 Vgl. *Quelle*.

8 Octavian, 29 a. von seinen Feldzügen im Osten als Triumphator zu-

fang der *Aeneis* entledigt sich der Dichter der hier obligaten Bitte erst nach den selbstbewußten Eingangsversen, und auch dann nur in Form einer präzis gestellten Frage, die zugleich

---

rückgekehrt, wird hier erstmals zur Annahme des Principats aufgefordert:

quidquid eris (nam te nec sperant Tartara regem,
nec tibi regnandi veniat tam dira cupido,
quamvis Elysios miretur Graecia campos
nec repetita sequi curet Prosperina matrem),
da facilem cursum atque audacibus adnue coeptis,
ignarosque viae mecum miseratus agrestis

Werde der (wie im Orkus dich keiner zum Herren sich wünscht und
Selber dich kaum, dort zu herrschen, ankommt das schlimme Verlangen,
Von elysäischen Feldern träumst du auch Griechenlands Traum nicht,
Wo Prosperina sich weigert, der flehenden Mutter zu folgen),
Mach freie Bahn, gib ein Zeichen, gewähre das kühne Beginnen,
Denen zu helfen, die weglos im Felde irren, gib Hoffnung

Eine kühne Entmythologisierung: stattdessen wird der neue Caesar zum Gott ausgerufen – er ist es, wenn er den immer nur mythisch begriffenen Frieden, den göttlichsten aller Träume, in Wirklichkeit wahrmacht. Insgeheim ist das Maecenas gewidmete Werk als Regentenspiegel des *Friedefürsten* konzipiert. Vergil stellt Octavian die Welt vor Augen, wie sie schon (und auch heute noch) da ist; das Ideale ist im Realen verborgen und wartet nur auf die Bedingungen, hervorzutreten. Die politische Idee dieser neuen Welt, die nichts traumhaftes hat, in welcher Arbeit, Streit und Tod fortbesteht, die sich in der Beschränkung auf das Natürliche, in der Hingabe an die Natur das irdische Glück erwirkt, entwirft Vergil in der Parabel vom Bienenstaat und die Notwendigkeit seiner Herstellung in der allegorischen Erzählung vom Verlust der *Eurydike* (wie immer, kein zufälliger, sondern ein sprechender Name). Die Bienen sterben, weil *Eurydike*, die Allgerechtigkeit starb. Sie werden aus dem Kadaver eines erstickten Kalbes wiedergeboren. Hier verändert Vergil die Mythe, denn die Bienen wurden sonst aus dem Körper eines waffenlos überwundenen Löwen geboren (vgl. Simsons Rätsel, Richt. XIV): Rückkehr zur bescheideneren, gerechteren, aber zentrischen Konstitution der Bienenvölker; Erneuerung der Republik mit dem künftigen Augustus und seiner *auctoritas* im Brennpunkt. Damit dies von dem, den es angeht, auch verstanden wird, schließt der Dichter mit einer Auslassung: nur vom Anbau der Felder, von der Viehzucht, von der den irrationalen Willen der vormals feindlichen Juno in Frage stellt[9]. Offenkundig ist ein ingeniöser Kalkül an die Seite der Eingebung getreten. Darin allerdings ist Vergil ein hesperischer Dichter.

4

Der Schein trügt auch hier. Nichts liegt Vergil ferner, als der römische Hellenismus. Ihm geht es vielmehr um die künstlerische Emanzipation von den griechischen Vorbildern, um ihre Überwindung in der Wiederholung. Von jenen, die ihm Plagiat vorwarfen, wußte er sich mißverstanden[10]. Er empfand, daß die römische Herrschaft auf brüchigem Boden stand und litt darunter, daß das Nationelle in die Knechtschaft des griechischen Kunstgeists geraten war. Erst Hölderlin ist dieses tragische Moment ein zweites Mal bewußt geworden; hierin liegt wohl die tiefste Verwandtschaft der beiden[11].

Ordnung der Bäume sang Vergil, während Caesar am Euphrat Krieg führte. Das IV. Buch von den Bienen gilt ihm, dem künftigen *princeps.* Zehn Jahre nach dem Zuruf *Incipe!* am Schluß der IV. Ecloge, 29 a. lesen Vergil und Maecenas das fertige Werk vor, und er, ohnhin von scharfem Verstand, hat den Ruf in dieser stillsten Dichtung Vergils wohl verstanden.

9 *Musa, mihi causas memora, quo numine laeso*
quidue dolens regina deum tot voluere casus
insignem pietate virum, tot adire labores
impulerit. tantaene animis caelestibus irae?

Muse, erinnere mich, was kränkte den Sinn ihr, daß grollend
Sie, die Herrin der Götter, ihm, ehrfürchtig wie keiner,
Solches Unglück zu senden beschloß und maßloses Leid
Dem Manne. Können denn Himmlische sich im Zorn so vergessen?

10 In der *Sueton-Vita* entgegnet Vergil auf diesen, offenbar häufiger geäußerten Einwand, *warum seine Kritiker nicht dieselben Plagiate versuchten? Aber sie würden bald einsehen, daß es leichter sei, dem Herkules die Keule als dem Homer einen Vers zu entreißen.*

11 Um 1801 wendet sich Hölderlin vom unkritischen Philhellenismus, etwa der *Propyläen* Goethes, ab und beginnt *vaterländisch* zu singen. Die endlich gefundene Richtung (*Mein ist/ Die Rede vom Vaterland.*

5

Die *Aeneis* wurde im Auftrag des Augustus geschrieben; insofern war Vergils Dichtung ein öffentliches Amt. Dennoch wäre es falsch, ihm den Status eines Staatsdichters beizulegen, einfach, weil es den totalitären Begriff des Staats nicht gab und ebensowenig jene Vereidigung auf Linientreue, die mit der totalitären Staatsidee untrennbar verbunden ist. Kennzeichnend

Das neide mir keiner), sein künstlerisches Programm, erläutert er erstmals am 4. Dezember 1801, eine Woche vor dem Aufbruch nach Frankreich im ersten Brief an Böhlendorff:

Wir lernen nichts schwerer als das Nationelle frei gebrauchen. Und wie ich glaube, ist gerade die Klarheit der Darstellung uns ursprünglich so natürlich wie den Griechen das Feuer vom Himmel. Eben deßwegen werden diese eher in schöner Leidenschaft, die Du dir auch erhalten hast, als in jener homerischen Geistesgegenwart und Darstellungsgaabe zu übertreffen seyn.

Es klingt paradox. Aber ich behaupt' es noch einmal, und stelle es Deiner Prüfung und Deinem Gebrauche frei; das eigentlich nationelle wird im Fortschritt der Bildung immer der geringere Vorzug werden. Deßwegen sind die Griechen des heiligen Pathos weniger Meister, weil es ihnen angeboren war, hingegen sind sie vorzüglich in Darstellungsgaabe, von Homer an, weil dieser außerordentliche Mensch seelenvoll genug war, um die abendländische Junonische Nüchternheit für sein Apollonsreich zu erbeuten, und so wahrhaft das fremde sich anzueignen.

Bei uns ists umgekehrt. Deßwegen ists auch so gefährlich sich die Kunstregeln einzig und allein von griechischer Vortreflichkeit zu abstrahiren. Ich habe lange daran laborirt und weiß nun daß außer dem, was bei den Griechen und uns das höchste seyn muß, nemlich dem lebendigen Verhältniß und Geschik, wir nicht wohl etwas gleich mit ihnen haben dürfen.

Aber das eigene muß so gut gelernt seyn, wie das Fremde. Deßwegen sind uns die Griechen unentbehrlich. Nur werden wir Ihnen gerade in unserm Eigenen, Nationellen nicht nachkommen, weil, wie gesagt, der freie Gebrauch des Eigenen das schwerste ist.

Der zweite Brief, vmtl. November 1802, wiederholt diese Ansicht lapidar und realistisch:

Mein Lieber! ich denke, daß wir die Dichter bis auf unsere Zeit nicht commentiren werden, sondern daß die Sangart überhaupt wird einen andern Karakter nehmen, und daß wir darum nicht aufkommen, weil wir, seit den Griechen, wieder anfangen, vaterländisch und natürlich, eigentlich originell zu singen.

für Vergils Haltung ist vielmehr eine zarte dichterische Affinität für alles, was da ist, und ein ebenso sicherer Sinn für das Falsche daran; beides ineinander. Der Effekt wäre durchaus ironisch, doch widerspricht auch dieser Ausdruck dem Ernst, mit welchem der Dichter das Zweideutige in der Sprache und in den menschlichen Dingen für sich sprechen läßt. So in der I. Ekloge, in der Vergil dafür zu danken scheint, daß sein Besitz, wie derjenige anderer einflußreicher Bürger, bei der Verteilung von Ländereien an Caesars Veteranen ausgenommen wurde, doch zugleich das Unrecht daran vor Augen führt[12].

6

Die Idylle trügt: Arkadien ist weder vorwärts noch rückwärts gewandte Utopie, sondern Kulisse, vor der sich die kritisch gezeichnete Realität nur um so schärfer abhebt. Octavians Kampf gegen die Caesarmörder und alle unberufenen Mitbewerber um die Macht, die für ihn ein schutzbedürftiges Prinzip war, wiederholt sich hier mit ungleich feineren Mitteln. Nur beschränkt sich der Dichter nicht auf die politische

---

12 Tityrus gehört, wie man nebenbei erfährt, zu den Rinderhirten; in der Welt der Hirten also zur Oberschicht; Meliboeus zur niederen der Ziegenhirten. Mit jener vordergründigen und ausgesuchten Höflichkeit, deren Ton alle zehn Eklogen bestimmt, erfragt er dessen Umstände und erfährt, warum er von der allgemeinen Vertreibung verschont und warum er von Amaryllis nur singt. Sie hat hat sich, während er in Rom die Enteignung der Rinderhirten verhinderte, einem anderen hingegeben, und man darf vermuten, daß Meliboeus jener andere war. Dennoch scheiden beide *im Frieden voneinander* (vgl. *Feindseeligkeitsrecht*) und der zurückbleibende Greis gewährt dem Jüngeren noch einmal das Gastrecht. Doch im Zentrum steht der zweiundzwanzigjährige Gott. Sein pragmatischer Spruch erscheint wörtlich:

‚pascite ut ante boves, pueri, summitite tauros.‘

„Weidet wie vorher, Kerle, Rinder und züchtet Stiere.“

Was nützt, weiß er längst. Aber er hat noch zu lernen, was Recht ist und zu seiner Belehrung dient die Ziege, die Meliboeus hinter sich herzieht.

Erneuerung, sondern seine Tendenz ist eine allgemeine *vaterländische Umkehr*[13]. Ihr gilt der kühne Gegensinn der Eklogen, auf den Vergil am Schluß des *Georgicon* eigens hingewiesen hat[14]; die Hirtenwelt ist nur Chiffre.

7

Diesen Aspekt hat die anderthalbtausendjährige Vergil-Philologie nicht bemerkt oder nicht bemerken wollen. Die frühe Stilisierung des Dichters zum Propheten der Heiden und die sentimentale Verherrlichung der augusteischen Klassik, aber auch eine instinktive Abwehr der feinsinnigen Polemik Vergils gegen das gelehrte und literarische Unwesen überhaupt[15], ver-

---

13 Vgl. *Vier vaterländische Thesen* II.

14 IV, 565:

carmina qui lusi pastorum audaxque iuventa

Hirtengedichte zum Spiel und mit der Kühnheit der Jugend

15 X. Ecl., 6-8:

incipe; sollicitos Galli dicamus amores,
dum tenera attondent simae virgulta capellae.
non canimus surdis, respondent omnia silvae.

Komm! wir singen das herzzerreißende Lieben des Gallus,
Während das zarte Gezweig blattnasige Ziegen benagen.
Singen es nicht für Taube, die Wälder hallen's ja wieder.

sollicitos = bekümmert, hier frei mit herz-zerreißend übersetzt, kann zugleich auch ‚angelegentlich' bedeuten. Anzumerken, daß Hölderlin die hintersinnige Chiffre der echoenden Wälder im gleichen Sinn, in der Umarbeitung der von Schiller abgelehnten Ode *Dem Sonnengott*, nun vielsagend *Sonnenuntergang*, wiederholt. Auch hier ist, tief zwischen den Zeilen, von augenblicklicher Tendenz und seichtem Nachgeleier die Rede:

Wo bist du? trunken dämmert die Seele mir
Von aller deiner Wonne; denn eben ists
Daß ich gelauscht, wie, goldner Töne
Voll, der entzükende Sonnenjüngling

Sein Abendlied auf himmlischer Leier spielt';
Es tönen rings die Wälder und Hügel nach.
Doch fern ist er zu frommen Völkern,
Die ihn noch ehren, hinweggegangen.

schuldeten die kollektive Blindheit für den konkreten Gehalt, ohne den dieses Werk so unsäglich falsch interpretiert wurde. Die Eklogen sind alles andre, nur nicht Elogen auf die genannten Standespersonen. Die vermutlich erst von den Grammatikern konstruierte Freundschaft zu Pollio, Varus und Gallus muß sehr ambivalent gewesen sein; die Gedichte sprechen eine andere Sprache. Was sich als bukolische Miniatur ausgibt, ist theokritisch verkleidete Satire, gegen die postrepublikanische Dekadenz, gegen den pseudogelehrten Alexandrinismus, vor allem gegen den Schwulst und die Gespreiztheit der großstädtischen Avantgarde; ingeniöse Parodie, die erst Vergils Meisterschaft zur Kunstform erhoben hat. Wen sie betraf, der war, doch diesmal zutreffend, unsterblich blamiert, und mit ihnen alle, die es nicht einmal merkten. Nicht umsonst spricht Vergil am Anfang der X. Ekloge, von seiner letzten Arbeit[16]. Bei aller Ironie – die zehn Gedichte wirkten im Rom nicht viel anders als die unerhörten Taten des Herakles. Das Publikum erhob sich, als es den Dichter bei einer Aufführung der Eklogen entdeckte; eine Ehre, die sonst nur Augustus zuteil wurde. So nachhaltig wirkten sie, daß von den verspotteten Elaboraten nicht viel mehr als das Gerücht übrig geblieben ist.

8

Ist dies erkannt, verschwindet zwar nicht der prophetische Gehalt (der, indem er dennoch und anders wahr wird, die Ironie Vergils und alle ernsthaften Utopien ironisiert), auf dem sich die Fliegen aller Himmelsrichtungen versammelten, doch erscheint er jetzt in einem anderen Licht. Das sibyllinische Weissagen, dem der Konsul Pollio besonders zugetan schien, ist Gegenstand spöttischer Übertreibung, denn im Schlimmen wie im Guten steht es den politischen Friedensentwürfen eher

16 X. Ecl., 1:
Extremum hunc, Arethusa, mihi concede laborem.

Laß mich jetzt, Arethusa, die letzte Arbeit vollbringen.

im Wege. Es ist nicht nur ihr unheilvoller Gehalt, sondern auch ein posthumer Wink Vergils[17], der Augustus, noch zwei Jahre vor seinem Tod im Jahr 14, veranlaßte, die Verbrennung der sibyllinischen Bücher anzuordnen. Ein ungeheuerlicher Akt, über den viel zu sagen wäre, dennoch längst vorbereitet durch die IV. Ekloge. Doch auch dieses Urteil, so beweisbar es scheinen mag, täte dem Gedicht Unrecht. Dessen Wahrheit ist vielschichtiger, gemischter und wirklichkeitsgetreuer. Wer es aufmerksam liest, wird drei Stile oder Sprechebenen unterscheiden können: diejenige, in der Pollio angesprochen wird, ist die eigentlich bukolische, satyrhafte; das Sibyllenlied im Mittelteil der Ekloge[18] fügt dagegen (doch dafür wäre der Blick erst zu schärfen) die überkommenen Elemente der Heilsverkündigung allzu gewissenhaft zusammen, Klischees, denen die beiden Apelle, nach dem in sich wieder triadischen Eingang und am Schluß des Gedichts, auffällig kontrastieren. Spürbar aber auch hier die pastorale Übertreibung. Erst aus den letzten vier Zeilen spricht Vergils reine Stimme, nicht ironisch, nicht parodistisch und nicht pathetisch. Dem Reinen muß die Reinigung vorausgehen – auch dies eine vergessene Wahrheit. Vom Frieden ist die Rede; vom Vaterland, dessen alter Name bis heute weiblich ist, von der Erde überhaupt; von Menschen, die endlich erkennen, woher sie sind. Nur mit denen verbrüdert sich ein Gott und vermählt sich eine Göttin.

---

17 In der *Orkus-Elysium*-Episode der *Aeneis* besteht der Heros (dem Augurium gegenüber so skeptisch, wie vorher schon Hektor vor den Mauern des griechischen Lagers; *Ilias*, XII, v. 230-242) auf dem mündlichen Spruch der Sibylle und verbittet sich Zettel, welche die Überlieferung nur durcheinander brächte (VI, 74-76):

foliis tantum ne carmina manda,
ne turbata volent rapidis ludibria ventis
ipsa canas oro.

Vertrau nicht Zetteln den Spruch, die
Fliegen Gespött nur umher, verwirrt von reißenden Winden,
Sag ihn mit eignem Mund.

18 Von Karl Kerényi identifiziert (*Klio*, 29).

9

Welcher Varus auch immer den Dichter zu einem Loblied auf sich selbst bewegen wollte oder auch nicht, er wird als ein Anhänger des kallimachischen Stils hingestellt, der seinerzeit in Mode war. Aber auch der Mahnung Apolls, kein lautes, sondern, nach Hirtenweise, ein einfaches, stilleres Lied zu singen, kommt Vergil nicht nach. Stattdessen dichtet er eine Travestie sondergleichen. Sie beginnt mit einem ingeniösen Wortspiel; mit dem Cognomen des vorgeschobenen Auftraggebers[19]: dem *deductum carmen*[20], das der Gott den Hirten empfiehlt, ist *varus*[21] genau entgegengesetzt – und so wird zuletzt auch von den *pulsae* des imitierten Gesangs gesprochen[22]. Aber auch die Szene selbst ist an Zweideutigkeit kaum noch zu überbieten: Allegorie und Karikatur des herabgekommenen Griechentums und einer verdorbenen jeunesse dorée, die an seiner versklavten Gestalt noch Vergnügen findet. *Chromis* und *Mnasyllos*[23]

19 Darauf deutet das Erscheinen des Gallus am Schluß und der für die Eklogen ungewöhnliche Hinweis zu Beginn: *non iniussa cano – nicht ohne Auftrag sing ich.* Wahrscheinlich soll doch Quintilius Varus aus Cremona, der von Horaz wegen seines scharfen literarischen Urteils gerühmte Freund Vergils und nicht der Jurist Alfenus Varus für den Auftraggeber des Insults gehalten werden.

20 einwärtsgebogen; übertr. leise, zurückhaltend. Vgl. Innentitel unten und *Sieben unwiderruflich geworfene Steine*, Innentitel.

21 auswärtsgebogen; übertr. entgegengesetzt: hier also laut, ausschweifend.

22 v. 84:

ille canit, pulsae referunt ad sidera valles;

All dieses sang er, zu Sternen hallten das Dröhnen die Täler.*

* *pulsae* = Stöße, Schläge; übertr. Mißhandlungen

23 v. 13-15.

Pergite, Pierides. Chromis et Mnasyllos in antro
Silenum pueri somno videre iacentem,
inflatum hesterno venas, ut semper, Iaccho;

Weiter Pieriden! Chromis, geschminkt, und Mnasyllos,*
der Schwätzer,
Sahen in einer Grotte Silen vom Schlaf überwältigt

fesseln den betrunken eingeschlafenen Silen mit den Kränzen, die ihm vom Haupt geglitten sind. Schon dieses Bild ist enthält die ganze Kritik. *Aegle*, eine laszive Schöne, kommt noch hinzu[24], um Stirn und Schläfen des Alten mit Maulbeeren rot anzumalen. Unversehens kommentiert Ciceros großer Ausruf den mimischen Effekt: *O Zeiten, o Sitten!*[25] Was dann folgt, die erhabene, vielbewunderte Kosmogonie, wird eiligst heruntergebetet, um zur Mythographie aller nur erdenklichen Verirrungen und Perversionen zu gelangen[26]. Schließlich ergießt sich der Spott des Dichters über den wahren Adressaten, den dichtenden Würdenträger Cornelius Gallus, den eine der Musen auf den Helikon versetzt, wo ihm Linus die Flöte Hesiods überreicht. Das Vorbild dieser Episode findet sich in den Αιτια, dem bombastischsten Werk des Kallimachos[27]. Unmißverständlich

---

Liegen, geschwollen die Adern vom gestrigen Rausch, wie gewöhnlich.

* χρωμα = Schminke; μνα = Mine, συλον = Raub; die Form weist zugleich auf *sammeln*, aber auch auf *Silbe;* der Sinn bleibt uneindeutig, statt *Schwätzer* vielleicht auch *neureich* o. ä.

24 *supervenit*

25 In der ersten Rede gegen Catilina: *O tempora, o mores!*
v. 20-22:

addit se sociam timidisque supervenit Aegle,
Aegle Naiadum pulcherrima, iamque videnti
sanguineis frontem moris et tempora pingit.

doch kommt den feigen Genossen
Aegle zur Hilfe, die schlüpfrige Schöne. Er merkt es erwachend,
Wie sie ihm blutrot die Stirn und Schläfen mit Maulbeeren anmalt.

26 J. u. M. Götte, Tusc. 1970,522: *Alle diese Themata, die erhabenen und die anderen, sind durch die Rahmenerzählung* (. . .) *von bukolischem Schimmer durchwebt, und so wird auch das Gedicht mit dem Aufgang des Abendsterns recht stimmungsvoll beschlossen.*

27 Nur fragmentarisch erhalten; Kallimachos läßt sich in die Heimat Hesiods, auf den Helikon entrücken, wo *er sich wohl durch einen Trunk aus der Musenquelle* als dessen Nachfolger legitimiert (Kl.P.W.: 3,75), d.h. als ein Meister des Lehrgedichts. Gallus, von dem nur ein einziger Vers überliefert ist, soll einen Nachahmer des Kallimachos, Euphorion, übersetzt und ein mythographisches Lehrgedicht erotischen

also, auf wen und welche literarische Gattung der Angriff zielt. Und noch ein Detail ist erwähnenswert: die Locken des gefeierten Gallus sind mit einem Kranz geschmückt – aus Blumen und Sellerie[28]. Aber auch das hat nichts genützt. Der mißachtete Gott muß sie allesamt umnachtet haben.

Inhalts verfaßt haben. Zu diesem hat ihm ein griechischer Freigelassener, Parthenios, das Prosamaterial zusammengestellt. Wie Asinius Pollio, der sich bald nach dem Erscheinen der Eklogen aus der Politik zurückzog, scheint der als geltungssüchtig beschriebene Gallus um diese Zeit das Dichten aufgegeben zu haben. Er erhält wechselnde Ämter und Ehrenstellen außerhalb Roms und endet schließlich, vor einem öffentlichen Prozeß, durch Selbstmord.

28 v. 67.68:

ut Linus haec illi divino carmine pastor
floribus atque apio crinis ornatus amaro

Wie dann jenem göttlichen Sänger Linus der Hirt mit
Blumen die Locken geschmückt, dazu mit bitterem Eppich,

Das Motiv erscheint auch in anderen Eklogen; so im parodierten Sibyllenlied der IV. (v. 19,20):

errantis hederas passim cum baccare tellus
mixtaque ridenti colocasia fundet acantho.

Wildnis von schwärmendem Efeu und Baldrian treibt dir die Erde
Und zum Lachen gemischt auch Lotus neben Akanthus.

In der X. Ekloge erscheint Silvanus in ähnlichem Schmuck:

Ähnlich in der X. Ekloge, v. 24,25:

Auch unser plumper Silvanus, bekränzt mit blühenden Binsen
Und den edelsten Lilien, kommt und schüttelt das Haupt stumm.

Das Zeichen ist zweideutig; es kann, wie beim wein- und efeuumwundenen Thyrsusstab des Bacchus, den versöhnten Gegensatz meinen, aber auch den unfreiwilligen Widerspruch, der das Unkünstlerische bezeichnet. Ebenso zweideutig ist auch eine Lesart in Hölderlins Gesang *Mnemosyne*. Dort heißt es entweder wie bisher:

Eichbäume wehn dann neben
Den Firnen.

oder:

Eichbäume wehn dann neben
Den Birnen.

10

Die Lycoris der letzten Ekloge ist die jahrelange und längst verstoßene Mätresse des Antonius, gegen den Gallus – hier als Verfasser von vier Büchern mit Liebeselegien persifliert – an der Seite Octavians ins Feld zog. Wenn, wie Servius berichtet, Vergil einige Gallische Verse zitierte, dann in dieser Parodie[29]. Die als unfreiwillig hingestellte Komik, das Widersprüchliche, Zusammengestückte ist deutlich genug und muß nicht wiederholt werden. Zu wiederholen ein letztes Mal die sentimentalen und verstandlosen Ergüsse von Oberlehrern und Professoren[30]: *ite capellae!*

---

29 In v. 59,60 beispielsweise verbindet sich asianischer und attizistischer Stil, das Willkürliche der Bilder und Gedanken, die *Phantasiai* (vgl. G. R. Hocke, *Manierismus in der Literatur*, 1959, 19) und die Sophismen, die Falschheit an sich zur Struktur:

libet Partho torquere Cydonia cornu
spicula

zum Vergnügen schnell ich den persischen Pfeil vom
Kretischen Bogen

30 J.u.M.Götte, ebd. 527f: *Als Abgesang aber folgt eine von inniger Liebe geformte Widmung an Gallus und über den letzten drei Versen verbreitet sich des nahenden Dunkels dämmernder Schatten, schädlich den Sängern; der Abendstern blinkt auf und heimwärts ziehen die Ziegen. So fühlen wir uns wieder hingeführt in die Welt des Tityrus und Meliboeus, über deren Wechselgespräch der Abend hereindunkelte. Schatten, behaglicher Waldesschatten am Anfang, dämmerig-schauernder Schatten am Ende, durchweht von jener Melancholie, die aus der vergänglichen Schönheit dieser Erde immer wieder sich erhebt. Es mag wohl sein, daß Vergil mit diesen letzten Versen die Gefahr gemeint hat, die dem Sänger bedrohlich naht, wenn er allzu lange in diesem Reiche des Schattens verweilt, aus dem Träume und Sehnsüchte aufsteigen, die das Herz mit lähmender Trauer und Schwermut untergehen lassen, die allenfalls dazu führen, Arkadien zu entdecken, jenes Reich zwischen Wirklichkeit und Wunschtraum, wo die Grenzen zwischen Mythos und Alltagswelt verdämmernd ineinanderfließen, wo Gallus, der von Amor überwältigte Dichter, sich ausmalt, wie süß der Arkader Flötenlied über seinen Grabhügel dahinweht, Liebesfreud und Liebesleiden tönend.*

„Surgamus!" ruft der Dichter darum mahnend: „Stehen wir auf!" Und in der Tat verläßt Vergil nun für immer das Reich dieser allzu weichen, allzu sehnenden Klage. Aber die großen Gedanken und Erlebnisse, die Ursehnsucht nach der aetas aurea, der goldenen Zeit des Menschheitsfriedens, das Urgefühl von der Gewalt des Amor, die Ehrfurcht vor dem Wirken der webenden Kräfte des Alls und vor der einmal in einer bedeutenden Begegnung erkannten Größe und Sendung jenes Jünglings, der bestimmt war, seiner Zeit Frieden und Ordnung zu bringen, des späteren Augustus, diese Gedanken und Erlebnisse nimmt der Dichter in seine Georgica mit, und sie leben noch tief im Dichter der Aeneis.

surgamus: solet esse gravis cantantibus umbra,
iuniperi gravis umbra; nocent et frugibus umbrae.
ite domum saturae, venit Hesperus, ite capellae.

Brechen wir ab! so gewiß der Schatten den Singenden schadet,
Wacholderschatten am meisten, schaden auch Früchten die Schatten.
Fort nach Hause ihr Satten, Hesperus kommt, fort ihr Ziegen.

I. Ekloge

M. Tityrus, gut ruhst du hier im Schatten der mächtigen Buche,
Liegst und ersinnst dem Gebüsch ein Liedchen auf zärtlicher Flöte.
Wir aber müssen hinaus, die süße Heimat verlassen,
Aus dem Vaterland fliehen; doch du liegst sorglos im Schatten,
Liegts und lehrst die Wälder, wie schön Amaryllis sei, hallen.

T. O Meliboeus, ein Gott hat uns solche Muße gegeben.
Wahrlich, er ist mir seither ein Gott und seinen Altar soll
Oft noch netzen ein zartes Lämmlein aus unseren Hürden.
Daß meine Rinder umherziehn, du siehst es, ich selber nun spiele,
Was mir gefällt auf dem Halme der Hirten, kommt alles von ihm her.

M. Nein, wirklich, ich neid's nicht, ich staune des Wunders. Die Gegend
Ringsumher ist verstört. Mich selber sieh an! meine Ziegen
Treib ich unwillig hinweg; die hier, schau, muß ich gar ziehen.
Dort zurück unterm Hasel ließ sie die Hoffnung der Herden –
Zwillinge eben geworfen – ach, auf felsigem Boden.
Oft genug sagten's voraus, wär unser Geist nicht zu linkisch,
Jetzt erst merk ich den Sinn, vom Himmel geschlagene Eichen.
Gäb's doch 'nen Gott auch, Tityrus, der unsereinen beschenkte.

T. In jener Stadt, die man Rom nennt, dort Meliboeus; ich meinte
Töricht, sie sei der unsrigen ähnlich, in welche wir Hirten
Öfters hinuntertreiben, was die Herden uns bringen.
So wie Hunde und Hündlein, wie Muttertiere und Böcklein
Ähnlich einander sind, erdacht ich mir Großes aus Kleinem.
Aber in Wahrheit erhebt sie ihr Haupt über andere Städte,
Wie über niedriges Geisblatt hoch die Zypresse hinaufragt.

M. Sage mir nur, weswegen gingst du, dir Rom anzusehen?

T. Freiheit, zwar spät genug, sah sich noch um nach dem Trägen,
Erst als schon silbrig der Bart mir beim Scheren herabfiel,
Sah sie mich an und ist noch schließlich zu mir gekommen,
Seit Amaryllis ich liebe und mich verließ Galatea.
Denn ich gesteh es, solange noch Galatea mich festhielt,
Freiheit war da ein Traum, fruchtlos mein Trachten nach Reichtum.
Schlachten konnt' ich soviel ich wollte aus meinen Gehegen,
Allerfettesten Käse pressen den geizigen Städtern,
Schweres Geld in der Rechten kam ich nicht einmal nach Hause.

M. Merkwürdig, für Amaryllis riefst du traurig die Götter,
Während, für wen wohl, die Äpfel hängen blieben im Baume:
Du warst es, der nicht da war, Tityrus! selber die Fichten,
Selbst die Quellen riefen nach dir, sogar dieser Garten.

T. Blieb mir was andres übrig? Herr ward ich so nur der Knechtschaft.
Nirgendwoanders kannst du himmlisches Wirken erkennen.
Dort habe ich ihn gesehn, Meliboeus, den Jüngling; von nun an
Dampft nur noch ihm mein Altar, im Jahre zweimal sechs Tage.
Dort erhielt ich von ihm, auf unsre Bitten, die Antwort:
„Weidet wie vorher, Kerle, Rinder und züchtet Stiere."

M. Glücklicher Greis! also so behieltest du deine Fluren;
Mehr hast du nun als genug. Zwar steinig mögen sie sein und
Sauer die Weiden und schlammig, von harten Binsen durchzogen.
Überreichliches Futter schadet hier nicht deinen Kälbern,
So ohne Nachbarn verderben dein Vieh nicht unheilbare Seuchen.
O glückseliger Alter! hier an vertrautesten Flüssen
Oder bei heiligen Quellen findest du schattige Kühle.
Hier, wie schon immer, laden, nah bei der Hecke des Gartens,
Bienen, hyblaeische, saugend an blühenden Weiden,
Oft noch mit Summen dich ein, in ruhigen Schlummer zu sinken.
Hell klingt hier unterm Felsen ans Ohr des Feldschwirls Gezwitscher,
Ununterbrochen, du liebst es, das rauhe Gurren der Tauben,
Fern von der Ulme durch Lüfte das Seufzen der Turteltauben.

T. Eher weiden darum geflügelt im Aether die Hirsche
Und in den Meeresbuchten steigen die Fische ans Ufer,
Eher schweifen die Völker heimatlos über die Grenzen,
Trinken am Arar die Parther und die Germanen am Tigris,
Ehe in unserm Herzen verblassen sollte sein Antlitz.

M. Wir jedoch müssen fort, in afrikanische Dürren,
Andre zu Skythen und bis zum kreidereißenden Oxus,
Andre wieder zur andren Grenze der Welt, zu Britannen.
Ob ich, nach langer Zeit, wohl wiedersehe die Heimat,
Sehe das moosbewachsene Dach der ärmlichen Hütte,
Wundre mich, was für Ähren, dem Fremden jetzt trägt mein Boden?
Achtlos wird doch der Krieger halten die krumigen Äcker,
Für Barbaren die Saaten! Wie hat die Zwietracht der Bürger
Uns ins Elend gestürzt! Die Felder bestellten wir denen!
Propfe noch Birnen, pflanze in Reihen noch Wein, Meliboeus!
Geht nur weiter, einst glückliche Herde, geht meine Ziegen!
Nimmer von nun an seh' ich aus grüner Grotte euch treten,
An den Büschen hängen, dahinten, nah bei den Klippen,
Singe auch keine Lieder und achte nicht mehr auf euch Ziegen,
Weidet den blühenden Klee nur ab oder bittere Weiden.

T. Wenigstens diese Nacht noch bleib und ruhe bei mir auf
Grünem Laub dich aus; wir haben schon reife Äpfel,
Zarte Kastanien auch und frischen Käse die Fülle.
Hoch schon steigt in der Ferne der Rauch auf über den Höfen
Und vom hohen Gebirge fallen tiefer die Schatten.

IV. Ekloge

Jetzt sizilische Musen, laßt uns Größeres singen!
Denn nicht alle erfreun Gestrüpp und niedere Sträucher;
Singen wir Wälder, mögen die Wälder des Konsuls auch wert sein.

Längst verkündet naht sich die letzte Zeit der Sibylle;
Groß aus Reinem entstanden ist der Zeitalter Ordnung.
Mit der Jungfrau kehrt nun saturnische Herrschaft wieder,
Freundliche Geister steigen herab aus Höhen des Himmels.
Du nur sei hold dem Knaben, mit welchem die eiserne endet
Und eine goldene Menschheit aufgeht rings auf der Erde,
Bei der Geburt, Lucina! der Deine herrscht schon, Apollo.

Dir zur Zierde, o Konsul, erscheint das ewige Heil jetzt,
Pollio, kommen und gehn im Wechsel gewaltige Monde.
Während du führst, verschwinden die Spuren unseres Frevels,
Vom überlieferten Schrecken lösen sich endlich die Länder.
Der wird unsterblich sein und sehn, zu Göttern erhoben,
Gottgleiche Helden, und selber wird er jenen erscheinen,
Und den befriedeten Erdkreis regieren im Namen des Vaters.

Aber als erstes, Knabe, keins der geringsten Geschenke,
Wildnis von schwärmendem Efeu und Baldrian treibt dir die Erde
Und zum Lachen gemischt auch Lotus neben Akanthus.
Milch in strotzenden Eutern bringen nach Hause die Ziegen
Ganz von allein und die Rinder fürchten sich nicht vor den Löwen.
Aber dich selbst in der Wiege umblühen schmeichelnde Blumen,
Schlangen sterben, auch die täuschenden, giftigen Kräuter
Welken; stattdessen gedeiht überall assyrischer Balsam.

Doch sobald du lesen gelernt die Heldengesänge,
Auch die Geschichte der Väter und kannst das Gute erkennen,

Dann im wogenden Feld verfärben sich langsam die Ähren,
Ohne Pflege gereift, in Dornen hängen die Trauben
Und aus alternden Eichen quillt der tropfende Honig.
Aber vom Irrsal sind übrig immer noch einige Spuren,
Locken die Schiffe ins Meer, umringen mit Mauern die Städte,
Treiben die Menschen tief ins Eingeweide der Erde.
Wieder steuert ein Tiphys und eine andere Argo
Trägt erlesene Helden; aufs neue erheben sich Kriege
Und gegen Troja gesandt wird wieder ein großer Achilles.

Aber sobald dich die Zeit zum schweren Manne gemacht hat,
Läßt von selber das Meer der Schiffer und unter dem Mastbaum
Tauscht er die Waren nicht mehr, denn alles trägt allen die Erde.
Länger nicht leidet der Boden den Karst, der Weinstock die Sichel,
Und vom Joch die Stiere löst jetzt der kräftige Pflüger.
Keiner lernt mehr, die Wolle mit trügenden Farben zu färben,
Sondern von selbst auf den Wiesen zu dunkelleuchtendem Purpur
Oder zu goldgelbem Safran wechseln den Widdern die Vliese,
Gerne kleiden in Scharlach sich jetzt die grasenden Lämmer.

Solche Zeiten durcheilt! befahlen die Parzen den Spindeln,
Einigen Sinns mit dem Willen des unauflöslichen Schicksals.
Nimm sie an, o die großen – die Zeit ist da – alle Ehren,
Teurer Sproß der Götter, Sohn des mächtigsten Gottes!
Siehe, schon schwankt die gewölbte, die ruhige Erde bewegt sich,
Länder, gedehnte und Meere, und auch die Tiefe des Himmels,
Höre, vereinigt alle, zu einem Jubel der Zukunft.
Bliebe mir Zeit bis an des Lebens äußersten Rand und
Geist, soviel als genug, von all diesen Dingen zu sagen,
Weder besiegte mich dann im Gesang der thrakische Orpheus,
Noch auch Linus, mag denen die Mutter, der Vater gar helfen,
Orpheus Calliopeia und Linus der schöne Apollo.
Pan auch, wenn er Arkadien sich zum Richter bestellte,
Pan, wenn Arkadien urteilt, gäbe zuletzt sich bezwungen.

Du aber Kleiner, erwache, erkenne lächelnd die Mutter,
Deinethalben ertrug sie zehn lange Monde Beschwerden.
Jetzt, kleiner Knabe, beginne! denn wem nicht lächeln die Eltern,
Den würdigt kein Gott des Mahls und keine Göttin des Lagers.

VI. Ekloge

Mit syrakusischen Versen zu spielen, gefiel ihr zuerst und
Bei uns zu wohnen in Wäldern, schämte Thalia sich niemals.
Singen wollte ich Kämpfe und Könige, aber Apollo
Zog mich am Ohr und mahnte: „Dem Hirten, Tityrus gebühren
Fettgeweidete Schafe und einwärtsgebogene Lieder."
Darum (denn um dich hast du genug schon, deine Verdienste,
Varus, zu feiern begierig und traurige Kriege zu schildern)
Will ich dir, ländliche Muse, ein stilleres Lied ersinnen;
Unaufgefordert nicht. Ein jeglicher wird ihn erkennen,
Wenn er mit Liebe liest, den deinen, Weitausgeschweifter,
Sträucher und Wälder, sie alle singen von dir nur; auch Phoebus
Schätzt nichts mehr als die Seiten, die, Varus, dein Name verziert hat.

Weiter Pieriden! Chromis, geschminkt, und Mnasyllos, der Schwätzer,
Sahen in einer Grotte Silen vom Schlaf überwältigt
Liegen, geschwollen die Adern vom gestrigen Rausch, wie gewöhnlich.
Neben ihm lagen die Kränze, vom Haupt ihm alle geglitten,
Griffbereit in der Hand am abgeriebenen Henkel
Hing noch die schwere Kanne. Die Hoffnung der beiden auf Lieder
Täuschte der Alte schon öfters. Sie fassen ihn vorsichtig an und
Fesseln ihn mit den Ranken, doch kommt den feigen Genossen
Aegle zur Hilfe, die schlüpfrige Schöne. Er merkt es erwachend,
Wie sie ihm blutrot die Stirn und Schläfen mit Maulbeeren anmalt.
Aber er lacht nur darüber: „Fesseln von Weinlaub, was soll das?
Weg damit, Burschen! genug schon, was ihr zu sehen bekommen.
Die ihr wolltet, die Lieder, hört sie euch an. Euch die Lieder,
Der da wird anderes Lehrgeld." Und unverzüglich beginnt er.
Wahrlich, du hättest gesehen im Takt mit Faunen die Tiere
Tanzen, gewaltige Eichen so ihre Wipfel bewegen.
So über Phoebus freute sich nicht der parnassische Felsen,
So über Orpheus verwundern sich Rhodope nicht und Ismarus.

Nämlich er sang, wie gezwungen ungeheuer aus Leere
Aller Samen geworden, der Erde, der Luft und des Meeres,
Lautere Flammen zugleich; danach, wie aus Erstentstandnem
Alles sich bildete, auch des Weltalls zartes Gewölbe;
Dann, wie sich langsam der Boden verfestigt, als er von Nereus
Fluten sich trennte, wie allmählich die Dinge sich formten;
Dann, wie die neuen Länder bestaunten den Aufgang der Sonne,
Wie aus gestiegenem Nebel herniederstürzte der Regen;
Wie die Wälder zu wachsen begannen und wie die Geschöpfe
Noch vereinzelt durchirrten die unbekannten Gebirge.
Nun von Geworfnen, Steinen der Pyrrha, dem Reich des Saturnus,
Zum kaukasischen Vogel kommt er vom Trug des Prometheus.
Daran knüpft er das Rufen der Schiffer nach Hylas, der bei der
Quelle geblieben, wie es den Strand entlang „Hylas, Hylas!“ erschallte.
Singt dann die Hochbeglückte, wenn's nur nicht Kühe gäbe,
Pasiphae, deren Buhlen, die schneeweise Färse jetzt tröstet.
Ach unseliges Mädchen, welcher Wahnsinn ergriff dich!
Falsches Gemuhe erfüllte, der Proteustöchter, die Fluren,
Doch dem Bullen war keine in schändlicher Liebe verfallen,
Wenn auch schon manche den Hals gebogen furchtsam zum Pflug hin,
Oder an glatten Gestalten vorn die Hörner vermißte.
Ach! unglückliches Mädchen, jetzt irrst du in Bergen umher und
In Hyazinthen ruht an die weiße Flanke gelehnt der,
Wiederkäuend das grüne Gras im Schatten der Eiche,
Oder er folgt einer andern, die Herde ist groß. „O ihr Nymphen,
Schließt, dictaeische Nymphen, verschließt die Wälder und Schluchten,
Ob nicht von ungefähr irgendwo auf dem Weg unser Blick die
Irrende Spur entdecke des Kälbleins. Aber vielleicht sucht
Jenes nun auch nach grünendem Gras und folgt einer Herde,
Findet mit anderen Kühen zurück in Gortynias Ställe.
Singt das hesperische Mädchen, das wunderbare, die Äpfel,
Dann, was Phaetons Schwestern, umhüllt von Moos und von Rinde,
Tränenbitterer, aufhob als schlanke Erlen vom Boden.
Endlich sang er, wie Gallus, den am Permessus Verirrten,
Eine der Musen entführte, hinan zu Aoniens Bergen,

Wie an dem Manne sich dann aufrichtet des Phöbus Gefolge,
Wie dann jenem göttlichen Sänger Linus der Hirt mit
Blumen die Locken geschmückt, dazu mit bitterem Eppich,
Also gesagt: „Dieses Pfeifchen schenken dir (nimm's nur) die Musen,
Eigentum einst des ascraeischen Alten, wenn der darauf blies, dann
Folgten ihm von den Bergen noch die härtesten Eschen.
Der gryneischen Wälder Ursprung erklärt es dir sicher,
Und, daß kein anderer Hain sei, des mehr Apollo sich brüste."

Sag ich noch, was wir schon wissen, wie er die Scylla besungen,
Nisus Tochter, von geifernden Monstren umgürtet die weißen
Hüften und daß sie Dulichias Schiffe verschlang in der Tiefe,
Ach! die furchtsamen Schiffer zerrissen von Hunden des Meeres.
Oder noch, wie von Tereus verwandelten Gliedern er sprach und
Was für ein Festmahl bereitet und welches Geschenk Philomele,
Wie, bevor in die Einsamkeit sie entfloh, doch noch einmal
Unglücklich über das Dach hinwegfliegt mit flatternden Flügeln?
Alles was Phoebos jemals an schönen Dingen ersonnen,
Und dem Eurotas zu hören, den Lorbeern zu lernen befohlen,
All dieses sang er, zu Sternen hallten das Dröhnen die Täler.
Bis endlich, heim in die Ställe zu treiben all unsre Schafe,
Mahnte als er hervortrat, Versper, dem Licht unwillkommen.

X. Ekloge

Laß mich jetzt, Arethusa, die letzte Arbeit vollbringen:
Wenig zwar für meinen Gallus, doch so immerhin, daß Lycoris,
Läse sie's, davon sagte: Weigert wer Lieder dem Gallus?
Dafür soll sich dir nicht, fliehst du nach Sizilien hin, die
Dorisch bittere Flut mit deiner Welle vermischen.
Komm! wir singen das herzzerreißende Lieben des Gallus,
Während das zarte Gezweig plattnasige Ziegen benagen.
Singen es nicht für Taube, die Wälder hallen's ja wieder.

Wo im Gebüsch, in welcher Wiese lagt ihr denn, Mädchen,
Als vor getäuschter Liebe Gallus beinah vergangen?
Hält euch doch sonst nichts zurück, weder das Joch des Parnaß noch der Pindus,
Und erst recht nicht der ausgetrocknete Bach Aganippe.
Nicht nur der Lorbeer allein, sogar das Gestrüpp hat geweint und
Fichtenumrauscht der Maenalus gleichfalls, als er so einsam
Hingestreckt lag unter Felsen, selbst Lycaeus, eisstarrend.
Schafe stehen drumrum; wir schämen uns ihrer kein bischen,
Schäme dich also auch du nicht der Herde, göttlicher Dichter!
Hat doch auch Schafe gehütet am Fluß der schöne Adonis.
Jetzt kommt ein Schäfer her, die Sauhirten nähern sich träge,
Aus seiner Hütte und voll vom Fusel kommt auch Menalcas.
Alle fragen: „Verliebt, derentwegen?" Apoll kommt:
„Bist du wahnsinnig, Gallus", sagt er, „die feine Lycoris
Zog mit anderen los, durch Schnee und schaurige Lager."
Auch unser plumper Silvanus, bekränzt mit blühenden Binsen
Und den edelsten Lilien, kommt und schüttelt das Haupt stumm.
Pan kommt, Arkadiens Gott, wir haben ihn selber gesehen,
Puterrot wie Korall der Beeren des wilden Holunder.
„Hört denn das niemals auf?" sagt er. „Amor, den kümmert das nicht,
Wie nach Wasser die Wiesen, nach Nektar die Bienen und Laub die

Ziegen, lechzt unersättlich nach Tränen der grausame Amor."
Traurig antwortet jener: „So singt denn wenigstens ihr, auf
Euren Bergen, Arkadier, unübertroffen im Singen.
O wieviel sanfter ruhten, Arkadier, meine Gebeine,
Wenn dermaleinst noch beklagten eure Pfeifen mein Leiden.
Wär ich doch einer von euch, der eurigen einer gewesen,
Hirte der Herden vielleicht, Winzer reifender Trauben!
Phyllis gewiß wäre mein, dagegen Amyntas, der würde
Sonstwas deswegen vor Wut (wen kümmert's, ob er verrückt wird?
Auch Violen sind dunkel und ebenso Hyazinthen).
Ruhig bei meiner Liebsten läg ich im Weidengebüsche,
Kränze wände mir Phyllis, doch Amyntas, der sänge.
Kühle Quellen sind hier und sanfte Wiesen, Lycoris,
Wälder gleichfalls; könnte ich deiner hier ewig genießen.
Aber du Harte, dich treibt unsinnige Liebe dem Krieg nach
Und inmitten der Spieße gegen die Feinde zu ziehen.
Du dem Vaterland fern (ach, müßte ich solches nicht glauben)
Alpen und Schnee und Frost siehst du Harte am Rheinstrom,
Ohne mich und allein. Ach, möge der Frost dir nicht schaden!
Ach, daß nicht das scharfe Eis deine weichen Sohlen verwunde!
Aber ich gehe und was ich an chalcidikischen Versen
Dichtete, flöte ich jetzt nach Weise sizilischer Hirten.
Wahr ist's, in den Wäldern, nahe den Höhlen des Wildes,
Leidet sich's noch viel besser. Dort schneide ich meine Klagen
Ein in die jungen Bäume; wachsen die, wächst meine Klage.
Im Gebirge indessen vermisch ich mich wahllos mit Nymphen,
Oder ich jage den Eber, hitzig, Frost soll mich nimmer,
Hindern, durch die parthenischen Wälder mit Hunden zu hetzen.
Dringen seh ich mich schon durch Schluchten und hallende Haine,
Mir zum Vergnügen vom kretischen Bogen die persischen Pfeile
Schnellen – als könnte doch irgendetwas unsere Leiden lindern;
Niemals lernt jener Gott, die Leiden der Menschen zu fühlen.
Weder nach Hamadryaden noch nach Liebesgesängen
Habe ich noch Verlangen; selbst ihr Wälder, verlaßt mich!
Als könnte den etwas verwandeln, keine unserer Mühen,

Nichts, und wenn wir inmitten des Eises den Hebrus austränken,
Oder Sithonias Schnee und Regen winters ertragen,
Nichts, und trieben wir in der Hitze des Krebses die Schafe
Nach Aethiopien hin, wenn an hoher Ulme der Bast dörrt.
Alles besiegt die Liebe: weichen wir also der Liebe."

Göttliche, laßt es genug sein, das eurem Dichter gesungen,
Während er dasaß und flocht ein Körbchen von Moosrosen zierlich,
Musen, laßt eurem Gallus dieses mehr als genug sein,
Gallus, zu dem die Liebe in manchen Stunden mir ausbricht,
Wie im Frühling in neues Grün sich kleidet die Erle.
Brechen wir ab! so gewiß der Schatten den Singenden schadet,
Wacholderschatten am meisten, schaden auch Früchten die Schatten.
Fort nach Hause ihr Satten, Hesperus kommt, fort ihr Ziegen!

117

I

LEU

Vom Abgrund nemlich haben

Wir angefangen und gegangen

Dem Leuen gleich,

Der luget

In dem Brand

Der Wüste

Apriorität I/II

117

Zum Abschied für G.R. [1]

Am Durchlaß, wo jene *enge steinerne Treppe*[2] hinabführt, kann er besichtigt werden. Anders als die hundeähnlichen an Einfahrten und Aufgängen, krallt er sich in den unebenen Boden, als ob ihm den jemand bestritte, den Schweif zwischen den Schenkeln hindurch über den Rücken geworfen und was sich am tiefsten einprägt, die Augen weit aufgerissen, auf die Erde geschleudert und materialisiert von einem unbekannten Meister zu Beginn des siebzehnten Jahrhunderts. Die Inschrift erinnert an das Todesjahr des großen Kabbalisten, der sich hier gegen Ende seines Lebens aufgehalten hat.

Dante stellen sich am Eingang der *Divina commedia* Wollust, Stolz und Neid in Gestalt des Pardels, des Löwen und der Wölfin entgegen[3]. Tizian charakterisiert in dem Londoner Bildnis des dreigesichtigen Tiermenschen die Lebensalter: den Jüngling als Hund, den Mann als Löwen, den Greis als Wolf; eine andere Version des Rätsels, das die Sphinx, kurz vor ihrem Tod, dem vorbeiziehenden Ödipus stellte. Beide Male macht das Löwenemblem die Kardinallaster Hochmut und Zorn sinnfällig. Doch in der zeitgenössischen Alchemie findet sich eine zweite, vermutlich tiefere Bedeutung. Dort bezeichnet ein geflügelter Löwe den fliegenden, ein liegender den festen Sulphur. Auch von roten und grünen Leuen ist die Rede.

Auf diese zweite Bedeutung weist auch eine Tafel des *Viridarium chymicum* von 1624[4]. Kein Zweifel, die Auftraggeber

1 Vgl. *Ehernbürgerliche.*

2 Wilhelm Waiblinger, *Phaëton* (1823; 1920 Repr. 1979), 264.

3 *Inferno, Canto I*, v. 31-60

4 Vgl. *Zwölf chymische Figuren*. In der *XXXVI*. Tafel des *Viridarium chymicum* (der 4. in der 28teiligen Reihe zur *Philosophia reformata* des J.D. Mylius, Frankfurt 1622 [!]) ist der spiegelverkehrt liegende Löwe die einzig sichtbare Signatur eines unsichtbaren Geschehens. Apollo – oder der Tag – erlegt den unterirdischen Drachen in seiner schwefligen Lohe: *Vnser Drach.// Delius mit sein warmen Pfeil Erlegt den rauhen Drachn in eyl: Auff daß er ia das leben sein Im Fe-*

waren mit dem Symbol vertraut und dachten sich, was der Löwe verbirgt. Insgeheim gehörten sie zu jenem inexistenten, gleichwohl in Tübingen gestifteten Orden vom Rosenkreuz, dessen imaginären Meister das Denkmal ehrt.

Durch den gefangenen Dichter, aus einem Zimmer des Klinikums, wenig früher oder später, widerfuhr dem örtlich zur Schau gestellten Dämon seine entzaubernde Deutung –

Der Reuchlinsche Löwe als *Thiergeist* und die Bursa mit dem philosophischen Kainszeichen, den auseinanderlaufenden Treppen zu *Zweifel und aergerniß* an ihrer Front, die Gasse davor als *Wüste*[5].

---

wer hab und brings darein. Wenn jemand möchte fragen frey Wer doch derselbig Drach nur sey? Sih/also spricht der alte fein/Daß dieses sey der Schwefel sein. Wiltu nun wissn/wo Delius Sein Bogen vnd Pfeil nemen muß: Der ruhende Lew (merck mich ebn) Wird dir solchs zuverstehen gebn.

5 Vgl. *Neun editorische Übungen* V/VI, Anm. zu III*B*, v. 3-11.

118

EHERNBÜRGERLICHE

2EHRENBÜRGERLICHE 02290059

Programm Sortext gelaufen am 16. Dez. 76

118

...eine schönere Geselligkeit, als nur die ehernbürgerliche mag reifen!
An Christian Landauer, Februar 1801*

* Vgl. *Das älteste Systemprogramm*, Anm. 20.

An H.

Zeit, diese *ehernbürgerliche* (oder ehrenbürgerliche) Gesellschaft zu verlassen. Hölderlin braucht keine Lobby, keinen eingetragenen Verein, keinen Präsidenten, keinen Vorstand, keinen beratenden Ausschuß und keinen Sekretär, überhaupt keine Mitglieder[1], keine Beiträge, keine Jahresgaben und Tagfeste[2]. Vierzig Jahre sind mehr als genug.

Ich bin frei, endlich frei von dieser Freiwilligkeit.

1 Vgl. *Zwei Siegel* I, Anm. 4.
2 Jes. I, 14

119-121

III

PROSPEKTTEXTE

Werber!

Apriorität, v. 1

119

Der gewaltige Zusammenhang seiner Gedanken zerriß; er lebte in heiligem unschuldvollem Wahnsinn, behütet vor Frevel, ungemartert durch Gemeinheit, sein Leben aus. Oft ist das Unheil ein Glück. Hölderlin wird aufsteigen am literarischen Himmel Deutschlands, wenn Deutschland Dichter von seiner Großartigkeit der Begriffe und Einfachheit des Ausdrucks vertragen kann.

Werbetext 1

Karoline von Woltmann hatte recht[1]. Die Deutschen, die ihn hinaustrieben, über die er außer sich geriet, scheinen ihn jetzt zu brauchen. Ob sie das Irritierende seiner Rede (die das *Neueintretende*[2] einer Gewohnheit gewordenen, erniedrigten Sprache anvertraut), ob sie die Wahrheit über sich selbst schon jetzt ertragen können, ist zweifelhaft. Die Unschuld, einfach das zu sein was sie sind, haben sie längst und unwiderruflich verloren und endlich einmal nachzufragen, was sie jetzt sind oder sein könnten, immer noch nicht gelernt. Dieses Werk enthält die Antwort. Doch statt zu lesen, flüchtet sich ihr Bedürfnis nach befreiender Erkenntnis, wie überall, ins Äußerliche und fragt nach den Umständen eines Leidens, das längst ihr eigenes ist. Wahrsinnig oder wahnsinnig, gleichviel. Er war es und hatte allen Grund dazu.

Die das leugnen, die ihn schließlich doch mit aller List der Vernunft auf ihre Seite ziehen wollen, diskreditieren das Scheitern als äußerste Möglichkeit der Unterscheidung vom Erfolg der lebendig Toten. Sie scheinen noch nicht bemerkt zu haben, daß ihr Verstand gemeingefährlich wurde, daß er sich überall, auch wo es nicht so scheint, zugrunde richtet und daß er vergeblich brütet, der selbstgelegten Schlinge zu entgehen.

Das Verhältnis kehrt sich gerade um. Umnachtet sind alle, die jetzt noch ihrer Klugheit trauen und alles andere verwer-

1 Am 30. August 1843 an Alexander Jung (zit. n. STA 7.3, 462).

2 *Das untergehende Vaterland...*, HKA 14, S. 174:20-32: *Dieser Untergang oder Übergang des Vaterlandes (in diesem Sinne) fühlt sich in den Gliedern der bestehenden Welt so, daß in eben dem dem Momente und Grade, worinn sich das Bestehende auflöst, auch das Neueintretende, Jugendliche, Mögliche fühlt.* (...) *diß gradweise genommen heißt so viel, als daß dasjenige, welches zur Negation gehet, und insofern es aus der Wirklichkeit gehet und noch nicht ein Mögliches ist, nicht wirken könne.// Aber das Mögliche, welches in die Wirklichkeit tritt, indem die Wirklichkeit sich auflöst, diß wirkt...*

fen, der Gesang dagegen und alles was dunkel schien, klärt sich auf; ein Denken, das der *Sonne traut* und das *Rauschen liebt*[3]. Wenn von irgendwoher noch Rettung möglich ist, dann von dort: aus der auf einmal notwendigen, unverrückt ins Auge gefaßten *Revolution der Gesinnungen und Vorstellungsarten, die alles bisherige schaamroth machen wird*[4]. Die findet nun einmal nicht im Gleichschritt statt.

---

3 Ergänzungen zum Entwurf *Heimath*, Homburger Folioheft 57 (vgl. *Neun editorische Übungen* III):

denn es haben
Wenn einer der Sonne nicht traut
und von der Vaterlandserde
Das Rauschen nicht liebt
Unheimisch diesen die Todesgötter

4 Brief vom 10. Januar 1797 an Ebel; vgl. *Zwei Siegel (II) Anm. 1.*

Werbetext 2

Er hat es gewußt. Bei seiner Redaktion des Gedichts *An die klugen Rathgeber* hat Schiller jenen anstößigen Gedanken getilgt: *Er strahlt heran, er schrökt, wie Meteore*[1]. Den Studenten, die ihn im Turm besuchen, wird diese Identität verschwiegen, nicht jedoch den Blättern, die gegen alle Wahrscheinlichkeit erhalten blieben: *Möcht' ich ein Komet seyn? Ich glaube*[2]. Das bedeutet mehr als nur den verspäteten Ruhm, den ihm Karoline Woltmann prophezeite.

Das Neue kommt wie ein verfrühter Frühling, auf den der Frost folgt. Aber endlich doch, allmählich, unaufhaltsam an allen Enden – *tausendfach*. Der Name des Parakleten ist das *Loosungszeichen*[3] eines anderen Bewußtseins. Als dessen Vor-

---

1 Vgl. *Irrhaus.*
2 Vgl. *Komet.*
3 *Patmos*, v. 173-196:
Im Zorne sichtbar sah' ich einmal
Des Himmels Herrn, nicht daß ich seyn sollt etwas, sondern
Zu lernen. Gütig sind sie, ihr Verhaßtestes aber ist,
So lange sie herrschen, das Falsche, und es gilt
Dann Menschliches unter Menschen nicht mehr.
Denn sie nicht walten, es waltet aber
Unsterblicher Schiksaal und es wandelt ihr Werk
Von selbst, und eilend geht es zu Ende.
Wenn nemlich höher gehet himmlicher
Triumphgang, wird genennet, der Sonne gleich
Von Starken der frohlokende Sohn des Höchsten,

Ein Loosungszeichen, und hier ist der Stab
Des Gesanges, niederwinkend,
Denn nichts ist gemein. Die Todten weket
Er auf, die noch gefangen nicht
Vom Rohen sind. Es warten aber
Der scheuen Augen viele
Zu schauen das Licht. Nicht wollen
Am scharfen Strale sie blühn,
Wiewohl den Muth der goldene Zaum hält.
Wenn aber, als
Von schwellenden Augenbraunen

bote schwingt der Dichter den doppelt umwundenen Stab.

Wer solche Gedanken als nicht mehr denkbar verwirft, wird wenig von Hölderlin verstehen, denn Verständnis ist zugleich Bewunderung der Welt, so wie sie da ist, und Befremden über die Moden und Zwänge, in denen sie sich so verstört und hoffnungslos darstellt. Das aber setzt den Auszug aus dem voraus, was sich selbst als einzig denkbare Realität gesetzt hat.

Gesänge bilden keine Partei und sie s i n d a u c h n i c h t s für den *Anhang*[3]. Er hat sich nicht umsonst geweigert, das einmal Erkannte zu predigen oder traktatweise mitzuteilen. Nicht die Erkenntnis, das Erkennen ist zu lehren. Darum deutet er nur an, winkt und gibt Zeichen. Sauls Sohn Jonathan führte den Honig, der auf dem Boden floß, mit einem Stab zum Mund; ebenso das Volk: *Da wurden ihre Augen wacker*[4]. Die theoretischen Aufklärungen helfen nur zum Schein. In Wahrheit gehören auch sie zu jener intellektuellen Ausbeutung, die sich, statt der ohnmächtigen Körper, der unmündigen Geister bemächtigt und sie freiwillig nie mehr losläßt.

Der Welt vergessen
Stillleuchtende Kraft aus heiliger Schrift fällt, mögen
Der Gnade sich freuend, sie
Am stillen Blike sich üben.

3 Vgl. *Dichter*, Anm. 1.

4 1. Sam. XIV, 27 ff.; vgl. *Das Nächste Beste*, v. 30 (*Der Rosse Leib*)

Werbetext III

[ZENSIERT][1]

1 Leider enthält auch der unter der Überschrift *Hölderlin lesen* abgedruckte Text die gleiche vollständige Verwischung von Genese und editorischer Methode beider Ausgaben (vgl. *Fünf Marginalien*... V). So wird berichtet, das empfundene Ungenügen an den vorhandenen Ausgaben habe zum Plan einer Neuedition geführt, die ***bestmöglichen, von sekundärer Vermittlung und Auswahl unabhängigen Verständnisbedingungen selbst herzustellen.*** Obwohl sich diese Aussage inhaltlich nur auf die Entstehungsgeschichte der Frankfurter Hölderlin-Ausgabe beziehen kann, wird mangels entsprechender Klarstellung – beim Leser der Eindruck erweckt, mit der KTA kaufe er eine Ausgabe, die diesem ursprünglichen Editionsplan entspreche. (...) In der Anlage überreichen wir (...) Anderenfalls sehen wir uns (...) unverzüglich eine gerichtliche (...) unter Androhung von Strafe verboten (...) beanstandeten Texte weiter zu verbr(...)

122

DICHTER

denn es hasset die Rede, wer

Das Lebenslicht, das herzernährende sparet.

336/4:13,15 (s.S.263)

122

Was bleibet aber, stiften die Dichter.

Andenken, v. 59

Dichter sind Opposition; sie ergänzen, was der Zeit fehlt. Das heißt, sie sind nicht synchron; vielmehr rufen sie das Verdrängte herauf und kommen dem Kommenden zuvor. Darum müssen sie, öffentlich oder geheim, den Angepassten verhaßt sein, alljenen, die der Macht oder der Gegenmacht, der Mode oder der Gegenmode nachreden. So verstanden ist Hölderlin Dichter der Gegenweltlichkeit, der absoluten Differenz – zu dem, was alle beherrscht, auf das wir eingeschworen oder willfährig sind – von keinem ohne Erröten zu lesen. Erst als die radikalste Alternative zu den allgemein oder einzeln rechtfertigten Zuständen entgeht der poetische Daseinsentwurf dem domestizierenden Zugriff, dem er von allen Seiten ausgesetzt ist. Er kann nicht eins sein mit einer Zweckhaftigkeit, die durch ihn hindurch nach anderem greift, ebensowenig genügt ihm ein dranghaftes Bedürfnis, daß sich im Leiden der Einseitigkeit ins jeweils andere flüchtet. Ihm entspricht nur, wer sich losreißt, auf wen die Rede vom *Anhang*[1] unmöglich mehr zutrifft. Erst dem Willen, der sich der pragmatischen Doktrin wissenschaftlicher, politischer und am schwierigsten, persönlicher Akkumulation entwindet, wird die Berührung des absolut Verschiedenen, eines im geschärftesten Sinn heiligen Worts nicht zur Sünde. Die sich gerettet wähnen, sind es am wenigsten. Und wer Rettung sucht, muß sich der Gefahr bewußt sein, daß er sie ausschlägt, sobald er sie ergriffen hat. Ohne das Bewußtsein jener Gefährdung, mündet alles im Schrecken. Daß der Entwurf erst dieses Äußerste und Letzte abwarten muß, um gegen alle Vernunft, in der Katastrophe der alten Welt wirklich zu werden, darf nicht einfach einleuchten. Für sich scheint Menschlichkeit nicht zuviel, dem öffentlichen Kalkül schon zuviel verlangt. Eine Entscheidung ist un-

1 *Das Nächste Beste*, v. 57,58 (*Der Rosse Leib*):

Gut ist, das gesezt ist. Aber Eines

Das ficht uns an. Anhang, der bringt uns fast um heiligen Geist.*

[*vgl. *Vaterland*]

umgänglich, gegen alle Gewohnheit. Der Gesang bleibt, das Menschliche. Alles andere verschwindet. In diesem scharfen Sinn hat Hölderlin sein Werk den Nachlebenden hinterlassen. Nicht den Mürrischverzagten, den Gewalttätigen, den Frechen, den Schlauen und den Schwindlern.

123

DIOTIMA

mit mir ist das ganz anders

An Hölderlin, Februar 1799

123

Diotima.

Du schweigst und duldest, denn sie verstehn dich nicht,
Du edles Leben! siehest zur Erd' und schweigst
Am schönen Tag, denn ach! umsonst nur
Suchst du die deinen im Sonnenlichte,

Die Freigebornen, die des Alpheus sich
Noch jezt, und jenes Lands und Olympias
Und des Gesanges sich und ihres
Immerumfangenden Himmels freuen,

Des Ursprungs noch in tönender Brust gedenk
Die Dankbarn, ausgegangen von jenen, die
Bis in den Tartarus hinab die Freude
Fühlen, die alten, die Göttermenschen,

Die zärtlichgroßen Seelen, die nimmer sind;
Denn sie beweint, so lange das Trauerjahr
Schon dauert, von den vor'gen Sternen
Täglich gemahnet, das Herz noch immer

Und diese Todtenklage, sie ruht nicht aus.
Die Zeit doch heilt. Die Himmlischen sind jezt stark,
Sind schnell. Tönt denn nicht schon, zu freuen
Leben das freudige Recht hernieder?

Sieh! eh noch unser Hügel, o Liebe, sinkt,
Geschiehts, und ja! noch siehet mein sterblich Lied,
Den Tag, der, Diotima! nächst den
Göttern mit Helden dich nennt, und dir gleicht.

Rekonstruierter Text VI*

---

* Überarbeitung nach Susette Gontards Tod, vmtl. 1803/4; Erstdruck.

Susette Borkenstein-Gontard

Hölderlins Diotima wurde am 9. Februar 1769 in St. Catherinen zu Hamburg auf den Namen Susanna, zu deutsch Lilie, getauft. Ihr Vater, Hinrich Borkenstein, hatte ihre Mutter, die gleichfalls Susanne hieß, als Dreiundsechzigjähriger, am 16. Mai 1768 geheiratet. Erst Buchhalter, dann Komödiendichter[1], erwarb er in Spanien, oder wo immer, ein Vermögen, das ihm erlaubte, sich am Jungfernstieg niederzulassen. Er starb 1777. Susettes Mutter entstammt der in Hamburg angesehenen Hugenotten-Familie Bruguier, mit welcher auch die Frankfurter Gontards verwandt sind[2]. Jakob oder (wie sie ihn rufen wird) ‚Cobus' Gontard lernt die Fünfzehnjährige auf einer nach London führenden Bildungs- und Geschäftsreise kennen. Er ist aus reichem Haus und weltläufig, sonst aber keine sonderlich anziehende Erscheinung: als Knabe hatte er sich im Jähzorn das rechte Auge ausgestochen und schielte seither auf dem linken. Sie heiraten, zwei Jahre später, am 9. Juli 1786. Daß Klopstock zur Hochzeitsgesellschaft gehörte und an Vaterstelle die Braut führte, daß er Mühe hatte, die Weinende zu trösten, ist sicher nicht einfach erdichtet[3]. So kommt sie nach Frankfurt. Zu den Bedingungen gehörte wohl auch, daß sie sich nicht von ihrer Mutter trennen müßte und diese zieht tatsächlich 1791, nachdem auch Susettes jüngste Schwester verheiratet ist, zu ihrem ersten Kind, das inzwischen selbst Mutter von vier Kindern geworden ist; doch sie stirbt schon 1793[4]. Noch im neunzehnten

1 Am erfolgreichsten war *Der Bookesbeutel* von 1742; vgl. Jürgen Isberg, HJb. 1954, 110ff.

2 Jakob Gontards Großmutter väterlicherseits war die Schwester von Susettes Großmutter Johanna Susanna Bruguier, geb. Sarasin.

3 So Carl Jügel, *Das Puppenhaus*, 1857; neuere Ausg. 1921, S. 350ff.; Jügel berichtet zuvor von den freundschaftlichen Beziehungen zwischen Susettes Mutter und dem Dichter.

4 Susette zitiert einen Satz ihres Henry: *aus diesem Zimmer hast Du schon viel verlohren! erst Deine Mutter, und dann auch Deinen Hölder! Du magst es gewiß nicht mehr leiden* (an Hölderlin, 14. 3. 1799).

123

Jahrhundert erzählt man sich von Susette Gontards schwerer Verstörung nach dem ersten Kindbett. Die Ruhe, die von ihr ausging, war keine unwissende. Auch darin ist sie ihm ähnlich gewesen.

Zerleeders Beschreibung

Der junge Berner Bankiersohn Ludwig Zerleeder, ebenfalls auf dem Weg nach England, notiert am 25. Juli 1793 in sein Brieftagebuch, zunächst über die Frankfurter Familien und ihre Gesellschaft: *Daß Mme. Gontard Borckenstein die erste Zierde derselben ausmacht, wirdt Du, mein Hirzel, nach meinen Briefen leicht rathen können; – so wie sie hat mich noch keine Frau interessiert; ihr Bild wird auf immer mir das Ideal Ihres Geschlechts bleiben, – Sanftmuth, Güte, richtiger Verstand, und die über ihre ganze Person verbreitete Grazie bezaubern, aber lassen sich nicht beschreiben. – In Gesellschaft besizt sie in hohem Grade jenen einfachen aber feinen Ton, der die Vereinigung eines gebildeten Geistes und eines ruhigen Herzens anzeigt; – in ihrem häuslichen Cirkel, mitten unter ihren Kindern, an ihrem Clavier ist sie vergnügter als in großen Gesellschaften, denen sie immer auszuweichen sucht; sie hat alsdenn etwas zutrauliches, freundschafftliches, in ihrem Wesen dem auch der gröste Mismuth nicht zu wiederstehen vermögen würde. –*

Là j'aime Sa grace et là Sa majesté.

Ich würde vergebens diese Beschreibung fortsezen, Du würdest Dir doch kein Bild machen können...[1] Dies objektiviert gewissermaßen die fast wörtlich übereinstimmende Beschreibung des Dichters, die unter Prosaischen im Verdacht steht, überschwänglich und übertrieben zu sein.

---

1 Die Gestalt Ludwig Zerleeders ist erst durch die Veröffentlichungen Adolf Becks plastisch geworden; vgl. HJb. 1955/56, S. 110ff.

Melite

Im Herbst 1794 war in Schillers *Neuer Thalia* das *Fragment von Hyperion* erschienen. Ludwig Zerleeder schrieb es in ganzer Länge für Susette Gontard ab und überreichte es ihr zu Beginn seines zweiten, diesmal viermonatigen Aufenthalts in Frankfurt. Daß er in *Melite*, der Traumgestalt des Dichters[1], die wirkliche Diotima erkennt, oder anders – daß es der Text selbst ist, der auf diese Weise nach seiner Wirklichkeit sucht und sie auch findet, ist eines der Mysterien, die Hölderlin und sein Werk umgeben. Denn ohne Zweifel ist es jenes *Hyperion*-Fragment, das ihm bald darauf Eingang in das Gontardsche Haus verschafft[2]. Als er am Jahresende 1795 in Frankfurt eintrifft, ist der Anfang des Romanmanuskripts schon in Cottas Händen. Dieser bittet im Mai 1796 um eine Kürzung des Ganzen, ein Ansinnen, das dem Dichter, nun unter ihren Augen, willkommen sein mußte. Der für druckfertig erklärte Teil entsprach nicht mehr dem *Fragment*, das sie beide zusammenführte. Hölderlin hatte inzwischen den *Schauplaz*, wenigstens der Rahmenhandlung, nach Deutschland verlegt und auch die ursprüngliche Briefform – nach dem Experiment einer metrischen Fassung – aufgegeben. Diese Versuche erscheinen ihm jetzt als *kindisch*[3]. Cotta sollte die umgeschriebene Druckvor-

---

1 *Ach! mir – in diesem schmerzlichen Gefühl meiner Einsamkeit, mit diesem freudeleeren blutenden Herzen – erschien mir Sie; hold und heilig, wie eine Priesterin der Liebe stand sie vor mir; wie aus Licht und Duft gewebt, so geistig und zart; über dem Lächeln voll Ruh und himmlischer Güte thronte mit eines Gottes Majestät ihr großes begeistertes Auge, und, wie Wölkchen ums Morgenlicht, wallten im Frühlingswinde die goldenen Loken um ihre Stirne.* Susette Brugier-Borkenstein hatte braunes Haar, aber das war nur ein äußerer Unterschied.

2 Vgl. *Zwei Siegel* I.

3 In der kurzen Vorrede zum *Hyperion* heißt es dann:
Der Schauplaz, wo sich das Folgende zutrug, ist nicht neu, und ich gestehe, daß ich einmal kindisch genug war, in dieser Rüksicht eine Veränderung mit dem Buche zu versuchen, aber ich überzeugte mich,

lage nach zwei Monaten zurückerhalten. Doch die Ereignisse, und auch die Heldin, wollten es anders.

Flucht nach Kassel

Der plötzlich heranrückende Krieg unterbricht und verhindert die unmittelbare Ausführung[1]. In einem Ende Juni begonnenen, am 10. Juli eiligst abgeschlossenen Brief schreibt Hölderlin dem Bruder: *Jezt bin ich auf frappante Art unterbrochen. Die Kaiserliche Armee ist jezt auf ihrer Retirade von Wezlar begriffen, und die Gegend von Frankfurt dürfte demnach zunächst einen Hauptteil des Kriegsschauplazes abgeben. Ich reise deßwegen mit der ganzen Familie noch heute nach Hamburg ab, wo sich Verwandte meines Haußes befinden. HE. Gontard bleibt allein hier.* Man reist in zwei eigenen Kutschen, Susette Gontard-Borkenstein, die vier Kinder, der Hofmeister und die schweizerische Gouvernante, vielleicht noch

daß er das einzig Angemessene für Hyperions elegischen Karakter wäre, und schämte mich, daß mich das wahrscheinliche Urtheil des Publikums so geschmeidig gemacht.

1 Im 1795 geschlossenen Baseler Separatfrieden hatte Preußen seine Besitzungen auf dem linken nördlichen Rheinufer an die Französische Republik abgetreten. Im Falle eines Sieges der Republikaner sollte es aus dem Reichsgebiet entschädigt werden. Durch diesen einseitigen Schritt, der die Koalition gegen Frankreich aufkündigte und die Verteidigung der monarchischen Staatsform auf Österreich abwälzte, blieb das nördliche Deutschland von allen weiteren Heimsuchungen des bis 1801 andauernden Krieges verschont, Nach dem Ausscheiden Preußens setzte die girondistische Regierung drei Heere gegen Wien in Marsch. Während Buonaparte Norditalien eroberte, um dann von Süden her ins Alpengebiet einzudringen, rückten die Generäle Jourdan und Moreau in Deutschland ein. Der erstere besetzte am 14. Juli 1796 Frankfurt und zog dann das Maintal hinauf, der zweite schlug die kaiserlichen Truppen bei Stuttgart und Ulm und zwang Württemberg und Bayern zum Frieden. Schon im August schien der endgültige Sieg der Republikaner, die Auflösung der Monarchien – und nicht nur das –, die Auflösung des Konventionellen nur noch eine Frage der Zeit zu sein.

zwei Gontardsche Damen. Am 6. August setzt Hölderlin seinen Bericht fort: *Ich lebe seit drei Wochen und drei Tagen sehr glüklich hier in Kassel. Wir reisten über Hanau und Fulda – ziemlich nahe bei dem französischen Kanonendonner, doch immer noch sicher genug, vorbei. Ich schrieb Dir am Tage meiner Abreise, daß wir nach Hamburg giengen, aber der hiesige Ort ist in mancher Rüksicht so interessant für Mad. Gontard, daß Sie beschloß, sich einige Zeit hier aufzuhalten. (Sie läßt die l. Mutter und Dich grüßen, und räth euch, eure Lage so heiter als möglich anzusehen.) Auch Herr Heinze, der berühmte Verfasser des Ardinghello, lebt mit uns hier. Es ist wirklich ein durch und durch treflicher Mensch. Es ist nichts schöners, als so ein heitres Alter, wie dieser Mann hat*[2]. Auffällig die genaue Zeitangabe zu Beginn des Zitats. So dankbar zählen Liebende ihre ersten Tage und in einem späteren Brief an Hölderlin sagt Susette nur: *unser liebes Cassel*[3]. Welche Erinnerungen dieser Namen verbirgt, ist in der zärtlichkühnen Ode *Wenn aus der Ferne*... nachzulesen[4].

---

2 Das Zusammentreffen mit dem Romanschriftsteller Wilhelm Heinse ist in diesem Zusammenhang mehr als ein Zufall, denn Heinse war mit dem Anatom Samuel Theodor Sömmering, dem Hausarzt der Gontards, befreundet und Susette wiederum mit dessen Frau Margaretha. Zugleich ist Heinse der Autor, den Hölderlin seit seinen Studienjahren verehrte. Dem ersten vollendeten und in Stäudlins *Musenalmanach für 1792* gedruckten *Hymnus an die Göttin der Harmonie* hatte er ein *Ardinghello*-Motto vorangestellt: *Urania, die glänzende Jungfrau, hält mit ihrem Zaubergürtel das Weltall in tobendem Entzüken zusammen* (vgl. *Bellarmin*).

3 Im Brief vom 30. Januar 1800; und im August 1799, von einer Reise nach Weimar zurückgekehrt, berichtet sie, als sei es erst gestern gewesen: ...*die erste Nacht erwachte ich früh, weil meine Reisegesellschaft noch schlief, zog ich Deine lieben Gedichte aus meiner Brieftasche und sie waren mein Morgengebeth, sie umhüllten mein liebend Gemüth mit sanfter rührender Schwermuth und schlossen mich fest an Dein Herz, so ging ich wieder muthig in's Leben, die schöne Sonne über Cassel ging auf, und ich freute mich schon alle meine lieben Gegenden wieder zu erblicken.*

4 Vgl. *Theilhaber*.

123

Gemählde[1]

Dichterische Wiederholung

Kurz vor der Abreise schrieb Hölderlin an Neuffer: *Es giebt ein Wesen auf der Welt, woran mein Geist Jahrtausende verweilen kann und wird, und dann noch sehn, wie schülerhaft all unser Denken und Verstehn vor der Natur sich gegenüber findet. Lieblichkeit und Hoheit, und Ruh und Leben, u. Geist und Gemüth und Gestalt ist Ein seelig Eins in diesem Wesen. Du kannst mir glauben, auf mein Wort, daß selten so etwas geahndet, und schwerlich wieder gefunden wird in dieser Welt. Du weist ja, wie ich war, wie mir gewöhnliches entlaidet war, weist ja, wie ich ohne Glauben lebte, wie ich so karg geworden war mit meinem Herzen, und darum so elend; konnt' ich werden, wie ich jezt bin, froh, wie ein Adler, wenn mir nicht diß, diß Eine erschienen wäre, und mir das Leben, das mir nichts mehr werth war, verjüngt, gestärkt, erheitert, verherrlicht hätte, mit seinem Frühlingslichte? Ich habe Augenblike, wo all' meine alten Sorgen mir so durchaus thöricht scheinen, so unbegreiflich, wie den Kindern.*

Es ist auch wirklich oft unmöglich, vor ihr an etwas sterbliches zu denken und eben deßwegen läßt so wenig sich von ihr sagen. Und nochmals, im Februar des folgenden Jahres: *Es ist auch immer ein Tod für unsre stille Seeligkeit, wenn sie zur Sprache werden muß. Ich gehe lieber so hin in fröhlichem schönem Frieden, wie ein Kind, ohne zu überrechnen, was ich habe und bin, denn was ich habe, faßt ja doch kein Gedanke nicht ganz. Nur ihr Bild möcht' ich Dir zeigen und so brauchte es keiner Worte mehr! Sie ist schön, wie Engel. Ein zartes geistiges himmlischreizendes Gesicht! Ach! ich könnte ein Jahrtausend lang in seeliger Betrachtung mich und alles ver-*

1 Vgl. *Gemählde*.

gessen, bei ihr, so unerschöpflich reich ist diese anspruchlose stille Seele in diesem Bilde! Majestät und Zärtlichkeit, und Fröhlichkeit und Ernst, und süßes Spiel und hohe Trauer und Leben und Geist ist alles in und an ihr zu einem göttlichen Ganzen vereint.

Feigenbaum[1]

Nach einem Zornausbruch Jakob Gontards verläßt Hölderlin das Haus und zieht nach Homburg. Dort bleibt er von September 1798 bis Mai 1800, dann geht er nach Stuttgart, nach Hauptwil, zurück nach Nürtingen, schließlich Ende 1801 nach Bordeaux. Seine Pläne, zu wirken, sich einen Platz zu schaffen, wie alle anderen auch, schlugen fehl[2]: Neuffers Verleger

---

1 Vgl. *Zehn biographische Details* IV.

2 Sie schreibt im Februar 1799:
Noch könnte ich mich nie beruhigen, wenn ich denken müßte daß ich Dich ganz der Würklichkeit entrückt, Du Dich mit meinem Schatten (vgl. *Neun editorische Übungen* V/VI, Anm. zu III*B*, v. 12-16) *begnügen wolltest, daß Du durch mich vielleicht Deine Bestimmung verfehlt, wenn ich von Dir, darüber gar nichts mehr hörte und beruhigt würde. Wann es sein muß daß wir dem Schicksaal zum Opfer werden, dann versprich mir Dich frey von mir zu machen und ganz zu leben wie es Dich noch glücklich machen, Du nach Deiner Erkenntniß Deine Pflichten für diese Weldt am besten erfüllen kannst, und laß mein Bild kein Hinderniß seyn, nur dieses Versprechen kann mir Ruhe, und Zufriedenheit mit mir selbst geben. — — —*
So lieben wie ich Dich, wird Dich nichts mehr, so lieben wie Du mich, wirst Du nichts mehr, (verzeihe mir diesen eigennützigen Wunsch) aber verstocke Dein Herz nicht tuhe ihm keine Gewalt, was ich nicht haben kann, darf ich nicht neidisch vernichten wollen. Denke nur ja nicht Bester, daß ich für mich spreche, mit mir ist das ganz anders, ich habe meine Bestimmung zum Theil erfüllt, habe genung zu tuhn in der Welt, habe durch Dich mehr bekommen als ich noch erwarten durfte meine Zeit war schon vorbey, aber Du solltest jetzt erst anfangen zu leben, zu handeln, zu würken, laß mich kein Hinderniß seyn, und verträume nicht Dein Leben in Hoffnungs lose Liebe. Die Natur die Dir alle edeln Kräfte hohen Geist, und tiefes Gefühl gabe, hat Dich bestimmt ein edler vortrefflicher glücklicher Mann zu werden, und es in allen Deinen Handlungen zu beweisen.

zog sich von seinem Homburger Journalprojekt zurück und Cotta von der 1801 verabredeten Sammlung seiner Gedichte; der *Hyperion* fand kaum Widerhall. Solange er noch in Homburg war, wechselten sie Briefe und sahen sich einige Male. Sie stirbt am 22. Juni 1802. Es ist Diotimas Krankheit. Hölderlin kehrt zur gleichen Zeit aus Frankreich zurück.

Und nochmals, Ende Juni 1799:
Ich mögte Dir so gerne auch etwas über Deine künftige Bestimmung sagen, Du hast mich dazu aufgefodert, wie schwer ist es aber für mich in jeder Rücksicht Dir zu rathen, und werde ich nicht immer für Dich, zu ängstlich wählen, ein treuer, erfahrner Freund vermag hier mehr. Ich weiß Du kannst keinen Schritt tuhn den meine Seele nicht billiget wenn vielleicht mein verwöhnts, von Deiner Nähe, verzärteltes Herz sich auch dagegen sträuben mögte, meine bessere Überzeugung muß siegen, und solltest Du irgend eine Laufbahn betreten die ruhmvoll für Dich und nützlich der Welt seyn könnte würden alle meine Trähnen um Dich, gewiß sich in Freudenträhnen verwandeln, aber ich müßte von Dir höhren, und meine Hoffnung dürfte nicht getäuscht werden, berathe Dich in Zukunft mit Deine wahren Freunde und erfahrne Männer, und wenn nicht dann ein sicherer Weg sich Dir öffnet, bleibe lieber wie Du bist und helfe Dich durch, als daß Du es wagst noch einmal vom Schicksaal überwältiget und zurückgeworfen zu werden, Deine Kräfte hielten es nicht aus, und Du gingest für die Welt und Nachwelt, der Du auch so, im stillen lebst, noch ganz verlohren. Nein das darfst Du nicht! Dich selbst darfst Du auf's Spiel nicht setzen. Deine edle Natur, der Spiegel alles Schönen (vgl. ebd.) *darf nicht zerbrechen, in Dir, Du bist der Welt auch schuldig zu geben was Dir verklärt in höherer Gestalt erscheint, und an Deine Erhaltung besonders zu denken. Wenige sind wie Du! – – Und was jetzt auch nicht würkt bleibt sicher für künftige Zeiten. Könntest Du nicht vielleicht auch in der Zukunft junge Leute zum Unterricht zu Dir kommen lassen, verzeihe mir diese Idee wenn sie Dir nicht gefällt, ich weiß aber daß Du es einmal im Sinn hattest solche Vorlesungen zu halten, welches Dir gewiß nicht schwer fallen würde. Handele nur nie aus dem falschen Begriff Du müßtest mir Ehre machen, und alles was Du im verborgenen treibst und würkest, wäre mir nicht so lieb. Du müßtest lauter meine Neigung zu Dir rechtfertigen. Deine Liebe ehert*[!] *mich genung und wird mir immer genügen, und nach daß, was man Ehre nennt verlange ich nicht, Dich ehren große Männer Dich finde ich in allen Schilderungen edeler Naturen, und brauche das elende Zeugniß unserer Welt nicht dazu, noch heute las ich im Tasso, und fand unverkennbare Züge von Dir, ließ ihn auch einmal wieder.*

124

DER ROSSE LEIB

Aegypten ist Mensch und nicht Gott, und

ihre Rosse sind Fleisch und nicht Geist.

Jes. XXXI, 2

124

Rekonstruierter Text

Das Nächste Beste.

Offen die Fenster des Himmels
Und freigelassen der Nachtgeist
Der himmelstürmende, der hat unser Land
Beschwäzet, mit Sprachen viel, unbändigen, und
Den Schutt gewälzet
Bis diese Stunde.
Doch kommt das, was ich will,
Wenn

|Drum wie die Staaren
Mit Freudengeschrei, wenn auf Gasgone, Orten wo viel Gärten,
Wenn im Olivenland| Springbrunnen| , und
In liebenswürdiger Fremde |die Bäum|
An grasbewachsnen Wegen
Unwissend in der Wüste
Die Sonne sticht,
Und das Herz der Erde thuet
Sich auf. Wo um den Hügel von Eichen
Aus brennendem Lande
Die Ströme und wo
Des Sonntaags unter Tänzen
Gastfreundlich die Schwellen sind,
An blüthenbekränzten Straßen, stillegehend.
Sie spüren nemlich die Heimath,
Wenn grad aus falbem Stein
Die Wasser silbern rieseln
Und heilig Grün sich zeigt
Auf feuchter Wiese der Charente,

Die klugen Sinne pflegend.   wenn aber,
Die Luft sich bahnt,

Und ihnen machet waker
Scharfwehend die Augen der Nordost, fliegen sie auf,
Und Ek um Eke
Das Liebere gewahrend
Denn immer halten die sich genau an das Nächste,
Sehn sie die heiligen Wälder und die Flamme, blühendduftend
Des Wachstums und die Wolken des Gesanges fern und athmen
Othem
Der Gesänge. Menschlich ist
Das Erkenntniß. Aber die Himmlischen
Auch haben solches mit sich, und des Morgens beobachten
Die Stunden und des Abends die Vögel. Himmlischen auch
Gehöret also solches. Wolan nun. Sonst in Zeiten
Des Geheimnisses hätt ich, als von Natur, gesagt,
Sie kommen, in Deutschland. Jezt aber, weil, wie die See
Die Erd ist und die Länder, Männern gleich, die nicht
Vorüber gehen können, einander, untereinander
Sich schelten fast, so sag ich. Abendlich wohlgeschmiedet
Vom Oberlande biegt sich das Gebirg, wo auf hoher Wiese die
Wälder sind
Wohl an der bairischen Ebne. Nemlich Gebirg
Geht weit und streket, hinter Amberg sich und
Fränkischen Hügeln. Berühmt ist dieses. Umsonst nicht hat
Seitwärts gebogen Einer von Bergen der Jugend
Das Gebirg, und gerichtet das Gebirg
Heimatlich. Wildniß nemlich sind ihm die Alpen und
Das Gebirg, das theilet die Tale und die Länge lang
Geht über die Erd. Dort aber

| und rauschen, über spizem Winkel
Frohlolokende Bäume. Gut ist, das gesezt ist. Aber Eines
Das ficht uns an. Anhang, der bringt uns fast um heiligen
/Geist. Barbaren
Auch leben, wo allein herrschet Sonne

Und Mond. Gott aber hält uns, wenn zu sehn ist einer, der
/wolle
Umkehren mein Vaterland.

|Gehn mags nun. |Der Rosse Leib
War der Geist.|Bei Ilion aber auch
Das Licht der Adler. Aber in der Mitte
Der Himmel des Gesanges. Neben aber,
Am Ufer zorniger Greise, der Entscheidung nemlich, die alle
Drei unser sind.

Mit der Entzifferung von *Der Rosse Leib/War der Geist* begann meine Arbeit. Werner Doede hatte mich 1972 aufgefordert, den in einer Studie zu Adorno angezweifelten Wortlaut am Schluß von *Das Nächste Beste*[1] in der Handschrift zu überprüfen. Der aufgefundene Satz fehlt im Text und in den Lesarten der Stuttgarter Ausgabe[2]. Er steht am Rand des fehlerhaft und unvollständig edierten Entwurfs. Franz Zinkernagel las: *Der Rosse bis über den Gurt*[3].

Von Gebirgen als Signatur der Geschichte war die Rede. Aus ihr tritt der Dichter heraus und läßt sie gehen, wohin sie muß; ein bei Daniel vorgebildetes Motiv[4]. Der Vorhang zerreißt und der geheime Geist des Gesangs wird sichtbar (immer noch verborgen genug, in einer ingeniösen elliptischen Konstruktion, die sich erst mit jenem Satz auflöst[5]).

Die *Staaren* der ersten und das *Gebirg* der zweiten Metapher kommen aus verschiedenen Richtungen zum gleichen Ort. Eine andere Zeit hat begonnen. Darum spricht Hölderlin nicht mehr *als von Natur*: der Sinn erscheint im Schein. Die

---

1 *Gehn mags nun. Fast, unrein, hatt sehn lassen und das Eingeweid*
Der Erde. *Bei Ilion aber*
War auch das Licht der Adler. Aber in der Mitte
Der Himmel der Gesänge. Neben aber
Am Ufer zornige Greise, der Entscheidung nemlich, die alle
Drei unser sind.
Der irritierende Punkt vor der Lücke gehört zum *u* im darunter stehenden *auch. War auch* und *Der Erde* ist in der Handschrift gestrichen; zu lesen außerdem *zorniger* statt *zornige*. Vor allem überraschte die Menge des ohne Begründung ausgeschiedenen Textes (so fehlen z.B. v. 56-61 des rekonstruierten Textes im Textteil der StA).

2 StA 2, 238f. u. 869f.

3 Kritisch-historische Ausgabe, Bd.5, Leipzig 1926, S.184.

4 XII, 9

5 Der syntaktischen Schwierigkeit entspricht das editorische Problem: weitere Textalterntiven sind möglich:
α *Gehn mags nun. Fast, unrein, hatt sehn lassen und das Eingeweid*|
/*der Rosse Leib*
β *Gehn mags nun. Fast, unrein, hatt sehn lassen* [] *das Eingeweid*|
/[und] *der Rosse Leib*
usw.

Gebirge verwandeln sich zum Augurium. Ihre Gestalt verbarg den *Geist der Weissagung*[6], der nun hervortritt und sich deutet; daran läßt der Hinweis auf das *Licht der Adler*[7] keinen Zweifel. In der *Mitte des Gesanges* ist es der Geist der *Erkenntniß*, der dort mit seinem begrifflichen Namen genannt wird. Welcher Geist an den Rändern herrschte, ist im letzten Satz gesagt: *der Entscheidung nemlich*. Es ist der zornige Ton der Unheil verkündenden Propheten oder der Greise, die sich am *Ufer des Wassers* gegenüberstehen[8].

Der Dichter kommentiert sein Gedicht. Den drei Geistern korrespondieren die poetologischen Töne: die beinahe schon polemischen Reden am *Ufer* des Widerstreits der *heroischen*, die tiefsinnige Ansicht der Naturzeichen der *naiven*, die transzendierende Reflexion *in der Mitte* der *idealischen* Sangart[9].

Doch der Text will mehr, als eine poetologische Analyse seiner selbst: die harmonische Vereinigung der Denkformen, die im Entwurf aufeinander folgten und die in ihrem Zusammenhang Gesang sind, ist das Ziel der dichterischen Didaktik. Der Widerstreit von Offenbarung und Vernunft, Gegenstand des ersten Satzes, das Fürsichsein von theoretischen, pragma-

---

6 Apoc. XIX, 10

7 Ilias XII, v.218ff.:

Ein hochfliegender Adler, der links an dem Heere sich wendend,
Eine blutfarbige Schlange hintrug in den Klaun, unermeßlich
Lebend; doch schnell sie entschwang, bevor sein Nest er erreichet
Und nicht vollends sie brachte zum Raub den harrenden Jungen.
So auch wir...

XXIV, v. 315ff.:

Schnell den Adler entsandt' er, die edelste Vorbedeutung,
Wohnend in Tal und Gesümpf, den schwarz geflügelten Jäger.
Weit wie die Türe sich öffnet der hochgewölbeten Kammer
Eines begüterten Mannes, mit festem Schlosse gefüget:
Also breitete jener die Fittiche, als er am Himmel
Rechtsher über die Stadt anstürmte. Die, ihn erblickend,
Freueten sich, und allen durchglühete Wonne die Herzen.

8 Dan. XII, 5-8

9 Vgl. *Hin*; zur tragischen μηχανη des Entwurfs besonders Anm. 1

tischen und religiösen Denkformen ist aufzuheben[10], ein phänomenologischer Ansatz, dessen Bestimmtheit den späteren als Gefasel bloßstellt. Was für eine kurze Zeit Geschichtsmacht erlangte, ist hier und im voraus der Barbarei überführt: als die Gewalttat eines selbstermächtigten Denkens, das in seiner Unbildung nur ein bewußtloser Teil der menschlichen Geschichte gewesen sein wird.

10 Der mit Hegels Dialektik verbundene Begriff ist schon in Hölderlins früheren Poetik-Entwürfen entwickelt; vgl. z. B. HKA 14, 313; auch das in Anm. 9 angegebene Zitat.

125

DAS ÄLTESTE SYSTEMPROGRAMM

Es sprosset aber

viel üppig neidiges
Unkraut, das blendet, schneller schießet
Es auf, das ungelenke, denn es scherzet
Das Schöpferische, sie aber
Verstehen es nicht. Zu zornig greifft
Es und wächst. Und dem Brande gleich,
Der Häußer verzehret, schlägt
Empor, achtlos, und schonet
Den Raum nicht, und die Pfade bedeket,
Weitgährend, ein dampfend Gewölk
die unbeholfene Wildniß.
So will es göttlich scheinen.

Homburger Folioheft 48 (Forts. 158, Anm. 3)

125

denn es rauben die Räuber,
ja immerfort rauben die Räuber.

Jes. XXIV, 16

Abb. und Umschrift des nebenstehenden Textes in HKA 14, 14 ff. Die gestrichenen Textsegmente sind hier *kursiv* wiedergegeben.

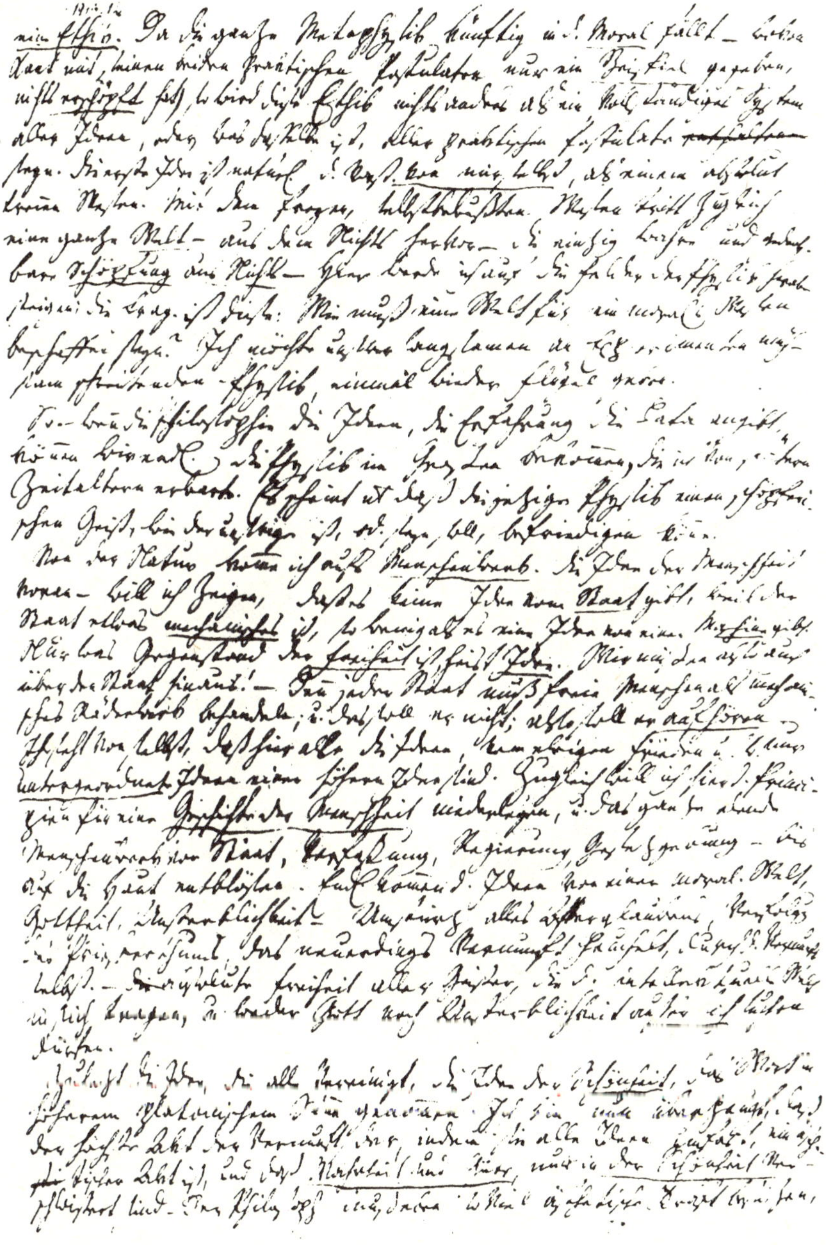

eine Ethik. Da die ganze Metaphysik künftig in d. Moral fällt – wovon Kant mit seinen beiden praktischen Postulaten nur ein Beispiel gegeben, nichts erschöpft hat, so wird diese Ethik nichts anders als ein vollständiges System aller Ideen, oder, was dasselbe ist, aller praktischen Postulate seyn. Die erste Idee ist natürl. d. Vorst. von mir selbst, als einem absolut freien Wesen. Mit dem freien, selbstbewußten Wesen tritt zugleich eine ganze Welt – aus dem Nichts hervor – die einzig wahre und gedenkbare Schöpfung aus Nichts – Hier werde ich auf die Felder der Physik herabsteigen; die Frage ist diese: Wie muß eine Welt für ein moralisches Wesen beschaffen seyn? Ich möchte unsrer langsamen an Experimenten mühsam schreitenden – Physik, einmal wieder Flügel geben.

So – wenn die Philosophie die Ideen, die Erfahrung die Data angibt, können wir endlich die Physik im Großen bekommen, die ich von spätern Zeitaltern erwarte. Es scheint nicht, daß die jezige Physik einen schöpferischen Geist, wie der unsrige ist, od. seyn soll, befriedigen könne.

Von der Natur komme ich aufs Menschenwerk. Die Idee der Menschheit voran – will ich zeigen, daß es keine Idee vom Staat gibt, weil der Staat etwas mechanisches ist, so wenig als es eine Idee von einer Maschine gibt. Nur was Gegenstand der Freiheit ist, heißt Idee. Wir müssen also auch über den Staat hinaus! – Denn jeder Staat muß freie Menschen als mechanisches Räderwerk behandeln; u. das soll er nicht; also soll er aufhören. Ihr seht von selbst, daß hier alle die Ideen, vom ewigen Frieden u. s. w. nur untergeordnete Ideen einer höhern Idee sind. Zugleich will ich hier d. Prinzipien für eine Geschichte der Menschheit niederlegen, u. das ganze elende Menschenwerk von Staat, Verfassung, Regierung, Gesezgebung – bis auf die Haut entblösen. Endlich kommen d. Ideen von einer moral. Welt, Gottheit, Unsterblichkeit – Umsturz alles Afterglaubens, Verfolgung des Priesterthums, das neuerdings Vernunft heuchelt, durch d. Vernunft selbst. – Absolute Freiheit aller Geister, die d. intellektuelle Welt in sich tragen, u. weder Gott noch Unsterblichkeit außer sich suchen dürfen.

Zulezt die Idee, die alle vereinigt, die Idee der Schönheit, das Wort in höherem platonischen Sinne genommen. Ich bin nun überzeugt, daß der höchste Akt der Vernunft, der, indem sie alle Ideen umfaßt, ein ästhetischer Akt ist, und daß Wahrheit und Güte, nur in der Schönheit verschwistert sind – Der Philosoph muß eben so viel ästhetische Kraft besizen, als der Dichter. Die Menschen ohne ästhetischen Sinn sind unsre BuchstabenPhilosophen. Die Philosophie des Geistes ist eine ästhetische Philosophie. Man kann in nichts geistreich, selbst über Geschichte kann man nicht geistreich raisonniren – ohne ästhetischen Sinn. Hier soll offenbar werden, woran es eigentlich den Menschen fehlt, die keine Ideen verstehen, – und treuherzig genug gestehen, daß ihnen alles dunkel ist, sobald es über Tabellen u. Register hinausgeht.

Die Poësie bekömmt dadurch eine höhere Würde, sie wird am Ende wieder, was sie am Anfang war – Lehrerin der ~~Geschichte~~ Menschheit; denn es gibt keine Philosophie, keine Geschichte mehr, die Dichtkunst allein wird alle übrigen Wissenschaften u. Künste überleben.

Zu gleicher Zeit hören wir so oft, der große Haufen müße eine sinnliche Religion haben. Nicht nur der große Haufen, auch der Phil. bedarf ihrer. Monotheismus der Vernunft u. des Herzens, Polytheismus der Einbildungskraft u. der Kunst, dis ists, was wir bedürfen!

Zuerst werde ich hier von einer Idee sprechen, die so viel ich weiß, noch in keines Menschen Sinn gekommen ist – wir müssen eine neue Mythologie haben, diese Mythologie aber muß im Dienste der Ideen stehen, sie muß eine Mythologie der Vernunft werden.

Ehe wir die Ideen ästhetisch d.h. mythologisch machen, haben sie für das Volk kein Interesse u. umgekehrt ehe die Mythologie vernünftig ist, muß sich der Philosoph ihrer schämen. So muß endlich aufgeklärte u. Unaufgeklärte sich die Hand reichen, die Mythologie muß philosophisch werden, und das Volk vernünftig, u. die Philosophie muß mythologisch werden, um die Philosophen sinnlich zu machen. Dann herrscht ewige Einheit unter uns. Nimmer der verachtende Blik, nimmer das blinde Zittern des Volks vor seinen Weisen u. Priestern. Dann erst erwartet uns gleiche Ausbildung aller Kräfte, des Einzelnen sowohl als aller Individuen. Keine Kraft wird mehr unterdrükt werden. Dann herrscht allgemeine Freiheit und Gleichheit der Geister! – Ein höherer Geist vom Himmel gesandt, muß diese neue Religion unter uns stiften, sie wird das lezte, gröste Werk der Menschheit seyn.

eine Ethik. Da die ganze Metaphysik künftig in d. Moral fällt – wovon Kant mit seinen beiden praktischen Postulaten nur ein Beispiel gegeben, nichts erschöpft hat) so wird diese Ethik nichts andres als ein vollständiges System aller Ideen, oder, was dasselbe ist aller praktischen Postulate *enthalten* – seyn. Die erste Idee ist natürl. d. Vorst. von mir selbst, als einem absolut freien Wesen. Mit dem freyen, selbstbewußten Wesen tritt zugleich eine ganze Welt – aus dem Nichts hervor – die einzig wahre gedenkbare Schöpfung aus Nichts – Hier werde ich auf die Felder der Physik herabsteigen; die Frage ist diese: Wie muß eine Welt für ein moral. Wesen beschaffen seyn? Ich möchte unsrer langsamen an Experimenten mühsam schreitenden Physik, einmal wieder Flügel geben.

So – wenn die Philosophie die Idee, die Erfahrung die Data angibt, können wir endl. die Physik im Großen bekommen, die ich von spätern Zeitaltern erwarte. Es scheint nt daß die jezige Physik einen schöpferischen Geist, wie der unsrige ist, od. seyn soll, befriedigen könne.

Von der Natur komme ich aufs Menschenwerk. Die Idee der Menschheit voran – will ich zeigen, daß es keine Idee vom Staat gibt, weil der Staat etwas mechanisches ist, so wenig es eine Idee von einer Maschine gibt. Nur was Gegenstand der Freiheit ist, heißt Idee. Wir müssen also auch über den Staat hinaus! – Denn jeder Staat muß freie Menschen als mechanisches Räderwerk behandeln; u. das soll er nicht; also soll er aufhören. Ihr seht von selbst, daß hier alsle die Ideen, vom ewigen Frieden u.s.w. nur untergeordnete Ideen einer höhern Idee sind. Zugleich will ich hier d. Principien für eine Geschichte der Menschheit niederlegen, u. das ganze elende Menschenwerk von Staat, Verfassung, Regierung, Gesezgebung – bis auf die Haut entblösen. Endl. kommen d. Ideen von einer moral. Welt, Gottheit, Unsterblichkeit – Umsturz alles A*b*fterglaubens, Verfolgung des Priesterthums, das neuerdings Vernunft heuchelt, durch d. Vernunft selbst. – *Die* absolute Freiheit aller Geister, die d. intellektuelle Welt in sich tragen, u. weder Gott noch Unsterblichkeit außer sich suchen dürfen.

Zulezt die Idee, die alle vereinigt, die Idee der Schönheit, das Wort in höherem platonischen Sinne genommen. Ich bin nun überzeugt, daß der höchste Akt der Vernunft, der, indem sie alle Ideen umfast, ein ästhe*sti*tischer Akt ist, und daß Wahrheit und Güte, nur in der Schönheit verschwistert sind. Der Philosoph muß eben so viel ästhetische Kraft besizen, als der Dichter. Die Menschen ohne ästhetischen Sinn sind unsre Buchstaben Philosophen. Die Philosophie des Geistes ist eine ästhetische Philos. *M* Man kan in nichts geistreich, seyn, selbst über die Geschichte kan man nicht geistreich raisonnieren – ohne ästhetischen Sinn. Hier soll offenbar werden, woran es eigentl. den Menschen fehlt, die keine Ideen verstehen, – und treuherzig genug gestehen, daß ihnen alles dunkel ist, sobald es über Tabellen u. Register hinausgeht.

Die Poësie bekömmt dadurch e höhere Würde, sie wird am Ende wieder, was sie am Anfang war – Lehrerin der *Geschichte* Menschheit; denn es gibt keine Philosophie, keine Geschichte mehr, die Dichtkunst allein wird alle übrigen Wissenschaften u. Künste überleben.

Zu gleicher Zeit hören wir so oft, der große Hauffen müsse eine sinnliche Religion haben. Nicht nur der große Hauffen, auch der Phil. bedarf ihrer, Monotheismus der Vern. u. des Herzens, Polytheismus der Einbildungskraft u. der Kunst, dis ists, was wir bedürfen!

Zuerst werde ich hier von einer Idee sprechen, die soviel ich weiß, noch in keines Menschen Sinn gekommen ist – wir müssen eine neue Mythologie haben, diese Mythologie aber muß im Dienste der Ideen stehen, sie mus e Mythologie der Vernunft werden.

Ehe wir die Ideen ästhetisch d.h.mythologisch machen, haben sie für das Volk kein Interesse u. umgek. ehe d. Mythol. vernünftig ist, muß sich der Philos. ihrer schämen. So müssen endl. aufgeklärte u. Unaufgeklärte sich d. Hand reichen, die Myth. muß philosophisch werden, und das Volk vernünftig, u. d. Phil. muß mythologisch werden, um die Philosophen sinnl. zu machen. Dann herrscht ewige Einheit unter uns. Nimmer der verachtende Blik, nimmer das blinde Zittern des Volks vor seinen Weisen u. Priestern. Dann erst erwartet uns gleiche Ausbildung aller Kräfte, des Einzelnen sowohl als aller Individuen,. Keine Kraft wird mehr unterdrükt werden, dann herrscht allgemeine Freiheit und Gleichheit der Geister! — Ein höherer Geist vom Himmel gesandt, muß diese neue Religion unter uns stiften, sie wird das lezte, gröste Werk der Menschheit seyn.

Bückling vor P.

§. 1

Das älteste Systemprogramm des deutschen Idealismus, ein von Hegels Hand überliefertes Blatt[1], das Franz Rosenzweig 1917 unter diesem Titel veröffentlicht und Schelling zugeschrieben hat[2], ist zum Fetisch der Lemuren geworden; genau das: zum Zeichen des desaströsen Zustands der Philosophie nach ihrem Ende als Wissenschaft. Hölderlin sprach noch vom *Hospital*[3], jetzt ist schon von getünchten Gräbern zu sprechen. Inzwischen wurde das Blatt ganz oder teilweise Hölderlin und Hegel selbst und unbekannten Vierten zugeschrieben. Bezeichnend auch der Effekt: im Wirrwar der Argumente und Kontroversen verflüchtigte sich das Reale, die philosophische, nebenbei auch die philologische Bestimmtheit. Sobald dem nichtigen Philosophaster Realität eingeräumt wird (nichts anderes ist der Zweck von Kolloquien und Sammelbänden), ist schlechterdings alles möglich. Dagegen ist die Ursache des Streits auf so kleinliche Weise vulgär, daß man kaum wagt, sie beim Namen zu nennen. Das Blatt scheint herrenlos zu sein, beweisbar nichts. Was liegt also näher als Besitzergreifung?

§. 2

So reklamierte der Hölderlin-Herausgeber Wilhelm Böhm Hölderlins Anteil und vor etlichen Jahren ein gewisser P., dem die kleindeutsche Hegel-Forschung unterstellt zu sein scheint, Hegel als alleinigen Verfasser. Andere sind anderer Meinung. Merkwürdig, von Schelling ist kaum noch die Rede (dazu schätzt man den Text zu sehr und Schelling zu wenig). Auszunehmen beinah nur Xavier Tilliette, der, nach ironisch-höflichem Bückling vor P., zu guter Letzt dafür um Verzeihung

1 Aus Berlin ausgelagert; z. Zt. Jagiellonische Bibliothek Krakau.
2 Zum gleichen Ergebnis gelangt Ludwig Strauß 1927.
3 Brief an Neuffer vom 12. 11. 1798; vgl. *Verlorne Liebe*.

bittet, daß er die *Hand Esaus gesehen und trotzdem die Stimme Jakobs gehört habe*[4]. Aber Tilliette ist kein Deutscher und in der Verwirrung ist es, als hätte er nichts gesagt.

§.3

Xavier Tiliette hat den Weg des Textvergleichs gewählt und einen tabellarischen Wortindex aus dem Frühwerk Schellings und Hegels zusammengestellt. Schon diese Übersicht spricht eindeutig für Schelling und nicht für Hegel. Einzuwenden wäre nur, daß mit derlei Worttabellen der zeitgenössische Sprachgebrauch umso sichtbarer würde, je mehr Autoren und Werke erfaßt werden, während das Besondere des Textes, die geistige Physiognomie des Verfassers mehr und mehr verschwimmt.

§.4

Die Hegelsche Handschrift wird allgemein auf 1796/97 datiert. Dieser Befund[5] stimmt, wie zu zeigen ist, mit der werkgenetischen und logischen Stelle überein, die das *Systemprogramm* im Oeuvre Schellings einnimmt. Im April 1796, während des kurzen Aufenthalts in Frankfurt oder brieflich im gleichen Jahr übermittelt – die Haltung ist alles andre als symphilosophisch. Mit einem Handstreich besetzt der Redner das philosophische Terrain, so weit es überblickbar ist und offensichtlich überfliegen die vorgreiflichen Pläne die Standpunkte der anderen und vorsichtshalber auch noch den eigenen. So gesehen ist dieses *Systemprogramm* nicht nur leichtfertig formuliert, sondern auch ein usurpatorischer Akt. Die Freundschaft war nur vorgeschoben. In aller Unschuld stößt der junge Kuckuck seine Nestgenossen aus dem Nest. Für sie ist unten ein poetischer bzw. theologischer Randstreifen übrig.

Hegel dürfte diese Abschrift bald nach seiner Ankunft in

---

4 *Schelling als Verfasser des Systemprogramms?* in: *Hegel-Studien*, Beiheft 9, Bonn 1973, S. 35ff.

5 Datierung nach graphologischen Kriterien; vgl. Werke 1, 1971, 628.

Frankfurt, also Anfang 1797 angefertigt haben[6]. Etwa zur gleichen Zeit entwirft Hölderlin das *Fragment philosophischer Briefe*, dessen Inhalt sich mit dem zweiten Teil des *Systemprogramms* überschneidet[7].

§.5

Weder Hölderlin noch Hegel gebrauchten den appellativen Plural, das herausfordernde *wir* und *ihr*, das für die Diktion des Programms so charakteristisch ist; Schelling dagegen schon in der 1795 entstandenen Schrift *Vom Ich*[8] und in den 1797 erschienenen *Ideen zu einer Philosophie der Natur* wird das *ihr* zur didaktischen Formel, die nicht unabsichtlich den Hörsaal suggeriert[9]. Schon dieses Moment, das Mitreißende der Rede, der bedenkenlose Einsatz rhetorischer Mittel, schließt Hegels Autorschaft aus[10].

§.6

Das erste Blatt der Abschrift ist nicht überliefert. Daß *eine Ethik* nicht der Textbeginn ist, läßt sich schon aus der fehlenden Einrückung erschließen. Und wirklich plante Schelling ein *Gegenstück zu Spinozas Ethik*[11], ließ aber dieses Projekt nach Erscheinen von Fichtes Naturrecht (Mai 1796) fallen. Damit jedoch wäre ein erster Terminus ante quem[12] gegeben.

---

6 Die wenigen Korrekturen sind typische ‚Abschreibversehen', d.h. der mitdenkende Schreiber greift dem Text vor und muß diese intentionalen oder mechanischen Abweichungen – soweit er sie bemerkt – beim nächsten Blick in die Vorlage korrigieren (vgl. l. 5; 46,47).

7 Vgl. HKA 14, 11ff.

8 Schelling, ausgew. Werke (Nachdruck der Ausgabe ab 1856), Darmstadt 1967, Bd. 1, 73.

9 Schelling wurde im Jahr darauf von Goethe nach Jena berufen.

10 Hegel hieß schon im Tübinger Stift der *alte Mann* und Hölderlin charakterisiert ihn bald nach seiner Ankunft in Frankfurt als *ruhigen Verstandesmenschen* (Brief an Neuffer v. 16. 2. 1797).

11 In der datierten Vorrede der Schrift *Vom Ich* (*29. März 1795*); 1, 39.

12 Der Hinweis auf die Idee vom *ewigen Frieden* (l. 24) setzt das Erscheinen der Kantischen Schrift (Herbst 1795) voraus. Dieser Ter-

Aus der Reihenfolge der Projekte ergibt sich aber auch der mutmaßliche Inhalt des fehlenden Blattes. Nachdem die mit Fichtes Arbeiten direkt kollidierende Ethik aufgegeben war, wandte sich Schelling sogleich der philosophischen Behandlung der Physik zu. Demzufolge wird der verlorene Text die Prinzipien und Resultate der bisherigen Schritte dargelegt haben. Darauf deutet auch die Redewendung: *die erste Idee ist natürl. d. Vorst. von mir selbst*, wobei das *natürl.* auf jenen schon abgehandelten Grundsatz des Schellingschen Frühwerks zurückweist.

§.7

Die Kantkritik, zumal an den beiden praktischen Postulaten *Gott und Unsterblichkeit* (hier nicht eigens genannt), die Einsicht, daß die theoretische Philosophie einer praktischen präludiere, ist gleichfalls in Schellings Schriften nachzulesen[13]; ebenso und wortwörtlich die *Schöpfung aus Nichts* als ein freier Akt des Bewußtseins[14].

Entweder Schelling, oder Plagiat.

---

minus post quem ließe sich nochmals präzisieren: durch Fichtes Rezension des Entwurfs im *Philosophischen Journal* 1796 IV (Der genaue Erscheinungstermin wäre für die Datierung des *Systemprogramms* von Bedeutung, denn der Verfasser steht augenscheinlich noch unter dem Eindruck dieser Lektüre. Die Fanfare *über den Staat hinaus!* (21) überbietet Fichte, der nur den *Punct* angibt, auf den *es endlich in unseren Staaten kommen* muß (Werke VIII, 1971, 435). Gegen den in dieser Rezension gegen Kant definierten Rechtsbegriff Fichtes wendet sich Hölderlin im *Fragment philosophischer Briefe* (vgl. *Zehn biographische Details* IX, Anm. 12 und 13).

13 So in der 1796/97 entstandenen Abhandlung über den *Idealismus der Wissenschaftslehre*, I, 276ff; bes.: *Es ist ein verkehrtes Unternehmen, die theoretische Philosophie durch die theoretische begründen zu wollen. Solange es uns bloß darum zu thun ist ein philosophisches Gebäude zu errichten (wie es offenbar der Zweck Kants war), mögen wir uns mit einem solchen Fundamente begnügen...* Zu den Postulaten *Gott und Unsterblichkeit* z. B. im *Anhang* dieser Schrift (vgl. *Dichter*, Anm. 1); I, 331f.

14 ebd: I, 239: *Denn darin liegt das Wesen der geistigen Natur, daß in ihrem Selbstbewußtseyn ein ursprünglicher Streit ist, aus dem eine*

§.8

Weder Hegel noch sonst jemand aus dem Tübinger, Frankfurter oder Jenenser Kreis hätte sich unterstanden, einen dergestalt umfassenden Werkentwurf vorzulegen. Zum angegebenen Zeitpunkt[15] ist niemand bekannt, der nicht nur der Physik hätte *Flügel geben* wollen, sondern der es tatsächlich auch und bald nach der ungefähr datierten Abschrift des *Systemprogramms* versucht hätte[16]. Überdies kehrt jene Wendung in den schon genannten *Ideen zu einer Philosophie der Natur* beinah wortgenau wieder[17]; ebenso die Rede vom *schöpferischen Geist*, der sich mit dem bisherigen Zustand der Wissenschaften nicht zufrieden geben könne[18].

§.9

An der anarchischen Idee, daß der Staat etwas sei, was unter Menschen auf das äußerstmögliche Minimum zu beschränken

---

wirkliche Welt außer ihr in der Anschauung (eine Schöpfung aus Nichts) hervorgeht. Und darum ist keine Welt da, es sey denn, daß sie ein Geist erkenne, und umgekehrt kein Geist, ohne daß eine Welt außer ihm da sey. Darauf antwortet Hölderlin im *Hyperion* I, 16: *Warum ist die Welt nicht dürftig genug, um ausser ihr noch Einen zu suchen?* Eine vielleicht erst später hinzugesetzte Fußnote lautet: *Es ist wohl nicht nöthig, zu erinnern, dass dergleichen Äusserungen als blosse Phänomene des menschlichen Gemüths von Rechts wegen niemand scandalisiren sollten.*

15 Vgl. Anm. 5.

16 Hegel war mit seinen Darlegungen zur christlichen Religion beschäftigt; Friedrich Schlegel und Hardenberg begannen ihr Symphilosophieren erst nach der Berührung mit Schelling. Novalis gebraucht das Wort *Symphysik* im Brief an Karoline Schlegel (Sept. 1798) und äußert sich über die *Unreife von Schellings „Weltseele"*.

17 I, 343: *Was war es doch, fragt ihr, was alle diese Männer antrieb, die gemeinen Vorstellungen ihres Zeitalters zu verlassen und Systeme zu erfinden, die allem entgegen sind, was die große Menge* [!] *von jeher geglaubt und sich eingebildet hat? Es war ein freier Schwung, den sie sich selbst gaben, und der sie dahin erhob, wohin die bleiernen Flügel eurer Einbildungskraft euch nicht zu tragen vermögen.*

18 Ebd. 370: *Denn nur in einem Geiste von schöpferischem Vermögen kann Begriff und Wirklichkeit, Ideales und Reales sich so durchdringen und vereinigen, daß zwischen beiden keine Trennung möglich ist.*

125

ist (*Reich Gottes!* lautete ihre gemeinsame *Loosung*[19]) hat nur Hölderlin festgehalten[20]. Hier jedoch rechnet der Redner oder Schreiber mit dem emphatischen Einverständnis seiner Hörer oder Leser. Daß Schellings *Neue Deduktion des Naturrechts* von 1795[21] auch zur Auflösung des Staatsrechts hingereicht hätte, ist schon früher bemerkt worden[22]. Dennoch erstaunt die einmalige Radikalität der Äußerung. Sie korrigiert eine Bemerkung zur Schrift *Vom Ich*[23], die Hölderlins Widerspruch herausgefordert hatte[24]. Nach dem Mund geredet, wäre zu wenig gesagt – sie ist dem *Hyperion* aus dem Mund genommen. Schelling kommt nie mehr darauf zurück.

Wir müssen also auch über den Staat hinaus! Das verträgt sich nicht mit der Laufbahn deutscher Professoren.

---

19 Hölderlin an Hegel, 10.7.1794: *Ich bin gewis, daß Du indessen zuweilen meiner gedachtest, seit wir mit der Loosung – Reich Gottes! von einander schieden. An dieser Loosung würden wir uns nach jeder Metamorphose, wie ich glaube, wiedererkennen.*

20 Hölderlin an Christian Landauer, Februar 1801 (nach dem Frieden von Lunéville): *Was mich vorzüglich bei demselben freuet, ist, daß mit ihm die politischen Verhältnisse und Misverhältnisse überhaupt die überwichtige Rolle ausgespielt und einen guten Anfang gemacht haben, zu der Einfalt, welche ihnen eigen ist; am Ende ist es doch wahr, je weniger der Mensch vom Staat erfährt und weiß, die Form sei, wie sie will, um desto freier ist er.*
Es ist überall ein nothwendig Übel, Zwangsgeseze und Executoren derselben haben zu müssen. Ich denke, mit Krieg und Revolution hört auch jener moralische Boreas, der Geist des Neides auf, und eine schönere Geselligkeit, als nur die ehernbürgerliche mag reifen!

21 Erschienen im *Philosophischen Journal* 1796 und 1797.

22 Vgl. X. Tilliette, a.a.O., Anm. 10.

23 I, 113: *Denn, wenn jede Handlung, wozu das freie Wesen als solches ein Recht hätte, zugleich auch Pflicht wäre, so würden seine freien Handlungen keine andre Norm mehr voraussetzen als die des moralischen Gesetzes. Deßwegen auch insbesondere das höchste Ziel, worauf alle Staatsverfassungen (die auf den Begriff von Pflicht und Recht gegründet sind) hinwirken müssen...*

24 I, 53 (Hyperion zu Alabanda): *Du räumst dem Staate denn doch zu viel Gewalt ein. Er darf nicht fordern, was er nicht erzwingen kann. Was aber die Liebe giebt und der Geist, das lässt sich nicht erzwingen. Das lass' er unangetastet, oder man nehme sein Gesez und schlag'*

§. 10

Der Satz von der *absoluten Freiheit aller Geister, die d. intellektuelle Welt in sich tragen, u. weder Gott noch Unsterblichkeit außer sich suchen dürfen*, ist Schellingsch[25]. Hölderlin empfand die darin liegende Verletzung des Ganzen[26] und denkt den Gedanken weiter: denn außer den in Endlichkeit und Einzelne aufgelösten Vorstellungen des Göttlichen ist der Geist als ihr Zusammenhang[27].

§. 11

Das folgende Projekt einer *ästhetischen Philosophie* steht Hölderlins Anschauung so nahe, daß man sich mit Recht fragte, wie Schelling die Stirn haben konnte, dies für sich zu reklamieren, obwohl Hölderlin seinen Plan *Neue Briefe über die ästhetische Erziehung des Menschen* 1796 noch nicht aufgegeben hatte[28]. Die vereinigende, menschenbildende Kraft des Schönen steht im Zentrum der frühen *Hyperion*-Entwürfe und war sicher ein Gegenstand ihrer Gespräche im Sommer und Spätherbst 1795[29]. In der Druckfassung wiederholt Hölderlin

---

es an den Pranger! Beim Himmel! der weiss nicht, was er sündigt, der den Staat zur Sittenschule machen will. Immerhin hat das den Staat zur Hölle gemacht, dass ihn der Mensch zu seinem Himmel machen wollte.

25 So am Schluß der Ende 1795 geschriebenen *Briefe über Dogmatismus und Kriticismus*; I, 219: *Hierin allein liegt die letzte Hoffnung zur Rettung der Menschheit, die, nachdem sie lange alle Fesseln des Aberglaubens getragen hat, endlich einmal das, was sie in der objektiven Welt suchte, in sich selbst finden dürfte, um damit von ihrer grenzenlosen Ausschweifung in eine fremde Welt – zu ihrer eignen, von der Selbstlosigkeit – zur Selbstheit* [vgl. *Grabschrift für einen Dichter* XVII], *von der Schwärmerei der Vernunft – zur Freiheit des Willens zurückzukehren.*

26 Darum ersetzt Hölderlin das von Schelling mißbrauchte Εν και παν durch Heraklits *εν διαφερον εαυτω (das Eine in sich selber unterschiedne)*; *Hyperion* I, 145.

27 Vgl. *Menschlich, d. h.*, Titel.

28 Vgl. ebd., Anm. 5.

29 Ebd.

seinen Gedanken. Mit dem Ausmaß der Frechheit und des Verrats, das erst durch Hegels Abschrift öffentlich wurde, versteht man auch den gelinden Nachdruck, den Hyperion bei der Überfahrt von Kalaurea nach Athen seinen Worten gibt: *Die Dichtung sagt' ich, meiner Sache gewiss, ist der Anfang und das Ende dieser Wissenschaft. Wie Minerva aus Jupiters Haupt, entspringt sie aus der Dichtung eines unendlichen göttlichen Seyns. Und so läuft am End' auch wieder in ihr das Unvereinbare in der geheimnissvollen Quelle der Dichtung zusammen*[30]. In Schellings Überfall ist immerzu von *machen* die Rede; dazu hat Hölderlin das Seine gesagt[31].

§. 12

Schließlich jene *Idee, die soviel ich weiß, noch in keines Menschen Sinn gekommen ist –*

An dieser Stelle steht in *Patmos* ein Anakoluth[32]. Schon die Wendung ist verräterisch. Schelling verwendet sie unentwegt[33]. Wer sie wiederholt, hätte seine Unterschrift gefälscht. Und es stimmt nachdenklich, daß Hölderlin im abbrechenden *Fragment philosophischer Briefe* auf ebendiese Idee und ihre Stiftung zu sprechen kommt.

Insgeheim mochte Schelling eine Zeitlang gewähnt haben, er sei jener *Geist*. Hegel, in dem sich nachher der Weltgeist vollendete, muß Hölderlin diese Frage gestellt haben[34]. Der konnte nicht sagen: *Du sagst es*[35].

---

30 I, 144

31 Vgl. *Arm* und *Zwei Siegel* II, Anm. 1 (487/4:2).

32 v. 167-170:

Wenn aber einer spornte sich selbst,
Und traurig redend, unterweges, da ich wehrlos wäre
Mich überfiele, daß ich staunt' und von dem Gotte
Das Bild nachahmen möcht' ein Knecht –

33 Vgl. X. Tilliettes Tabelle.

34 Vgl. *Menschlich, d.h., Empedokles*-Zitat nach Anm. 9.

35 Joh. XVIII, 37

126

CHIRON

Tag! Tag!

---

v. 41

Das Belebende

Die männerbezwingende, nachdem
Gelernet die Centauren
Die Gewalt
Des honigsüßen Weines, plözlich trieben
Die weiße Milch mit Händen, den Tisch sie fort, von selbst,
Und aus den silbernen Hörnern trinkend
Bethörten sie sich.

Der Begriff von den Centauren ist wohl der vom Geiste eines Stromes, so fern der Bahn und Gränze macht, mit Gewalt, auf der ursprünglich pfadlosen aufwärtswachsenden Erde.

Sein Bild ist deswegen an Stellen der Natur, wo das Gestade reich an Felsen und Grotten ist, besonders an Orten, wo ursprünglich der Strom die Kette der Gebirge verlassen und ihre Richtung queer durchreißen mußte.*

Centauren sind deswegen auch ursprünglich Lehrer der Naturwissenschaft, weil sich aus jenem Gesichtspuncte die Natur am besten einsehen läßt.

In solchen Gegenden mußt' ursprünglich der Strom umirren, eh' er sich eine Bahn riß. Dadurch bildeten sich, wie an Teichen, feuchte Wiesen, und Höhlen in der Erde für säugende Thiere, und der Centauer war indessen wilder Hirte, dem Odyssäischen Cyklops gleich; die Gewässer suchten sehnend ihre Richtung. Jemehr sich aber von seinen beiden Ufern das troknere fester bildete, und Richtung gewann durch festwurzelnde Bäume, und Gesträuche und den Weinstok, destomehr mußt' auch der Strom, der seine Bewegung von der Gestalt des Ufers annahm, Richtung gewinnen, bis er, von seinem Ursprung an gedrängt, an einer Stelle durchbrach, wo die Berge, die ihn einschlossen, am leichtesten zusammenhiengen.

So lernten die Centauren die Gewalt des honigsüßen Weins, sie nahmen von dem festgebildeten, bäumereichen Ufer Bewegung und

---

* Am Kasseler Herkules ist diese Situation künstlich nachgebildet. Sobald das Wasser sich Bahn macht, ertönt das Horn des Kentauren.

Richtung an, und warfen die weiße Milch und den Tisch mit Händen weg, die gestaltete Welle verdrängte die Ruhe des Teichs, auch die Lebensart am Ufer veränderte sich, der Überfall des Waldes mit den Stürmen und den sicheren Fürsten des Forsts regte das müßige Leben der Haide auf, das stagnirende Gewässer ward so lange zurükgestoßen, vom jäheren Ufer, bis es Arme gewann, und so mit eigener Richtung, von selbst aus silbernen Hörnern trinkend, sich Bahn machte, eine Bestimmung annahm.

Die Gesänge des Ossian besonders sind wahrhafftige Centaurengesänge, mit dem Stromgeist gesungen, und wie vom griechischen Chiron, der den Achill auch das Saitenspiel gelehrt.

Chiron, *der den Achill auch das Saitenspiel gelehrt*, wird in den attischen Komödien als unverbesserlicher Traditionalist verspottet, als ein grillenhafter Lehrer, dessen Pedanterie die neuen Götter zum Lachen reizt[1]. Was in seiner Jugend galt, hat längst seine Geltung verloren; die Schüler sind in alle Winde verstreut. Das Gift vom Pfeil des Herakles ist Verbitterung.

Auch Hölderlins neuer Gesang hat Chirons Lehre verlassen. Die große Ode *Der blinde Sänger*[2], deren Überarbeitung nun

1 So in Komödien des Kratinos und Pherekrates. Diese Ansicht wirkte bis in die barocke Emblematik; vgl. Schöne 1569ff. Ebenso bedeutsam das Emblem *Chirons Grab* mit der Unterschrift:

Siste tuos Chiron peregrino in crimine planctus
Nec refuge aeterni vivere lege Dei:
Et sceleratorum temeraria factor nepotum
Desine in aerumnis connumerare tuis.

Laß das Klagen, Chiron, über fremde Verbrechen,
Fürchte dich nicht davor Gott und unsterblich zu sein:
Und das friedlose Treiben ungeratener Enkel,
Laß es, leide nicht mehr, fühl es nicht länger als Schuld.

2 Vgl. *Ach ich*, Titel.

seinen Namen trägt, gehört nicht mehr zu dem, *worauf* er *jezt einen eigentlichen Werth* setzt[3]. Seine *Nachtgesänge*, die mit diesem Gedicht beginnen[4], sind inzwischen gesungen: bis zum Anbruch des Tags, an dem das *hohe und reine Frohloken vaterländischer Gesänge*[5] vernommen wird.

Das Neue zu verschweigen und sich stattdessen in die *engen Schranken unserer noch kinderähnlichen Kultur* zu begeben[6], ist ein künstlerisches Opfer. Nicht etwa, weil die Zeit nichts anderes erlaubt, nicht notgedrungen, vielmehr freiwillig, aus Einsicht in dessen Notwendigkeit. Deswegen wäre es auch voreilig und verständnislos, nur den subversiven Charakter jener späten metrischen Gedichte hervorzuheben. Dieser entsteht wie von selbst, sobald sich das Neue im Medium des Alten verbirgt. Im Neuen, das der Dichter stiftet, ist die Vergangenheit mitgedacht. Verzweifelt, wer sich nicht dankbar und mitfühlend umwenden kann. Nur das rechtfertigt den Fortschritt. So ist *Chiron* zuerst das versöhnende Weihgeschenk für einen verlassenen, schmerzgequälten Gott der Geschichte.

---

3 Vgl. *Buchstaben ρ*.

4 In Friedrich Wilmans' *Taschenbuch für das Jahr 1805* als geschlossene Gruppe: die Oden *Chiron*, *Thränen*, *An die Hofnung*, *Vulkan*, *Blödigkeit*, *Ganymed* und die hymnischen Miniaturen *Hälfte des Lebens*, *Lebensalter* und *Der Winkel von Hahrdt*.

5 Vgl. *Buchstaben*, Anm. 8.

6 Ebd.

CÄCILIA

O nenne Tochter du der heiligen Erd'
Einmal die Mutter. Es rauschen die Wasser am Fels
Und Wetter im Wald und bei dem Nahmen derselben
Tönt auf aus alter Zeit Vergangengöttliches wieder.
Wie anders ists! und rechthin glänzt und spricht
Zukünftiges auch erfreulich aus den Fernen.
Doch in der Mitte der Zeit
Lebt ruhig mit geweihter
Jungfräulicher Erde der Aether
Und gerne, zur Erinnerung, sind
Die unbedürftigen, sie
Gastfreundlich bei den unbedürftgen
Bei deinen Feiertagen
Germania, wo du Priesterin bist
Und wehrlos Rath giebst rings
Den Königen und den Völkern.

Germania, v. 97-112

127

Vielleicht ist keine Schutzpatronin der Welt zu ihrem Amt unschuldiger gekommen als Cäcilia, die Schutzpatronin der heiligen Tonkunst. Sie kam dazu, weil sie auf die Musik nicht achtete, ihre Gedanken davon abwandte und, mit etwas Höherem beschäftig, sich von ihren Reizen nicht verführen ließ*.

J.G. Herder

---

* *Venit dies, in quo thalamus collocatus est. Et cantantibus organis, illa in corde suo soli Domino decantabat, dicens: Fiat cor meum et corpus meum immaculatum, ut non confundar.*

Acta Caeciliae

Der Tag kam, an dem das Brautbett bereit war. Und während die Instrumente erklangen, wandte sie sich in ihrem Herzen zum Herrn, sagend: Laß mich rein bleiben an Herz und Leib, damit ich nicht zunichte werde.

Nach Herders Aufsatz in den *Zerstreuten Blättern* von 1793 kann an Caecilia nur das Paradigma des Mißkennens[1] interessieren. Es ist schon höhere Ironie, wenn ein Mädchen, dem die Musik zu laut war, zu ihrer Heiligen wird.

Hölderlin notiert den Namen anstelle von *Germania*. Er erscheint, als der Entwurf von einer spricht, die über dem *Strikstrumpf* eingeschlafen ist[2]: es gibt kein treffenderes Bild für Deutschlands Biedermeier. Doch schlimmer, als sie aufwachte und das Erhoffte wahr zu werden schien. Die Geharnischte war nicht gemeint, mit ihren monströsen Denkmälern auf *grünem Gebirg'*[3], aber auch nicht die Aktivistin oder die arme Nitribit, die immer noch auf den Strich fährt.

1 *Germanien*, v. 69: *Ich miskannte dich nicht.*

2 Vgl. *Lese*, Innentitel und *Neun editorische Übungen* V/VI, Anm. zu III*E*.

3 *Der Archipelagus*, v. 257,258:

schon hör' ich ferne des Festtags
Chorgesang auf grünem Gebirg'

128

BUSSORT

Dort aber

Das Nächste Beste, v. 55

128

wir aber singen
Den Schiksaalshügel, nemlich

die Berge
Des Frankenlandes,

und die Wartburg
Schon blühen   daselbst

heiligen Nahmen, o (Os) Gesang, aber
Den Bußort
Von Deutschland nennest du ihn;

Homburger Folioheft 70*

---

* Vgl. *Neun editorische Übungen* II.

Im *Titanen*-Entwurf[1] ist ausgeführt, was die Verschreibung *Os* schon andeutet:

An den Gränzen aber[2]*, wo stehet*
Der Knochenberg, so nennet man ihn,
Heut aber in alter Sprache heißet
Er Ossa[3]*, Teutoburg ist*
Daselbst auch und voll geistigen Wassers
Umher das Land, da
Die Himmlischen all
Sich Tempel

Hier bricht das Segment ab. Hölderlin verschweigt, was er dazu zu sagen im Sinn hatte[4].

Norbert von Hellingrath, der 1916 gefallene Herausgeber der ersten historisch-kritischen Ausgabe, spricht von der *Ableitung des Bergnamens Ossa von os Knochen, wodurch eine Beziehung zu Golgatha aufleuchtet und eine Vermischung aller Mythologien anhebt*[5].

Bezeichnender noch für das Textverständnis Hellingraths, daß er die autographe Zeichensetzung nicht (wie alle späteren Herausgeber) verändert[6]. Denn Hölderlin hat das Komma mit Bedacht gegen das normale Verständnis gesetzt. Erst dadurch wird der sprach- und mythenschöpferische Gestus sichtbar. Der Dichter gibt dem Driburger *Knochenberg*[7], auf dem er mit Susette Gontard und Wilhelm Heinse stand, einen neuen

---

1 Vgl. *Neun editorische Übungen* II.

2 Die Ortsbestimmung könnte, worauf Erich Hock hinwies (HJb, 1947, 78) von Tacitus entlehnt sein, der den Teutoburger Wald mit den Worten *ad ultimos Bructerorum* lokalisiert (*Annalen* I, 60). Den tieferen Begriff enthalten die Externsteine (vgl. *Gebirge*).

3 StA 2.1, 214:
Der Knochenberg, so nennet man ihn []
Heut[,] *aber in alter Sprache heißet*
Er Ossa ...

4 Vgl. *Das Nächste Beste*, v. 55 (*Der Rosse Leib*).

5 Bd. IV, 1916, 399

6 Vgl. Anm. 3.

7 Erich Hock, *Zwei späte Hölderlin-Stellen* (s. Anm. 2).

Namen. Daß er *Heut aber in alter Sprache* spricht, hat nichts Antiquarisches. Im Gegenteil: der sprachliche Akt verpflanzt die alten Mythen und Weissagungen in die Gegenwart und insistiert damit auf ihrer Gültigkeit. Der Titanenkampf[8] ist noch nicht zu Ende, die Orte der griechischen oder hebräischen Offenbarung sind nicht unter den Trümmern begraben. Selbst ihre Namen finden sich wieder, wenn auch an anderer Stelle.

---

8 Bei ihrem Kampf gegen die Götter versuchten die Titanen den Ossa, Pelion und Olymp übereinander zu türmen.

BUCHSTABEN

Manchem Auge waren sie sehr deutlich und stärkend, da hingegen Andere sie zu scharf und blendend fanden.

Johann Friedrich Unger

Zweite Probe

neu veränderter deutscher Druckschrift

In: *Die neue Cecilia. Letzte Blätter von Karl Philipp Moritz*, Berlin 1794

Erster Act.

Erste Scene.

OEDIPUS. EIN PRIESTER.

OEDIPUS.

O ihr des alten Kadmos Kinder, neu Geschlecht,
In welcher Stellung hier bestürmt ihr mich,
Ringsum gekränzt mit bittenden Gezweigen?
Auch ist die Stadt mit Opfern angefüllt,
Vom Päan und von seufzendem Gebet;
Das wollt' ich nicht von andern Boten, Kinder,
Vernehmen, selber komm' ich hieher, ich,
Mit Ruhm von allen Oedipus genannt.
Doch, Alter, rede! denn du bist geschikt,
Für die zu sprechen; welcher Weiser, steht
In Furcht ihr oder leidet schon? Ich will

Für Werner Doede.

α Hölderlins Anmerkungen zur Typographie der Sophokles-Übertragungen wurden bisher nicht verstanden. Sie gelten dem nicht erhaltenen Andruck vom Dezember 1803 und den ersten Exemplaren des *Ödipus*, die er März 1804 erhalten hatte.

β Wichtiger als der Sachverhalt und seine Rekonstruktion ist seine Kritik einer Schriftästhetik, der es weniger auf den Vermittlungszweck der Schrift und mehr auf den gestalterischen Effekt ankommt.

γ Der Verleger Wilmans hatte für das zweibändige Werk eine neue Type gewählt: Walbaums hellen und breiterlaufenden Nachschnitt der kühn vereinfachten Schriften Giambattista Bodonis[1]. Bei diesen klassizistischen Druckschriften ist die anthropomorphe Gestaltung der älteren Typen (fließende Übergänge, harmonisch aufgelöste Gegensätze, Gleichgewicht von statischen und dynamischen Elementen, schwingende, sowohl dem Auge als auch den Bedingungen des Drucks angepasste Konturen) durch ein konstruktivistisches Prinzip ersetzt. Flächige Segmente und haarfeine Linien stoßen unvermittelt aneinander. Auffällig besonders die gerade angesetzten Serifen, durch die der ohnehin gleichförmigere Schriftcharakter noch

1 *Manuale Tipografico*, Parma 1818: *Wer das Alphabet irgendeiner Sprache aufmerksam betrachtet, wird finden, daß es darin nicht nur ähnliche Züge bei verschiedenen Buchstaben gibt, sondern er wird erkennen, daß man alle von ihnen mit einer kleinen Anzahl identischer Teile, die verschieden zusammengesetzt werden, komponieren kann. Und indem man so alles, was zur Unterscheidung überflüssig ist, gleich macht, und die Unterschiede so deutlich wie möglich hervorhebt, bekommen alle Buchstaben eine gewisse Gesetzmäßigkeit und Regelmäßigkeit, die Gleichförmigkeit ohne Zweideutigkeit, Verschiedenheit ohne Dissonanz und Symmetrie ohne Verwirrung schafft.*

verstärkt wird. Statt eines kombinatorischen Schriftzusammenhangs autonomer Zeichen (am deutlichsten in der venezianischen Antiqua des Aldus Manutius und in den herrlichen Antiqua-Schnitten Claude Garamonts) gilt jetzt eine formalistischere Verbindung: die vereinheitlichten Zeichen organisieren sich gewissermaßen zu vereinheitlichten Wortkörpern.

δ Der Probedruck war, Hölderlins Umschreibung nach, wie fast alle Andrucke, mit zuviel Farbe und unsauberer Kontur gedruckt. Diese Mängel hebt Hölderlin lobend hervor.

ε *Verehrungswürdiger!*
Ich danke Ihnen, daß Sie sich bemüht haben, mir eine Probe von dem Druke der Sophokleischen Tragödien mitzutheilen. Ich glaube, daß es bei solchen Lettern bequemer für die Augen ist, den Sinn zu finden, da man durch allzuscharfe Lettern leicht versucht wird, blos auf die Typen zu sehen.
Die Schönheit des Druks scheint, wenigstens mir, nichts dadurch zu verlieren. Die Linien stehen so in vesterem Gleichgewicht.

ζ Das auffälligste Phänomen, der zu kräftige Druck, wird als bekannt vorausgesetzt. Vielleicht hatte Wilmans, in seinem gleichfalls nicht überlieferten Begleitschreiben auf das Vorläufige des Andrucks (oder gar des ‚Bürstenabzugs'[2]) hingewiesen. Von typographischem Standpunkt ist ein solcher Druck unmaßgeblich, mehr oder weniger mißlungen. Dem widerspricht der Dichter auf seine besondere Weise: bei so bereinigten Typen (deren Besonderheit er trotz des verfälschenden Drucks erkennt) bedürfe es geradezu *des Rohen*[3].

2 Handabzug des Setzers.
3 *Die Titanen*:
Denn unter dem Maaße
Des Rohen brauchet es auch
Damit das Reine sich kenne.

η Das Medium, in welchem der Sinn erscheinen soll, darf nicht selbst schon rein sein wollen. Was zu Beginn des 20. Jahrhunderts zur kunstgewerblichen Gesinnung wurde, wird hier als verfehlt zurückgewiesen. Die Verselbständigung ästhetischer Prinzipien lenke nur vom Wesentlichen ab.

ϑ Das *allzuscharfe* ist den Sinnen unzuträglich.

ι Der hier geäußerte Gedanke, von dem er nicht mehr als nötig mitteilt, erklärt die relative Dunkelheit wahrer Dichtung:

und hier ist der Stab
Des Gesanges, niederwinkend,
Denn nichts ist gemein. Die todten weket
Er auf, die noch gefangen nicht
Vom Rohen sind. Es warten aber
Der scheuen Augen viele
Zu schauen das Licht. Nicht wollen
Am scharfen Strale sie blühn[4]

κ Was auf den ersten Blick wie der ungenaue Versuch eines anmutet, dem die Fachsprache fehlt, erweist sich bei längerem Hinsehn als angewandte Erkenntnis. Es ist die Sprache des Gesangs, die an dieser Stelle praktisch wird.

λ Das rationale Licht der Aufklärung durchscheint die klassizistischen Schriften und es ist typisch, daß sie bevorzugt bei naturwissenschaftlichen Publikationen verwendet werden. Hölderlins Einwand richtet sich nicht etwa gegen die Schönheit des Druckbilds, sondern gegen einen Fehler der Schrift, der nur durch einen kalkulierten Fehler des Drucks auszugleichen ist.

μ Wilmans hat diesen Hinweis nicht beachtet. Der erste Band mit dem *Ödipus* und der monumental gesetzten Widmung an

4 Patmos, v. 182-189; vgl. *Drei Prospekttexte* II, Anm 3.

129

die Prinzessin von Homburg bringt den kritisierten Schriftcharakter zur Geltung[5]. Noch bevor jemand wußte, was das ist, blendet ihn das künstliche Licht einer zu hell geratenen Schrift.

ν *Verehrungswürdiger!*
Ich habe die Drukfehler des Ödipus durchgegangen.
Der rohe Druk hat mir fast besser gefallen, wahrscheinlich, weil die Züge, welche an den Buchstaben das Veste anzeigen, gegen das Modificirende so gut aushalten in dieser Typographie, und dieses im rohen Druk noch bemerkbarer war als im gefeilten. Der Erfinder ist oft verschämt gegen sein Publikum, und verlieret über der Galanterie dann das Eigentümliche überhaupt, besonders das Veste, was diese Typographie karakterisirt. Übrigens hat die Typographie in diesem Vorzug nur mehr dem Scheine nach verloren, als der Wirklichkeit.
Ist sie bekannter, so geben Sie ihr vieleicht das Rohe des ersten Druks, und lassen es oder geben ihm eine Feile.
Ich sage diß, um Ihnen zu bezeugen, wie weit ich diese Vortreflichkeit verstehe. Diese allzustrenge Feile schwächet auch nur das Veste dem ersten Scheine nach, und wenn man sich gerad, oder mit einer reinen Richtung zu den Seiten davor sezt, so sieht man die vesteren Züge gut.

ξ Hölderlin verzeichnet 40 sinnentstellende Druckfehler; sie scheinen ihm kaum der Rede wert. Durch ein angehängtes Verzeichnis (was er als selbstverständlich voraussetzt[6]) wäre dieser nie ganz vermeidbare Schaden wenigstens notdürftig behoben. Seine Aufmerksamkeit gilt nicht dem mechanischen Versehen.

---

5 Die StA ist, in feiner Absicht, aus der Walbaum-Antiqua gesetzt.
6 Wilmans, 14. April 1804: *Leider sind in dem ersten Theile viele Druckfehler, ich halte es aber für nöthig, sie nicht anzuzeigen, wozu theils die Zeit zu spät ist, theils der geringste Theil der Leser darauf achtet. Ihnen werden sie nicht zur Last gelegt, sondern den Buchdruckern. Wünschen Sie sie angezeigt, so senden Sie mir eine Liste von beiden Bänden, die ich das Intelligenzblatt der Jenaer Litt. Zeit. abdrucken lassen will.*

ο Nach allem was folgt, sind *Züge, welche an den Buchstaben das Veste anzeigen*, die Serifen. Beim *rohen* Druck treten sie kräftiger hervor, während sie beim *gefeilten* fast verschwinden.

π Hölderlin gebraucht den Begriff des Feilens im übertragenen Sinn, als geläufige Metapher für die Vervollkommnung eines Kunstwerks. Der Druck ist eine künstlerische Sache und darum spricht er mit dem Verleger als Künstler[7].

ρ Was der Euphemismus *Galanterie* meint, macht eine Randbemerkung auf Wilmans' nächstem Brief deutlich. Neben der ausnehmend höflichen Anrede *Verehrungswürdiger Herr u. Freund!* (mit welcher der Verleger die Anrede- und Schlußwendung des Dichters repliziert und sie zugleich mit dem distanzierenden Zusatz *Herr* versieht) notiert Hölderlin: *doch am meisten dem Pöbel exponirt*. Herren sind dem *Pöbel* oder einem gewissen Teil des Publikums[8] nicht ausgesetzt. Zwischen ihm und jenem *Erfinder* besteht nur der Unterschied, daß der sich darüber täuscht. *Galanterie*, oder künstlerischer Opportunismus, ist das Resultat dieser Täuschung[9].

---

7 So unterzeichnet er auch den Brief mit: *Leben Sie indeß wohl, mein Theurer!/Ihr/Freund/ Hölderlin.*

8 Im Brief vom Dezember 1803 heißt es im Anschluß an den zuerst zitierten Text:
Ich bin eben an der Durchsicht einiger Nachtgesänge für Ihren Allmanach. Ich wollte Ihnen aber sogleich antworten, damit kein Sehnen in unsere Beziehung kommt.
Es ist eine Freude, sich dem Leser zu opfern, und sich mit ihm in die engen Schranken unserer noch kinderähnlichen Kultur zu begeben.
Übrigens sind Liebeslieder immer müder Flug, denn so weit sind wir noch immer, troz der Verschiedenheit der Stoffe; ein anders ist das hohe und reine Frohloken vaterländischer Gesänge.
Das Prophetische der Messiade und einiger Oden ist Ausnahme.
Ich bin sehr begierig, wie sie die Probe einiger großern lyrischen Gedichte aufnehmen werden. Ich hoffe, sie Ihnen auf den Januar zu schiken; und wenn Sie diesen Versuch, wie ich beurtheilen, werden sie wohl noch bis auf die Jubilatemesse erscheinen können.

9 Vgl. *Menschlich, d.h.*, Anm. 9.

σ Was zwingt ihn denn, statt der Gesänge, in die er *jezt einen eigentlichen Werth sezt*[10], ältere Oden zu *Nachtgesängen* umzuarbeiten, wenn nicht ein Publikumsgeschmack, dem das *hohe und reine Frohloken vaterländischer Gesänge zu wenig konventionell* vorkommt? Solange wird sich der Künstler der älteren Formen bedienen, um in ihrer Zersetzung das Erscheinen des Eigentümlichen vorzubereiten[11]. Das ist die Intention der sechs späten Oden und der drei hymnischen Miniaturen (als eine Probe der künftigen Gesänge), die in Wilmans' Taschenbuch für 1805 erscheinen[12]. Sie befördern subversiv, was legal noch keinen Eingang findet: das Neue im Hergebrachten.

τ Er weiß, daß er mit seinen Ansichten allein steht. Darum unterstellt er dem Typographen Unwissenheit über das *Eigentümliche* und das Modische an seinem Entwurf. Was Walbaum in der Nachfolge Bodonis und Didots beabsichtigt haben mag, reicht ihm nicht aus. Er bemerkt die formale Verselbständigung der Serifen, die ihre bloße Materialfunktion (als Meisel- oder Federansatz) längst verloren haben, und erkennt daran eine imaginäre Tendenz zum Festen. Der *veste Buchstab* ist es, den der Gesang pflegt[13].

υ War der Andruck zu kräftig und deswegen gerade richtig, so ist der Druck, auf den es schließlich ankommt, entschieden zu schwach ausgefallen. Insofern hat *diese Typographie* (...) *nur mehr dem Scheine nach verloren, als der Wirklichkeit.*

---

10 Vgl. Anm. 8.
11 Vgl. jedoch *Chiron*.
12 Ebd. Anm. 4.
13 *Patmos*, v. 222-226:

der Vater aber liebt,
Der über allem waltet,
Am meisten, das gepfleget werde
Der veste Buchstab, und bestehendes gut
Gedeutet. Dem folgt deutscher Gesang.

φ Oder sollten Sie die scharfen Lettern nur aus Vorsicht zu schwach gedruckt haben? In diesem Fall werden Sie Ihre wahren Absichten im Gedächtnis behalten – *und lassen es für diesmal.* Oder (und darin liegt die Bitte des Dichters) Sie geben dem Druck, wenigstens bei der *Antigonä*, noch *eine Feile*, d.h. etwas mehr Farbe. *Ich sage diß, um zu bezeugen, wie weit ich diese Vortreflichkeit verstehe.*

χ Setzt man allzu sorgfältiger Druck für *allzustrenge Feile*, hat man das Urteil des Dichters, der sich gleichwohl davor hütet, über etwas den Stab zu brechen. Im Gegenteil: er ermittelt, aus welchem Blickwinkel der verschwundene Vorzug dieser Schrift noch zu erkennen ist. Nämlich *wenn man sich gerad, oder mit einer reinen Richtung zu den Seiten davor sezt, so sieht man die vesteren Züge gut*; d.h. wenn der Blick im rechten Winkel auf die Zeilen fällt.

ψ Warum? Weil sich aus schrägem Winkel (der gewöhnliche beim Lesen) die ohnehin zu schwachen Serifen perspektivisch verändern und vollends verschwinden.

ω Als Wilmans Hölderlins Brief erhielt, war der erste Bogen der *Antigonä* gedruckt und der zweite begonnen[14]. Er gibt tatsächlich Anweisung, den Druck zu verändern. Das Verfahren war einfach, aber roh. Der Buchdrucker verstärkte kopfschüttelnd die Papierunterlage und die feine Walbaum verwandelte sich in eine halbfette Type. Der Nachteil war nur, daß nun, durch Prägedruck und zuviel Farbe, die Schrift durchs Papier schlug. Das wiederum war nicht gemeint[15].

---

14 Nur hypothetisch, nach dem Exemplar der Württ. Landesbibliothek.

15 J.G. Fischer berichtet von einem Besuch 1842/43: *„Nicht wahr, Herr Bibliothekarius, Sie haben auch den Sophokles bearbeitet," worauf die Erwiderung folgte: „Ich habe den Ödipus zu übersetzen versucht, aber der Buchhändler war ein ....!" und das Scheltwort wurde mehrmals rasch wiederholt* [nach der Zahl der Auslassungszeichen: *Narr*].

Vierter Act.

Erste Scene.

ANTIGONAE. CHOR.

ANTIGONAE.

O des Landes Thebes väterliche Stadt,
Ihr guten Geister alle, den Vätern geworden,
Also werd' ich geführt und weile nicht mehr?
Seht übrig von den anderen allen
Die Königin, Thebes Herrn! welch eine
Gebühr' ich leide von gebührigen Männern,
Der ich gefangen in Gottesfurcht bin.

CHOR.

Der Leib auch Danaes mufste,
Statt himmlischen Lichts, in Gedult
Das eiserne Gitter haben.

130

BELLARMIN

Aber Eines hab' ich dir noch mitzutheilen, brüderliches Herz!

Ich fürchtete mich noch vor gewissen Erinnerungen, als wir uns fanden über den Trümmern des alten Roms. Unser Geist gleitet so leicht aus seiner Bahn; müssen wir doch oft dem Säuseln eines Blatts entgehen, um ihn nicht zu stören in seinem stillen Geschäfte!

Itzt kann ich wohl manchmal spielen mit den Geistern vergangner Stunden.

Fragment von Hyperion

In Schillers *Neuer Thalia*, November 1794

130

Bellarmin

Mit dem Gefährten?

Andenken, v. 37,38

→ *Meer*

Das *brüderliche Herz*, das Hölderlin erstmals im 1794 erschienenen *Fragment von Hyperion* anredet, trägt den Namen eines italienischen Kardinals[1]. Eine Beziehung zu dieser Schlüsselfigur der Gegenreformation ist nicht auszuschließen; doch versteht sich von selbst, daß diese nicht gemeint sein kann. Entweder bezeichnet der frei gewählte Name ein Idealbild (wie das Mädchen *Melite* vor der Bekanntschaft mit Susette Gontard), oder der junge Dichter dachte sich unter Bellarmin einen Lebenden, an den der Briefroman nicht nur der Form nach gerichtet war, vor dessen Urteil er auch bestehen mußte. Letzteres hat mehr Wahrscheinlichkeit, zumal Hölderlin auch für die parallel geplanten Briefe über das *Ideal einer Volkserziehung* an einen realen *conductor in die Sinnenwelt* dachte[2].

Sucht man nach einer solchen Bezugsperson, wäre an Heinse zu denken, dessen Renaissance-Roman *Ardinghello* eines der literarischen Vorbilder des *Hyperion* ist. Schon 1791 hatte Hölderlin seinen vier ersten, von Stäudlin herausgegebenen Hymnen ein *Ardinghello*-Motto vorangestellt. Auch der einzige reale Hinweis – die Begegnung Hyperions mit seinem Gegenbild *über den Trümmern des alten Roms*[3] fände in Heinses Roman eine freilich recht vage Entsprechung. In der endgültigen Gestalt des *Hyperion* fehlt auch diese Fiktion. Der Leser erfährt nur noch, daß *Bellarmin* ein Deutscher ist.

---

1 Robert Bellarmin (1542-1621); Verfasser der gegenreformatorischen *Disputationes de controversiis christianae fidei.* Eine zusätzliche Beziehung zu diesem der Societas Jesu angehörenden Theologen ergibt sich auch aus dem Umstand, daß dem *Hyperion* eine Grabschrift des Ignatius von Loyola vorangeht.

2 Brief an Hegel, 26. 1. 1795: *Ich gehe schon lange mit dem Ideal einer Volkserziehung um, u. weil Du Dich gerade mit einem Teile derselben der Religion beschäftigest, so wähl ich mir vieleicht Dein Bild und deine Freundschaft zum conductor der Gedanken in die äußere Sinnenwelt, und schreibe, was ich vieleicht später geschrieben hätte, bei guter Zeit in Briefen an Dich, die Du beurteilen und berichtigen sollst.*

3 Im *Fragment von Hyperion.*

Gibt es eine Lösung des Rätsels, muß sie im Namen liegen. Das italienische *schön-* oder *wildgewaffnet*[4] eröffnet zwar eine überraschende Perspektive, doch hilft es nicht weiter. Anders eine aus römischen Sprachtrümmern gewonnene Etymologie: Hermanns späterer Beiname *Arminius* stünde für einen Deutschen schlechthin und die Vorsilbe *Bell*, entsprechend dem historischen Vorbild, für *kriegerisch*[5].

Damit ergibt sich eine deutliche Beziehung zu Klopstock. Während der Niederschrift des ersten *Hyperion*-Bandes, im Oktober 1796[6], berichtet Hölderlin vom Driburger Aufenthalt, *daß sie wahrscheinlich nur eine halbe Stunde von dem Thale wohnten, wo Hermann die Legionen des Varus schlug.* Dann erinnert er ihn an den *schönen Mainachmittag*, an dem sie *im Walde bei Hahrd bei einem Kruge Obstwein auf dem Felsen die Hermannsschlacht zusammen lasen.*

Bellarmin ist die wortgenaue Latinisierung von *Hermanns Schlacht*[7].

Verständlicher wird nun, warum Hölderlin ein Motto Klopstocks in den *Hyperion* schrieb[8], warum er 1797 – im Gegensatz zur herrschenden Mode – sagen konnte: *Ich denke wie Klopstock*[9]. Nicht unerheblich die Überlieferung, daß Klopstock bei der Mutter Susette Gontards in Hamburg verkehrte[10] und daß der Bildhauer Landolin Ohnmacht, von dessen Hand vier Bildnisse Diotimas erhalten sind, 1794 von Frankfurt nach

---

4 Merkwürdigerweise hebt Gotthold Stäudlin in seiner nur als Regest überlieferten Antwort auf die erste Probe des *Hyperion* die Stelle eines verlorenen Gedichts hervor, in der genau dieser Sinn verborgen ist: *Wildharrend in der furchtbaren Rüstung* (4. September 1793).

5 Tacitus, *Annalen II, 88*: *Liberator hauc dubie Germaniae, proeliis ambiguus, bello non victus* [Zweifellos Deutschlands Befreier, nach schwankenden Kämpfen im Krieg unbesiegt].

6 Brief an den Bruder.

7 So der Originaltitel des Bardiets.

8 Vgl. *Zehn biographische Details* I, Anm. 3.

9 Ebd., Brief an den Bruder vom 2. November 1797.

10 Vgl. *Diotima*.

Hamburg ging und dort auch den Dichter der Messiade porträtierte[11]. Nach allem ist es nicht unwahrscheinlich, daß Klopstock von der Hommage des jungen Dichters gewußt hat – darauf deuten immerhin einige späte Oden, deren Adressat Hölderlin sein könnte[12].

Hölderlin selbst hat die *Arminius*-Assonanz bestätigt. Als er gegen Ende seines ersten Homburger Aufenthalts die Sinclair gewidmete Ode *Bundestreue* entwarf[13], stand er vor der Notwendigkeit, die Identität des Freundes zu verbergen.

Zuerst verfiel er auf *Bellarmin*, dann auf *Arminius*, schließlich, nach Erwägung des atheniensischen Feldherrennamens *Philokles*[14], auf *Eduard*, einen Namen, den er schon in *Emilie vor ihrem Brauttag* eingeführt hatte[15]. Zwar ist auch diese Chiffre noch brisant genug (Emiliens Bruder fällt im korsischen Befreiungskrieg), doch führt die Fährte in literarisches Niemandsland.

Die Sinclair entsprechende Gestalt im *Hyperion* ist zweifellos *Alabanda* und nicht *Bellarmin* (überdies ist die Freundschaft mit Sinclair jünger als der Name des schweigenden Empfängers der *Hyperion*-Briefe). Durchsichtig, geradezu kompromittierend wäre es gewesen, wenn Hölderlin *Alabanda* verwendet hätte[16]. Doch diese Spekulationen sind müßig. Fest-

---

11 Im *Intelligenzblatt der Allgem. Literatur-Zeitung* v. 3.6.1795 findet sich ein mit *A.B.* gezeichneter Artikel (datiert: *13. März 1795*) über Landolin Ohnmacht, besonders seine Klopstock-Büste: *Er lebt seit vorigen Sommer hier* (in Hamburg) *und erwirbt sich durch seine Arbeiten ungetheilten Beyfall.*

12 Vgl. *Der Genügsame* (1796); *Der Nachahmer und der Erfinder* (1796); *An die nachkommenden Freunde* (1796); *In Freude und Leid* (1798, vgl. *Bäume*, Anm. 1); *An die Dichter meiner Zeit* (1800).

13 Frühjahr 1800; später *Die Dioskuren.*

14 [*Ruhmliebender*]

15 1799

16 So viel wie *Bundloser* oder *Ungebundener* (vgl. Wolfgang Binder, *Hölderlins Namenssymbolik*, HJb. 1962, S. 169) oder *Gebundener* (Klaus Schuffels erkennt it. *alla banda*; unveröffentl.)?

zuhalten ist immerhin, daß Hölderlins Namen wandern, auf verschiedene Personen übertragen werden können.

Demnach ist auch die Frage in *Andenken* mehrdeutig zu verstehen. *Bellarmin mit dem Gefährten?* Damit sind nicht nur die Schutzgeister des *Hyperion* gemeint, Klopstock und Heinse (der Reisegefährte in Kassel und Driburg), sondern auch andere: Sinclair und Seckendorf zum Beispiel, die Ende Februar 1805 verhaftet wurden[17].

---

17 Vgl. *Zehn biographische Details* VII.

131

BÄUME

und rauschen, über spizem Winkel

Frohlolokende Bäume.

Das Nächste Beste, v. 57,58

131

Dort, wo am scharfen Ufer
Hingehet der Steg und in den Strom
Tief fällt der Bach, darüber aber
Hinschauet ein edel Paar
Von Eichen und Silberpappeln;

Noch denket das mir wohl und wie
Die breiten Gipfel neiget
Der Ulmwald, über die Mühl',
Im Hofe aber wächset ein Feigenbaum.

Andenken, 8-16

→ *Tagundnachtgleiche*

Klopstock singt nach Erscheinen des ersten *Hyperion*-Bandes: *Ich will in der Silberpappel Kühle mich bergen*[1]. Er starb am 14. März 1803 und im gleichen Jahr, am ersten Todestag Susette Gontards, auch der Schriftsteller Wilhelm Heinse, ihr Reisegefährte im glücklichen Sommer 1796. Die Bäume in diesem Gedicht wären demnach Seelenbilder von Menschen. Der *Steg* am *scharfen Ufer*, der *tief* in den *Strom* fallende *Bach* und die *Mühl'*[2], vom *Ulmwald* überschattet, all das sind Todessymbole.

Schon die Überschrift *Andenken* weist darauf[3]; der Gesang ist mehr als ein Souvenir, mehr als das, was zur Hölderlinzeit unter dem Namen *Ansichten* in Mode kam – kleinformatige Kupfer- oder Stahlstiche mit dem Blick auf eine Stadt oder in eine liebliche Landschaft.

Im März 1804 schickt der Dichter die *Ankündigung von pittoresken Ansichten des Rheins* an Leo von Seckendorf und reflektiert über das *Gleichgewicht der Erde gegen den Himmel* und daß das *Licht* in solchen Kunstwerken nicht *schief* (d.h. einseitig), nicht *reizend täuschend seyn muß*[4].

Das geforderte Gleichgewicht von Geist und Wirklichkeit realisiert der Gesang. Wie immer bedient sich Hölderlin des vordergründigen Sujets mit jener luziden, zärtlichen Ironie, die nicht verletzt und in der noch die Besinnungslosen Sinn genug finden. Die irdische Landschaft ist zugleich ein Epitaph von überirdischer Schönheit.

---

1 In der Ode *Freude und Leid./Im Julius 1798.*

2 Vgl. Walter Benjamins Darstellung der Todessymbolik in Goethes *Wahlverwandtschaften*: *Die Mühle ist ein altes Symbol der Unterwelt. Mag sein, daß es aus der auflösenden und verwandelnden Natur der Mühle sich herschreibt* (it, Frankfurt 1972, S. 269).

3 Der etwas später, wahrscheinlich nach dem Tod Schillers am 9. Mai 1805 entworfene Gesang *Mnemosyne* trägt den gleichen, ins Griechi sche übersetzten Titel.

4 Das Werk erschien 1806 beim Verleger der Sophokles-Übersetzungen, Friedrich Wilmans in Frankfurt: *Mahlerische Ansichten des Rheins von Mainz bis Düsseldorf*; mit 32 Kupfern; drei Hefte.

Der *Feigenbaum* wächst im Inneren und wenn das *edel Paar/ Von Eichen und Silberpappeln* an Klopstock und Heinse und dieser an Susette Gontard erinnert[5], wird auch eine biographische Konstellation sichtbar: Diotima verband so gegensätzliche Erscheinungen wie den freigeistigen Dichter des *Ardinghello* und den begeisterten Sänger der *Hermanns Schlacht* und der *Messiade*.

Noch im April 1804 hatte Hölderlin Heinse als Empfänger eines Freiexemplars der Sophokles-Übertragungen vermerkt[6]. Traut man der vorgetragenen Hypothese[7] und nimmt auch den angegebenen Zeitpunkt ernst: *Zur Märzenzeit,/ Wenn gleich sind Nacht und Tag* – kann der Gesang *Andenken* nicht 1803, sondern nur im März 1805 entstanden sein; nach Wochen tiefster Verzweiflung und zu einer Zeit, in der ihn seine philologischen Verehrer längst abgeschrieben hatten.

---

5 Die Metapher *Feigenbaum* entsteht wie von selbst aus dem Todestag Diotimas: das Zeichen des Feigenbaums hat sich erfüllt. Sie ist nicht tot. Im *Hyperion* schreibt sie zum Abschied: *Ich werde seyn.* Nun ist nicht mehr vom Absterben, sondern vom Aufwachsen die Rede: *An dem Feigenbaum lernet ein Gleichnis: wenn sein Zweig jetzt saftig wird und Blätter gewinnt, so wißt ihr, daß der Sommer nahe ist* (Matth. XXIV, 32). Sie starb am 22. Juni.

6 Wenig später reist er mit Sinclair nach Homburg. Erst jetzt wird er den Tod des Freundes erfahren haben, dem die unveröffentlichte Elegie *Brod und Wein* gewidmet war. Frühestens im Mai 1804 erhielt Seckendorf eine leicht interpolierte Fassung der selbständig verwendbaren ersten Strophe; nun mit der Überschrift *Die Nacht*.

7 Hier wären weitere Argumente anzufügen. Daß Hölderlin einen hymnischen Nachruf auf Klopstock plante, bezeugt ein anderer Entwurf: *Klopstok gestorben am/ Jahrtausend* (333/4).

ARM

Aber Erfindungen gehn, als wenn Einfälle das Haus hat

Hehlings. Arm ist der Geist Deutscher. Geheimerer Sinn

Aber im Saitenspiel leiht allen Stunden die Töne,

Und erfreuet vieleicht Himmlische, welche sich nahn.

Heimkunft VI

Es ist auf Erden alles unvollkommen, ist das alte Lied der Deutschen. Wenn doch einmal diesen Gottverlaßnen einer sagte, daß bei ihnen nur so unvollkommen alles ist, weil sie nichts Reines unverdorben, nichts Heiliges unbetastet lassen mit den plumpen Händen, daß bei ihnen nichts gedeiht, weil sie die Wurzel des Gedeihns, die göttliche Natur nicht achten, daß bei ihnen eigentlich das Leben schaal und sorgenschwer und übervoll von kalter stummer Zwietracht ist, weil sie den Genius verschmähn, der Kraft und Adel in ein menschlich Thun, und Heiterkeit ins Leiden und Lieb' und Brüderschaft den Städten und den Häussern bringt.

[*Hyperion* II, 117]

Aber gewaltiger kommt die Nacht. Es wohnt, wie im Orkus,
Ohne Göttliches unser Geschlecht. Ans eigene Treiben
Sind sie geschmiedet allein und sich in der tosenden Werkstatt
Höret jeglicher nur und viel arbeiten die Wilden
Mit gewaltigem Arm, rastlos, doch immer und immer
Unfruchtbar, wie die Furien, bleibt die Mühe der Armen.

[*Der Archipelagus* IX, v. 252-257]

Verflucht ist der Mann, der sich auf Menschen verläßt und hält Fleisch für seinen Arm

[Jer. XVII, 5]

Arm ist der Geist Deutscher.

Hyperions Scheltrede, die Zeitkritik des *Archipelagus* ist in ein einziges scharf gesetztes Wort zusammengezogen. Am Rand der kryptische Vermerk: *Wie kann ich saagen*[1].

Der Dichter richtet nicht; er entscheidet nicht, ob der Ungeist in den Schmieden Übermut oder Armut ist.

1 *Homburger Folioheft*, 4:42-48

133

APOLITEIA

THESEN ZUR STAATENLOSIGKEIT

Ursprung der Loyoté.

Ευνομια, κασιγνηται τε, βα-

θρον πολιων, ασφαλης δικα

και ομοτροπος ειρανα, ταμιαι

ανδρασι πλουτου, χρυσεαι

παιδες ευβουλου Θεμιτος·

Vermerk am Schluß von *Kolomb*

133

Es werde von Grund aus anders!

Hyperion

---

* Zum Titel:
Die Notiz steht am Schluß des Entwurfs *Kolomb*. Hölderlin hat die Verse aus Pindars XIII. olympischer Hymne nicht übersetzt.
Loyoté = Loyauté.

Ursprung der Loyoté.
Anständigkeit, schwesterlich ihr, ein
sicherer Grund den Städten, Gerechtigkeit
und Freundlichkeit gleichgenährt, bewahren
das menschliche Glück, goldene
Kinder des göttlichklugen Rechts.

An die Freunde.

Erste These

Wir sind in einen Staat verschlagen und sollten ihn verlassen, sobald wir dazu fähig sind.

Zweite These

Die Staatsbürgerschaft erhält ihren eigentümlichen Wert erst dadurch, daß sie Gegenstand einer freiwilligen Entscheidung wird. So, wie der Staat mißliebigen Fremden die Staatsbürgerschaft verweigert, hat auch der Bürger das Recht, die Staatsbürgerschaft von sich zu weisen, wenn ihm der Staat mißfällt.

Dritte These

Jeder einzelne kann sich leicht über sein Verhältnis zum Staat klar werden. Die Frage lautet, ob er sein Leben für dessen Fortbestehen hingeben würde. Wird diese Frage verneint, ist die Staatsbürgerschaft nur noch eine Frage der Opportunität – ob es zweckmäßig sei und mit der Selbstachtung vereinbar, sie weiterhin vorzutäuschen.

Vierte These

Am Fortbestehen des Staates haben immer nur diejenigen ein wirkliches Interesse, denen er mehr gibt, als ihnen zusteht.

Fünfte These

Wir haben keinen Vertrag mit dem Staat. Er hat uns, ohne daß wir gefragt wurden. Verträge, die wir nicht selbst geschlossen haben, und Verträge, die uns übervorteilen, sollten wir für nichtig erklären.

Sechste These

Kein Staat ist ein Rechtsstaat. Der Staat ist die Rechtsform des Unrechts.

Siebente These

Das Wort Demokratie enthält das Wort Herrschaft und die ist dem Volk fremd; also ist es Lüge. Ein anderes ist die öffentliche Sache: *Komm, ins Offene, Freund!* [1]

Achte These

Das Vaterland ist nicht mit dem Territorium eines Staates identisch.

Neunte These

Der Staat ist ein reales Nichts, wie die Kirche. Wer etwas heilig hält, braucht die Kirche nicht, und wer sein Vaterland liebt (Echo des Himmels nennt es Hölderlin[2]), keinen Staat. Die Anmaßung oder die Unklarheit des Denkens, die Heiliges und Kirche, Heimat und Staat in eins setzt, ist in beiden Fällen die gleiche.

Zehnte These

Nichts würde einem Land heutzutage mehr schaden als seine Verteidigung. Seine Eroberung, die nicht von Dauer sein kann, haben ohnehin nur jene zu fürchten, die zu Unrecht darüber verfügen. Werden wir wehrlos!

Elfte These

Der Staat als Vaterland gleicht jener falschen Mutter, die das Kind lieber zerschneiden als hergeben wollte.

Zwölfte These

Staatenlosigkeit ist die vernünftigste Form der Vaterlandsliebe.

Dreizehnte These

In jedem Staat verhalten sich die Bürger zu den Staatsbeamten wie Eingeborne zu Kolonialoffizieren.

Vierzehnte These

Aufrufe zur Staatenlosigkeit sind vielleicht gefährlicher als andere, weil eine allgemeine und umfassende Zensur eingeführt werden müßte, um sie zu verbieten. Damit verlöre der Staat auch den letzten Anschein von Freizügigkeit und wäre unverhüllt der, der er ist. Solange er sich dann noch am Leben erhält, wird es eine Lust sein, die Zensoren mit gewagten Chiffren zu verspotten.

Fünfzehnte These

Wenn wir dem Staat, in den wir verschlagen wurden, so fremd geworden sind, daß wir ihm jede freiwillige Leistung verweigern, müssen wir ihn verlassen. Weil nun Staat und Land nicht eins sind, verlassen wir den Staat, ohne das Land zu verlassen, indem wir ihm die Staatsbürgerschaft aufkündigen.

Sechzehnte These

Wer die Staatsbürgerschaft aufgibt, nimmt sich dafür das Recht, fremd im Staat und einheimisch im Land zu leben.

Siebzehnte These

Die Aufgabe der Staatsbürgerschaft ist ein freier und ein solcher immer ein staatsfeindlicher Akt.

Achtzehnte These

Die Staatsfeindlichkeit der Staatenlosen ist grundsätzlich verschieden von der Feindschaft jener, die vom Regen in die Traufe wollen.

Neunzehnte These

Die Staatsfeindlichkeit der Staatenlosen ist absolute Lieblosigkeit dem Staat gegenüber. Sie ist noch nicht einmal zu

1 *Der Gang aufs Land*, v. 1; vgl. *Götter im Gasthaus.*
2 Vgl. *Vaterland*, Anm. 6 und 7.

Verachtung, erst recht nicht zu Gehässigkeit fähig: sie ist die reine Entfremdung.

Zwanzigste These

Staatenlos wird man nicht per Einschreiben, Änderung im im Pass oder ähnliche Äußerlichkeiten, sondern durch eine allmähliche oder plötzlich eintretende Veränderung.

Einundzwanzigste These

Wer sich für staatenlos erklärt, tut dies mit dem Vergnügen und auf die Gefahr, vogelfrei zu sein.

Zweiundzwanzigste These

Hinter den Staaten liegt etwas, das zu sehen uns die Geschichte verdorben hat. Unsere Fantasie reicht kaum aus, das Mögliche zu begreifen.

Dreiundzwanzigste These

Nur wer nicht wahrhaben will, daß die Staaten, je größer desto sicherer, ihre Vernichtung betreiben, kann sie noch für das kleinere Übel halten.

Vierundzwanzigste These

Die Geschichte der Staaten ist eine Folge schrecklicher Verirrungen. Dementsprechend ist aus ihren Erfahrungen nur eine negative Folgerung zu ziehen: sie muß aufhören.

Fünfundzwanzigste These

Selbst aus der Revolution ist eine scholastische Lehre geworden. Dem schematischen Denken entspricht die Unverhältnismäßigkeit ihrer Mittel. Bei Licht betrachtet herrscht Nacht.

Sechsundzwanzigste These

Der Begriff der Utopie widerstreitet als Inbegriff der Hoffnungslosigkeit der Hoffnung, die in ihm Gestalt gewinnt.

Siebenundzwanzigste These

Das Unvermeidliche wird nur durch unsere Resignation zu dem was es ist.

Achtundzwanzigste These

Staatenlosigkeit ist der archimedische Ort.

Neunundzwanzigste These

Im individuellen Bewußtsein der Staatenlosigkeit beginnt der politische Frieden.

Dreißigste These

Zur Auflösung der alten Ordnung genügen nicht wenige. Die wenigen gewinnen die Mehrheit nur, wenn sie sich nicht mehr zum Opfer, sondern zum Beispiel bringen.

Einunddreißigste These

Grün ist die Farbe der Hoffnung, und die *Revolution der Gesinnungen und Vorstellungsarten, die alles bisherige schaamroth machen wird*[3], findet nicht im Gleichschritt statt.

Zweiunddreißigste These

Den Staat durch Rechtmäßigkeit ins Unrecht setzen.

Dreiunddreißigste These

Wer sich von der sogenannten Rechtsordnung des Staates lossagt, beschließt damit, ohne Zwangsgesetze rechtlich – das heißt ohne Verletzung anderer und ihrer im gleichen Sinn legitimen Ansprüche – zu leben. Er spricht sich damit frei von entmündigenden Vorschriften und verpflichtet sich seinem eigenen Gewissen, zu einer Integrität, die keiner Maßregel bedarf, um sich auf das Rechtmäßige zu beschranken.

3 An Ebel, 10.1.1797; vgl. *Zwei Siegel* II, Anm. 1 (487/3:11-13).

Vierunddreißigste These

Das Recht wohnt in uns.

Fünfunddreißigste These

Der Staatenlose beachtet die Gesetze des Staates, in dessen Unordnung er lebt, aus Einsicht in ihren Zwangscharakter, solange er eine solche Unterwerfung vor sich und anderen verantworten kann.

Sechsunddreißigste These

Als Staatenloser kann man dem Staat aus dem Weg gehen oder sich ihm entgegenstellen, aber man kann sich nicht mehr mit ihm verbünden.

Siebenunddreißigste These

Ohne realen Gegenwert verzichtet derjenige, der aus seiner Ungebundenheit keinen Hehl macht, auf alle Vorteile, die ihm Anpassung gewähren würde, denn er muß weiterhin unter den Bedingungen der Anpassung leben und bekommt die Verzweiflung derer zu spüren, die sich selbst an ihre Sicherheit und ihr Fortkommen verraten haben.

Achtunddreißigste These

Die Macht des Staates entspricht der Ohnmacht seiner Bürger. Seine Befugnisse sind ihnen entwendet.

Neununddreißigste These

Die Vorstellung von einer notwendigen Zentralgewalt ist so historisch wie der Despotismus.

Vierzigste These

Unter den Bedingungen zentralisierter Gewalt ist es für Bürger unerheblich, ob sie von Despoten oder Satrapen beherrscht werden. Wo sie angeblich selbst an der Macht sind, haben sie die zweifelhafte Freiheit, letztere selbst wählen zu dürfen.

Einundvierzigste These

Die sogenannten Staatsordnungen unterscheiden sich voneinander grundsätzlich nur in der Form des Betrugs, durch welchen sich die begünstigte Minderheit vor der benachteiligten Mehrheit legitimiert.

Zweiundvierzigste These

Die Segnungen des Staates, die man den Bürgern vorrechnet, wenn sie gebraucht werden oder wenn ihnen Zweifel an seiner Zweckmäßigkeit kommen, sind nichts weiter als Dienstleistungen, welche sie im voraus und zumeist noch disproportional teuer bezahlt haben.

Dreiundvierzigste These

Der Staat ist überflüssig, nicht die Republik.

Vierundvierzigste These

Aus begreiflichen Gründen kann kein Staat auf einer wirkungsvolle Propaganda und eine schlagkräftige Polizei verzichten. Die Polizei hat dort einzuspringen, wo die Propaganda versagt.

Fünfundvierzigste These

Solange sie nicht erzwungen wird, legitimiert die Wahlbeteiligung das System. Verweigert die Mehrheit die Wahl, votiert sie für dessen gewaltlose Auflösung.

Sechsundvierzigste These

Gewalt ist ein Atavismus.

Siebenundvierzigste These

Die Opfer waren vergeblich, wenn nicht gelernt wird, daß sie vergeblich waren.

Achtundvierzigste These

Den überlebten Staat ernstnehmen, als wäre er unsresgleichen, hieße seine letzten Kräfte mobilisieren. Praktikabler erscheint der Weg, ihn durch Interesselosigkeit zugrunde zu richten.

Neunundvierzigste These

Tatsächlich ist es die Hoffnungslosigkeit der gegenwärtigen Staaten, die uns ins Freie treibt.

Fünfzigste These

Das Gegenteil von Gefangenschaft ist Freiheit, das von Knechtschaft Herrschaftslosigkeit. Weder Knechtschaft noch Herrschaftslosigkeit sind schon Gesellschaftsordnungen, sondern nur deren entgegengesetzte Bedingungen: Sklaverei die der allerungerechtesten und Anarchie die der allergerechtesten Ordnung. Für sich allein ist Herrschaftslosigkeit die einzig menschenwürdige und in Gesellschaft die einzig verbindliche Haltung.

Einundfünfzigste These

Denjenigen, die von Herrschaft profitieren, muß es sehr willkommen gewesen sein, den Gedanken der Herrschaftslosigkeit auf den aufrührerischen Bruch der Konventionen mit konventionellen Mitteln einschränken zu können. Aufruhr solcherart, zumal wenn er folgenlos bleibt, ist leicht verächtlich zu machen. Nicht so die *Revolution der Gesinnungen und Vorstellungsarten.* Sie geht über die Verdorbenen hinweg und hat es kaum nötig, sie überhaupt zu beachten.

Zweiundfünfzigste These

Es liegt in unserer Hand, ein Versprechen zu erfüllen oder die Faust zu ballen.

Dreiundfünfzigste These

Der Griff zur Waffe ist, wie der zum Gift, immer ein Zeichen von Schwäche.

Vierundfünfzigste These

Anarchie ist ein hohes geistiges Vergnügen. Was darunter bleibt, Barbarei oder Stumpfsinn.

Fünfundfünfzigste These

Wäre anarchisches Denken nicht in allen lebendig, die unter anderen zu leiden haben, wäre es tatsächlich nichts als ein intellektueller Traum. So aber ist das Anarchische der zornige oder der tausendfach gedemütigte Widerspruch gegen Macht und Anmaßung.

Sechsundfünfzigste These

Staatenlosigkeit ist die politische Form der Herrschaftslosigkeit – die Idee einer befriedeten Erde unter den Bedingungen der Vernunft. Der Weg dorthin führt über den Bund wehrloser und immer kleiner werdender Republiken.

Siebenundfünfzigste These

Staatenlosigkeit ist der Verlust der Linientreue.

Achtundfünfzigste These

Lieber mit zwei Händen arbeiten, als mit einer den Eid abzulegen.

Neunundfünfzigste These

Wer einem Staat die Treue schwört, der das Land täglich mehr verwüstet, der sich rüstet, das Land zu seinem Schutz vollends zu verwüsten, ist mitschuldig an seinen Verbrechen.

Sechzigste These

Wer die staatstragenden Parteien wählt, stimmt der Cliquenwirtschaft zu, der Korruption und den verdummenden Parolen, mit denen er zur Wahl getrieben wird.

Einundsechzigste These

Zwischen denen entscheiden zu müssen, die sich den Wählern zur Wahl stellen, ist, wenn man es recht bedenkt, eine beinah unglaubliche Zumutung.

Zweiundsechzigste These

Eigentlich beginnt das Denken erst, wenn nichts mehr gilt und alles gesetzt ist.

Dreiundsechzigste These

Das Beste wäre, wir betrieben die Revolution ein wenig weniger martialisch. Wer sich nicht vogelfrei erklärt, um die Häscher zu verspotten, sollte es lieber lassen.

Vierundsechzigste These

Weil sie sonst überhand nimmt, müssen wir die Dummheit terrorisieren. In Seldwyla darf die Eroica nur noch auf der Mundharmonika gespielt werden.

Fünfundsechzigste These

Der erste Schritt hinaus ist Trunkenheit, der zweite freiwilliger Wahnsinn und der dritte Unvernunft der reinen Vernunft.

Sechsundsechzigste These

Weil Thesen nichts weiter sind als Thesen, dürfen sie sich Behauptungen erlauben. Ich sage – es gibt kein angenehmeres Schicksal als fremd zu sein. Da kann einen nichts gewöhnen und die Heimat ist Gegenstand herrlichster Träume. Ade.

134

AEGYPTERIN

Gehe hinauf gen Gilead und hole Salbe, Jung-

frau, Tochter Ägyptens! Aber es ist umsonst,

daß du viel arzneiest; du wirst doch nicht heil!

. . .

Die werden hauen also in ihrem Wald...

Jer. XLVI

134

und um die Dämmerung noch
Ein Saitenspiel tönt. Gegen das Meer zischt
Der Knall der Jagd. Die Aegypterin aber, offnen Busens sizt
Immer singend, wegen Mühe gichtisch das Gelenk
Im Wald, am Feuer.

Tinian, Homburger Folioheft 68

Zungenrede oder hochmanierierte Figur? Wie im Traum erscheint die spöttische Rede des Jeremia vom abgefallenen Israel, der *Tochter Aegyptens*[1], die nun in assyrischen Gefilden Heilung sucht. So weitab liegt das Beispiel nicht. Blitzartig erhellt die alte Konstellation eine Struktur, die mehr ist als Biographie. Wenn Israel immer noch zwischen Aegypten und Syrien liegt, war Schelling Assyrer und Hegel Aegypter. Und immer noch besteht die Hoffnung, daß sie *selbdritt* sein werden: Wissenschaft, Dichtung und Religion[2]. Inzwischen singt die beschriebene Gestalt[3].

1 Vgl. *Der Rosse Leib*, Titel.

2 Emanuel Swedenborg in *Doctrina Novae Hierosolymae de Domino*, Amsterdam 1763 (dt. Stuttgart 1876); *De scriptura sacra*, 79: *Ägypten ist das Wissenschaftliche des natürlichen Menschen; Assyrien das Vernunftmäßige, durch welches das Wort verfälscht wird.*

3 Vgl. *Verlorne Liebe.*

VIII

AUSSCHNITTE AUS EINER UNGEHALTENEN REDE

a timidos nautas canibus lacerasse marinis

Vergil VI. Ecloge, 77

135

Während der 14. Jahresversammlung der Hölderlin-Gesellschaft
Juni 1976 in Homburg

I

Kritik hat von der Außenansicht zur Konstruktion der kritisierten Sachen vorzudringen. Das ist bisher nur von den wenigen versucht worden, die genug Augenmaß für den konstruktiven Gehalt des neuen Editionsplans hatten und genug Toleranz, um sich nicht von den ungewöhnlichen Umständen seiner Realisierung verwirren zu lassen. Ich bin darum dankbar, daß ich die Gelegenheit erhalten habe, die Editionsprinzipien und das Editionsmodell der Frankfurter Ausgabe ausführlicher darzustellen[1]. Alle, die sich für das Werk Hölderlins interessieren, aber nicht so sehr für die Frage, wie dieses am zweckmässigsten zu edieren sei, kann ich nur um Verständnis und Geduld bitten. Möglicherweise lohnt sich die Mühe, denn im Grund geht der Streit darum, ob das vollständige Werk Hölderlins überhaupt allen mitgeteilt werden dürfe. Bisher war man stillschweigend übereingekommen, es sei besser, dem Publikum immer nur eine Auswahl dieser Hinterlassenschaft mitzuteilen und ihm all das Irritierende zu ersparen, das den Eindruck des Gelingens stören könnte. Zum Werk dieses Dichters gehört aber untilgbar die Spur des Mißlingens, das Unbewältigte, der Sturz. Das macht seine Wahrhaftigkeit aus und die ist zu ertragen. Die Rückhaltlosigkeit, mit der dieser Mann zuletzt sein Herz der Hand, der ungeschnittenenen Feder und dem schon beschriebenen Papier übergab, zwingt, das Ganze zur Kenntnis zu nehmen. Ging es jemals um Gedichte? Nein, immer darum, was Menschen möglich ist!

1 Die Darlegungen zum Editionsmodell und seinen Prinzipien sind hier weggelassen; vgl. *Fünf Marginalien zur Ausgabe.*

II

Von den ausgetretenen Wegen, von den Aussichtspunkten, die das Mittelmäßige am meisten bewundert, sieht man immer noch viel zu wenig. Erst wer sich selbst Wege bahnt, bemerkt, wie sich das Gesamtwerk, mit seinen Entwürfen und Varianten, zu einer einzigartigen Sprachlandschaft zusammenschließt, in welcher ein Hügel den anderen erklärt. Doch das Recht, darin zu gehen oder darin umherzuirren, hat die neue *orbis ecclesia*[1] nur ihren Hohenpriestern und Tempeltänzern vorbehalten wollen. Tatsächlich ist man genötigt, wenn man die Eigentümlichkeit der derzeit anhängigen Editionsverfahren charakterisieren will, zur Terminologie der triumphierenden Kirche zu greifen. Solche Projekte werden von Konsistorien abgesegnet und von Kongregationen geplant und ihre Durchführung, die fast immer Hilfskräften überlassen bleibt, verschlingt gleichwohl die Mittel eines goldenen Tabernakels. Der so gewonnene Text ist schon durch das Ritual der Verschwendung kanonisiert. Sich selbst über die Quellen zu beugen, erübrigt sich danach; die Kanzel kann ungesäumt bestiegen werden. Solche Mauern sind nur von außen zu brechen.

---

1 Homburger Folioheft 87:6,8:
orbis ecclesia / Die Geheimnißfreundin

III

Wenn also der Anspruch auf Authentizität auch durch verfeinerte und erweiterte Darstellungsmethoden nicht allgemeinverbindlich zu erfüllen ist, so muß ein Versuch zur Verbesserung der historisch-kritischen Ausgaben bei der Veränderung des durch die Tradition verfestigten Abhängigkeitsverhältnisses zwischen Herausgebern und Lesern ansetzen. Entgegen dem für die meisten Ausgaben gültigen Konsens, durch bloße Einseitigkeit und zwingende Beweisführung, oder durch übermässigen Gebrauch konjunktivischer Attribute noch dort den Eindruck von Zuverlässigkeit zu vermitteln, wo es der Sachlage nach nur Vermutungen geben kann, muß sich der Herausgeber, wie Hans Zeller es ausdrückt, zu seinem Schatten bekennen, und der Leser darf seinerseits keinen gläsernen Editor erwarten. Und wirklich entspricht dem zwar niemals alogischen, doch in der Vielfalt seiner subjektiven, zumeist unbekannten Komponenten kaum durchdringlichen Beziehungsgeflecht der dichterischen Sinnbildung ein gleichermaßen variantes Textverständnis bei den Lesern. Ist dies einmal festgesetzt, muß im Hinblick auf jene *größtmögliche Authentizität* eine pragmatische Maxime formuliert werden, welche die Beziehung zwischen dem Herausgeber und dem Benutzer der Ausgabe neu regelt: Weil eine Übereinstimmung über die verbindliche Richtigkeit editorischer Entscheidungen überall dort nicht möglich ist, wo die Textentstehung oder die vom Autor intendierte Textgestalt nur kombinatorisch erschlossen werden kann, muß der Editor den subjektiven Charakter seiner Entscheidungen eingestehen und dem Leser nicht nur verbal das Recht, sondern auch praktikable Möglichkeiten zur Textprüfung einräumen. Der Leser dagegen muß abrücken von dem durch abendländische Bildungskonventionen geradezu eingefleischten Vertrauen gegenüber der Autorität von Vermittlern. Im Einleitungsband der Frankfurter Ausgabe ist jenes neu definierte Verhältnis mit dem unwiderleglichen und darum ärgerlichen

Satz umrissen: *Die Textsynthese darf um so kühner sein, je offener sie sich der Kritik stellt.* Damit soll keineswegs der Willkür Bahn gemacht werden. Gesagt ist aber auch, daß Hölderlin nicht mit Ängstlichkeit ediert werden kann. Das divinatorische Moment, ohne das der Gesang aller philologischen Sorgfalt zum Trotz stumm bleibt, wird nicht einfachheitshalber verleugnet. Wozu auch? Die Freiheit, da wo es not tut, kühn zu sein, ist gesichert und gezügelt durch eine umfassende Überprüfbarkeit.

IV

Wenn wahr ist, was Hölderlin sagt – wenn sein Gesang noch irgendetwas vom *Stromgeist*[1] hat, und wenn dieses Land einem Gewässer gleicht, weder Land noch Wasser, das stagniert und fault, dann wollen wir diesem im Abflußlosen ansteigenden Strom ein Bett graben und warten, was geschieht. Das verstehen wir unter *Zugänglichkeit*, das ist die den Dichter verfälschende Tendenz, nach der so viele suchen, das ist der Hinterhalt, in dem wir liegen. Diese Ausgabe kann und will Hölderlin nicht auf einen leichtverständlichen Nenner oder gar auf eine Linie bringen. Sein Gesang, das denkbar Freieste, zwingt, uneingeschränkt zu denken. *Anarchie ist ein hohes geistiges Vergnügen. Was darunter bleibt, Barbarei oder Stumpfsinn*[2]. Die Zeit, in der eine Klasse von Mittlern den Unmündigen das vorweg als eine unzumutbare Last abnahm, was allein menschenwürdig ist – das Nachdenken – neigt sich sichtbar zum Ende. Künftige Leser werden entscheiden, ob jener Apell ganz vergeblich war, ob die Verse aus seiner letzten Elegie *Herbstfeier* in der Frankfurter Ausgabe zu Unrecht so falsch konstituiert wurden:

Aber ihr, ihr Tapfersten auch, ihr Frohen, die allzeit
Leben und walten, erkannt, oder gewaltiger auch,
Wenn ihr wirket und schafft in heiliger Nacht und allein herrscht
Und allmächtig empor zieht ein gemütliches Volk,
Bis die Jünglinge sich der Väter droben erinnern,
Mündig und hell vor euch steht der besonnene Mensch.[3]

---

1 Vgl. *Chiron*, Innentitel.
2 Vgl. *Apoliteia*, Vierundfünfzigste These.
3 Vgl. die abweichende Textkonstitution in KTA 6, 137; auch den differenzierten Text S. 141.

V

Nicht umsonst wiederholt sich in Hölderlins Werk die Metapher von den gebundenen, endlich entfesselten Schwingen, vom Segel, das sich schließlich frei der Strömung und dem in andere Richtungen wehenden Wind überläßt. Erst das von ihm selbst oder anderen unterdrückte Wort deckt die realen und irrealen Zwänge auf, unter denen er litt und die, in gleichem Maße, seine Hoffnungen weckten. Darum verstehen die an dieser Ausgabe Beteiligten die Notwendigkeit einer textdynamischen Edition nicht als ein sublimiertes literaturwissenschaftliches Bedürfnis, das sich die edierten Texte und Prozesse lediglich als gesicherte Materialien zur weiteren szientifischen Verwertung wünscht, sondern das Gesamtwerk wird in seiner prozessualen Totalität als ein einzigartiges Beispiel dafür ediert, wie das Individuelle, jeweils neu, gegen die jeweils herrschenden Bedingungen denken soll und zu denken vermag. Die Edition des Gesamtwerks, dessen einzelne Glieder, von den ruhmdürstenden Anfängen auf der Teck bis zu den stillen Versen im Turm, miteinander verbunden sind wie kommuniszierende Röhren, gilt also nicht allein der literarischen Kategorie, sondern auch der exemplarischen Selbstbehauptung, wie sie, unter dem *Übergewicht der Verhältnisse über die Menschen*[1], bisher nur an stillen, triumphalen Untergängen zu lernen war.

1 Theodor W. Adorno, *Gesellschaft*; Schriften 8, Frankfurt 1972, S. 9

VI

Dieser Ansatz geht über die üblichen literaturwissenschaftlichen Zielsetzungen so weit hinaus, wie ein Schubladendenken dahinter zurückbleibt, dem über seinem interessegeladenen Links- und Rechtsgerede die Dialektik abhanden kam. Wenn also an dieser mit Selbstaufgabe erkauften Dichtung nichts mehr zu genießen, dafür an ihr die Notwendigkeit zur Befriedung des Denkens und zum Widerstand gegen *Zwangsgeseze und Executoren derselben*[1] zu begreifen ist, kommt es tatsächlich weniger auf die artifiziellen Endprodukte und mehr auf die Bedingungen und Schritte an, unter denen und durch die ein solches Denken seiner selbstgewiß wird. In dieser wahrhaft widerwärtigen Phase des resignativen Pragmatismus scheint nur noch Berechnung auf der einen und Gewalt auf der anderen Seite zu helfen. Zu lernen wäre wieder die Gewalt des Gedankens, der sich nicht bei sich selber aufhält, die letztendliche Überlegenheit individueller Integrität über Systeme, die sich allesamt durch den Kalkül mit der Opportunität am Leben erhalten.

1 Brief an Landauer, März 1801; vgl. *ehernbürgerliche*.

VII

Das Editionsmodell der Frankfurter Ausgabe orientiert sich an diesem Anspruch. Es postuliert die ungebrochene, die wachsende Bedeutung Hölderlins, hinter der die Ausgaben zurückbleiben, alljene, die das Werk mit der Elle einer von Hölderlin selbst zerbrochenen Kunstwerk-Ästhetik maßen und redigierten, und schließlich auch diese – eine Bedeutung, die jede Anstrengung rechtfertigt: auf Seiten derer, die diese Ausgabe herstellen, und auf Seite der Leser, denen eine Intensität des Lesens zugemutet wird, die selber nur noch als Widerstand gegen den Überfluß verstanden werden kann. Das Editionsmodell setzt also Leser voraus, die bereit sind, selbständig und beharrlich zu lesen. Durch eine übersichtliche Darstellung der vielfach ungemein komplizierten Sachverhalte soll solches Lesen (das unter den herrschenden Umständen erst zu lernen ist), so weit nur möglich, erleichtert werden. Daß sich diese Ausgabe denen nicht anpassen kann, die für diese Anstrengung verdorben, für eine solche Anstrengung nicht gebildet, für eine solche Anstrengung zu erschöpft sind, versteht sich von selbst[1].

---

1 Eben darum, wenn der Begriff *Zugänglichkeit* nicht nur zynisch gelten soll, war das Editionsmodell abzustufen:
HISTORISCH-KRITISCHE TEXTAUSGABE (HKA)
KRITISCHE TEXTAUSGABE (KTA)
TEXTAUSGABE (TA)
Vgl. *Fünf Marginalien zur Ausgabe* (V).

VIII

Als ihm der Gott Theut die Erfindung der Buchstaben anpries, wandte der ägyptische König ein, sie würden dem Lernenden, indem sie das Erinnern ersparen, nur Vergessenheit einflößen[1]. Das skeptische Argument gilt erst recht für Thesauren und Konkordanzen; nur hier überwiegt nicht ein wirklicher und wahrhafter Nutzen den transzendentalen Schaden, sondern der Nutzen ist chimärisch und der Schaden bleibt derselbe. Wem sonst nützen die Konkordanzen, als den eiligen Exegeten, die bedenkenlos jeden Tempel ruinieren würden, wenn sie sich aus den zerschlagenen Säulen und Architraven ein Mausoleum mehr bauen könnten? Und wenn es schon sein soll, wird eben jetzt und mit begreiflicher Hast die Chance vertan, jene Liste editionsunabhängig, das heißt nach dem Wortlaut und den Koordinaten der Handschriften und Drucke herzustellen. Denn der zuerst nur auf der Grundlage, nun aber doch im institutionellen Rahmen einer in Agonie liegenden Ausgabe vorbereitete Hölderlin-Index bindet seine Benutzer an eine Textgestalt, die bald nur noch rezeptionshistorisches Interesse finden wird. Ein zu hoher Preis für das temporäre und absichtsvolle Verkennen einer notwendigen, eben darum unabwendbaren Entwicklung! Mit jedem Band der neuen historisch-kritischen Ausgabe wird die Stuttgarter hinfälliger werden, bis sie endlich unbenutzbar sein wird, wie die verdienstvollen Editionen Franz Zinkernagels und Norbert von Hellingraths. Von Plutarch, dessen Werke Hölderlin las, stammt die Paraphrase des heraklitischen Satzes: *Das Gestrige ist in den Heutigen vergangen, das heutige vergeht in den Morgigen*[3]. Das ist so wahr, wie die Empfindlichkeit darüber falsch ist. Nur die Ausgaben müssen vergehn, nicht der Gesang.

1 Platon, *Phaidros*, Steph. 274c-275b
2 *Über das E zu Delphi*, 17

143

ACH ICH

Versöhnung o Versöhnung, ihr gütigen

Ihr immergleichen Götter und haltet ein

Weil ihr die reinen Quellen liebt

Palinodie oder *Götterrecht*

143

Sein dichterischer Geist zeigt Sich noch immer thätig, so sah er bey mir eine Zeichnung von einem Tempel Er sagte mir ich solte einen von Holz so machen, ich versetzte Ihm drauf daß ich um Brod arbeiten müßte, ich sey nicht so glüklich so in Philosofischer ruhe zu leben wie Er, gleich versetzte Er, Ach ich bin doch ein armer Mensch , und in der nehmlichen Minute schrieb Er mir folgenden Vers mit Bleistift auf ein Brett

Die Linien des Lebens sind Verschieden
Wie Wege sind, und wie der Berge Gränzen.
Was Hir wir sind, kan dort ein Gott ergänzen
Mit Harmonien und ewigem Lohn und Frieden.

Ernst Zimmer am 19. April 1812 an Hölderlins Mutter

Ohne es zu wissen, berichtet Ernst Zimmer von einer Reinigung durch Widerruf[1], und doch findet er das richtige Wort: *Sein dichterischer Geist zeigt Sich noch immer thätig* (auch wenn er nur die Verse und nicht die imaginäre Mechanik der Entsühnung meint). Der Ausruf: *Ach ich bin doch ein armer Mensch!* ist unwahr und die Klage schädlich[2], denn die Welt hängt zusammen und bleibt ganz, wie der geschwungene Umriß der Hügel gegen die negative Form des Himmels. Wer den Inhalt dieser schimmernden Verse für kindisch hält, soll dabei bleiben. Es ist eine ernste, wiedererlangte Kindlichkeit. Nichts kann ihre Unschuld mißbrauchen. Auch nicht, als sie den Beschluß eines rechtzeitig in Paris erschienenen Gedenkbandes bildeten[3].

---

1 Sokrates im *Phaidros*: *Ich also Freund muß mich reinigen. Es gibt aber für die in Dichtungen über Götter Sündigenden eine alte Reinigung, von welcher Homeros nichts wußte, Stesichoros aber. Denn als er der Augen beraubt ward wegen Schmähung der Helena, blieb ihm nicht wie dem Homeros die Ursache unbekannt, sondern als ein den Musen Vertrauter erkannte er sie und dichtete sogleich sein*

Unwahr ist diese Rede
Denn nie bestiegst du die zierlichen Schiffe,
Noch kamst du je zur Veste von Troja.

Und nachdem er den ganzen sogenannten Widerruf gedichtet, ward er alsbald wieder sehend. Ich nun will eben hierin weiser sein als er. Denn ehe mir noch etwas Übles begegnet wegen Schmähung des Eros, will ich versuchen, ihm den Widerruf zu entrichten mit entblößtem Haupt, und nicht wie vorher mit verhülltem aus Scham.

2 *Phaëton-Segment* II: *Die Seele aber, wie ich glaube, muß rein bleiben...*
Phaëton-Segment III: *Die Leiden scheinen so, die Oedipus getragen, als wie ein armer Mann klagt, daß ihm etwas fehle.*

3 *Pendant la Grand Guerre, l'élite de la jeunesse allemande est partie en emportant ses poésies sur les champs des bataille. Au cours des vingt dernière années, la nouvelle figure de l'écrivain, découverte par cette jeunesse, dépassa les frontières de l'Allemagne, et conquit les cœrs de la jeunesse étrangère. Partout grandit alors le sentiment que l'Europe possède en Friedrich Hölderlin un des plus grands poètes de l'Occident et peut-être l'expression la plus pure du génie poétique depuis l'époque des Grecs et des Romains.* Johannes Hoffmeister im *Avant-propos* zu: *Friedrich Hölderlin*, Sorlot, Paris 1943.

144

ABENDESSEN

Verstimmt wie von Schnee war

Die Gloke, womit

Man läutet

Zum Abendessen

Kolomb

Das Wort *Abend* endet mit einem ängstigenden Zug: es ist angerichtet[1].

1 Ez. XXXIX; Off. XIX

INHALT